幼儿园教育活动设计与实训

主　编　戎计双

副主编　李　宁　王　芳　杨立超

编　者　张英杰　董　玉　李俊梅　吴永辉

　　　　何春月　金　鑫　鄢慧敏　刘秀红

复旦大学出版社

内容提要

本书依据学前教育专业的知识体系，贯彻《幼儿园教育指导纲要(试行)》和《3-6岁儿童学习与发展指南》的精神，综合了幼儿园教育活动基本理论、五大领域活动、区角活动等多种活动，力求做到系统完整、与时俱进。

全书共分为三个模块。模块一为幼儿园教育活动设计与实训的基本理论，主要包括五个单元，分别为：幼儿园教育活动概述，幼儿园教育活动的目标、内容、方法、过程；模块二为幼儿园各领域活动的设计和实训，主要包括五个单元，分别为：幼儿园健康领域、语言领域、社会领域、科学领域、艺术领域的活动设计与实训；模块三为幼儿园区角活动的设计和实训，主要包括三个单元，分别为：幼儿园区角活动的概述、设计和指导。

本书除幼儿园教育活动知识讲解外，还设计了相应的小组实训活动，使学生既能学到相应的专业知识，又能培养专业技能。同时加入了大量幼儿园教育活动案例并附视频，以供参考和观摩，便于学生直接感知幼儿园教育活动。另外本书补充了幼儿园教师资格证考试《保教知识与能力》历年真题，便于学生复习掌握相应知识点，顺利通过考试。

前言
QIANYAN

近年来,我国幼教事业备受重视并迅速发展。教育部于 2012 年正式印发了《3—6 岁儿童学习与发展指南》,为学前教育发展指明了方向,社会也越来越关注幼儿园办学,普遍期望提高学前教育质量。学前教育专业教法类课程是学前教育师资培养关键所在,但目前这一课程的开设存在两个普遍性问题:一是"散",各科教法课程分别开设各自为政,导致内容重复、课时浪费、学生厌学;二是"虚",各科教法课程多以理论讲授为主,缺乏实践操作指导,导致学生懂了却不会用、学了却不会教。本书编写的初衷便是解决这两个难题。编者均为教法课教师,有多年专业教学经验,对这些难题有针对性方法并通过实践证明其可行性,最终形成文字编排出版,供大家参考。

本书名为《幼儿园教育活动设计与实训》,内容设计主要有以下特色:

1. 贯彻《指南》精神

《指南》是我国幼教办学纲领性文件,自《指南》印发后,我们深入学习并积极贯彻落实到教学工作中。本书编写紧密结合《指南》进行,尤其是模块二:"幼儿园各领域活动的设计和实训",这部分内容编写以《指南》相应内容为依据,并结合《指南》要求进行活动设计和实训。

2. 实现教法课程整合

教法课程整合,是学前教育专业课程发展的一大趋势。本书顺应趋势将各科教法课程统一整合,将各科教法课程的理论通用部分提出来作为模块一:"幼儿园教育活动设计与实训的基本理论",将各科教法课程的特色(包括:目标、内容、方法、设计和实训)单独列出作为模块二:"幼儿园各领域活动的设计和实训"。这样既能保证教法课程的统一,又能兼顾各科教法的独特之处,从而使教法类课程不再"散"。幼儿园区角活动不属于各科教法,但也是幼儿园教育活动的重要组成部分,所以单独作为模块三:"幼儿园区角活动的设计和实训"。

3. 强化"实训"功能

教法类课程是学生从"学"到"教"的最后一个环节,它有一定的理论性,但实践性必须强化。本书编写主要从两方面强化"实训"功能,先是提供大量幼儿园活动案例观摩并分析,这会让学生"眼见为实",知道幼儿园教育活动是怎样的;然后是安排针对性的分组实训活动,布置任务让学生"手到为实",会设计能组织幼儿园活动,将来才能胜任幼儿园工作。

4. 突出"课证融合"理念

目前幼儿园教师资格证考试已成为幼教专业学生的重要任务之一,而教法类课程也是考试的重要内容。课程学习和考证复习应该相结合,因此本书特意将各部分涉及的历年幼儿园教师资格证考试真题整理,并附上参考答案,帮助学生复习知识点,练习答题技巧,从而提高考试过关率。

本书主要由唐山幼儿师范高等专科学校的学前教育专业教法课教师编写,另外还有保定幼儿师范高等专科学校、贺州学院、唐山劳动技师学院等单位老师加入编写组。具体分工是模块一"幼儿园教育活动设计与实训的基本理论"的第一、二、三单元由戎计双编写,第四、五单元由王芳编写。模块二"幼儿园各领域活动的设计和实训"的第一单元健康领域(前三课)由李俊梅编写,第四课由何春月编写;第二单元语言领域由张英杰编写;第三单元社会领域由戎计双编写;第四单元科学领域由王芳编写;第五单元艺术领域

(前四课)由杨立超编写,第五到七课由吴永辉编写。模块三"幼儿园区角活动的设计和实训"由董玉编写。全书由戎计双、金鑫、李宁负责统稿。

本书在编写和出版过程中,得到了唐山幼儿师范高等专科学校学前教育系主任李永波、唐山幼儿师范高等专科学校附属幼儿园园长鄢慧敏、唐山四幼园长刘秀红的大力支持,为本书编写提供许多案例和视频资料,在此表示感谢,也感谢复旦大学出版社的指导和支持。

本书在编写过程中参考借鉴了很多幼儿园活动案例和国内外学者的研究成果,在书中一一作了注明,如有遗漏之处,敬请指正。

编写组
2018 年 4 月

目录
MULU

模块一　幼儿园教育活动设计与实训的基本理论

模块二 幼儿园各领域活动的设计和实训

模块三　幼儿园区角活动的设计和实训

模块一

幼儿园教育活动设计与实训的基本理论

第一单元
幼儿园教育活动概述

引入案例

中班科学活动：小豆家族

　　活动开始，教师以神秘的口气对幼儿说："今天，老师要带你们去参观小豆的家，我们出发吧!"然后就带幼儿走进教师精心布置的"小豆的家"（各种豆子、不同生长阶段豆子的展览活动室），请幼儿参观。参观之后，老师带领幼儿尝试榨豆浆、品尝各种豆制品等等。通过这些方式的学习和体验，幼儿直观感知和体验了各种豆子和豆制品，对豆子有了初步认识。

　　豆子是自然界中常见的一种植物，豆制品是我们生活中常吃的食物，幼儿可能见过吃过，但是对它们却了解不多。活动中教师就通过这种直观具体、贴近生活的形式让幼儿感知了豆子和豆制品。通过这个案例大家可以感觉到：幼儿园的教育活动与其他的教育活动有所不同，那幼儿园教育活动是怎样的？又该如何设计？怎样实践呢？这就是本单元我们要学习的内容。

第一课　幼儿园教育活动

一、幼儿园教育活动的含义

　　《幼儿园教育指导纲要（试行）》（以下简称《纲要》）指出，幼儿园教育活动是教师以多种形式有目的有计划地引导幼儿生动、活泼、主动活动的教育过程。首先，幼儿园教育活动是由教师的教和幼儿的学所构成的师幼双向活动。幼儿是学习的主体，是活动的执行者、承担者、探索者，也是活动结果的体现者。教师是教育的主体，是活动的设计者、组织者、调控者，也是活动目标的引领者。其次，幼儿园教育活动是一种主客观因素相互作用的活动。中班科学活动"小豆家族"就属于典型的幼儿园教育活动，活动主要在"小豆的家"的参观中进行，通过老师有计划的引导、幼儿自主的探索来实现认识各种豆子的目的。

二、幼儿园教育活动的特点

　　幼儿园教育活动不同于其他教育活动，有着自己的特点。

（一）生活性

幼儿园教育活动是贴近幼儿生活的。首先体现在：活动的内容贴近幼儿生活。幼儿园教育活动的内容多为幼儿生活中常见的事物，如：认识豆子、遵守交通规则等。其次体现在：活动的形式贴近幼儿生活。幼儿园教育活动的形式多采用幼儿生活环节中渗透，例如：品尝豆制品、超市区角游戏等。

（二）趣味性

幼儿园教育活动是富有趣味性的。兴趣是最好的老师，幼儿的自控力不如成人，开展有趣味性的活动是保证活动效果的重要手段。玩是孩子的天性，幼儿对"玩"，或者说是各种游戏活动兴趣浓厚，活动中给幼儿设计合理的游戏活动能有效调动幼儿学习的兴趣，例如：学习交通规则，可以开展"我是小司机"角色扮演游戏。好奇是学习的动力，活动中给幼儿提供各种新奇直观的材料，会激发幼儿的探索欲望，从而引导他们积极投入活动，例如：认识豆子，老师提供了各种各样的豆子、不同生长阶段的豆子等。

（三）启蒙性

幼儿园教育活动是启蒙性质的活动，主要体现在活动内容和要求上。幼儿园教育活动旨在让幼儿学习浅显的知识和经验，培养初步的兴趣、习惯和能力，为以后进一步的学习打下基础。例如：大班科学"喷泉实验"活动，只要求幼儿观察，能得出"洞越靠下喷出的水越远"的结论，并对此好奇，为幼儿今后学习打下基础，但并不要求幼儿理解压力和压强的抽象原理。

（四）综合性

幼儿园教育活动是综合性质的活动，体现在活动内容的广泛和活动目的的全面上。例如：大班"欢度春节"主题活动中，既有冬天的冰雪、除夕的团圆、年兽的传说、年节的美食、新年的祝福，还有剪纸、《新年好》歌曲等等涉及各个领域和幼儿各个方面发展的内容。

三、幼儿园教育活动的类型

幼儿园教育活动是丰富多彩的，从不同角度出发，我们可以将其划分为不同类型。

（一）从幼儿园教育活动的内容划分

从幼儿园教育活动的内容出发，可以划分为：领域式教育活动和主题式教育活动。

领域式教育活动是以学科为中心安排课程的活动，即把幼儿园教育活动的内容系统化形成一定的学科，然后按学科进行幼儿园教育活动。现在幼儿园教育活动内容一般划分为五大领域：健康、社会、科学、艺术、语言。内容不同，相应的幼儿园教育活动也不同，具体可分为：健康领域活动、社会领域活动、科学领域活动、艺术领域活动、语言领域活动。例如：中班科学活动"小豆家族"，就是一个幼儿园科学领域教育活动。

主题式教育活动是以某一主题为中心安排课程的活动，即把幼儿园教育活动的内容按照其自然的联系形成一定的主题，然后按主题进行幼儿园教育活动。主题类别不同，相应的幼儿园教育活动也不同。例如：大班主题活动"欢度春节"就是一个节日类主题教育活动。

领域式教育活动和主题式教育活动是目前幼儿园课程设置的两大形式，两者不同但各有利弊。领域式教育活动从学科知识角度出发设置课程，更有利于幼儿系统学习基础知识；主题式教育活动从生活经验出发设置课程，更有利于幼儿感知生活积累经验。

（二）从幼儿园教育活动的组织形式划分

从幼儿园教育活动的组织形式出发，可以划分为：集体教育活动、小组教育活动、个别教育活动和自选教育活动。

集体教育活动一般是在教师直接的组织指导下，全班幼儿同时参加的活动，活动的内容和方式也基本一致。例如：中班科学活动"小豆家族"，老师带领全班幼儿参观小豆的家，就是一个典型的幼儿园集体教育活动。

小组教育活动一般是将全班幼儿分成几个小组进行的活动。活动可以教师组织指导，也可以小组长带领成员分工合作交流讨论，活动的内容和方式可以相同也可以不同。例如：大班主题活动"欢度春节"，教师引导幼儿按照美食、传说、剪纸等任务分组后，各组可以交流讨论分工合作完成任务，这就是一个幼儿园小组教育活动。

个别教育活动一般是教师面对一两个幼儿进行教育指导的活动。例如：为庆祝元旦，幼儿园准备举行新年联谊会，要求每个班级都准备1—2个节目。蓉蓉和小美唱歌很好，张老师帮她们选了《新年好》这首歌，对她们进行指导，这就是一个幼儿园个别教育活动。

自选教育活动一般是在教师间接的组织指导下，幼儿根据自己的兴趣和需要，自由选择活动的内容和材料，自己决定活动的方式和同伴等，然后进行的活动。例如：幼儿园区角活动、户外自选游戏活动，有些幼儿在区角活动中选择进入自然角照顾小乌龟，有的幼儿在户外游戏中选择骑小车等等，这些都属于幼儿园自选教育活动。

（三）从幼儿园教育活动的特征划分

从幼儿园教育活动的特征出发，可以划分为：生活活动、学习活动、游戏活动、劳动活动和节庆活动等。

生活活动是指幼儿园一日生活中进餐、饮水、睡眠、如厕等各个环节的活动。

学习活动主要指幼儿园专门组织幼儿进行学习的活动，例如：中班科学领域活动"小豆家族"，大班社会领域活动"过年好"。

游戏活动是幼儿利用游戏材料和环境进行自由游戏的活动，例如：表演区游戏活动"木偶剧西游记之三打白骨精"、户外体育游戏活动"老鹰捉小鸡"。

劳动活动是引导幼儿从事力所能及的劳动，从而服务自己和他人的活动。例如：幼儿整理自己的书包、作为值日生分发餐具、去食堂帮助阿姨择菜等都属于劳动活动。

节庆活动是幼儿园利用各个节日开展的庆祝活动，例如：幼儿园庆六一亲子运动会、幼儿园庆元旦晚会等等，幼儿在轻松愉快的节庆活动中体验生活了解习俗展示才艺。

（四）从幼儿学习的不同方式划分

从幼儿学习的不同方式出发，可以划分为：接受式教育活动、合作式教育活动、体验式教育活动、探究式教育活动等。

接受式教育活动是传统的幼儿园教育活动形式，是幼儿通过教师呈现的材料来掌握现成知识的一种活动形式。例如：中班故事活动"小猪盖房子"，教师借助图片向幼儿讲述《小猪盖房子》的故事，从而使幼儿理解故事内容感悟故事内涵。

合作式教育活动是以共同目标为先导、以小组成员互助合作为基本形式的一种教育活动形式。例如：中班建筑区角活动"纸桥"，活动以搭建最结实的纸桥为共同目标，小组成员互相交流、互相协调，发挥各自优势共同合作完成任务。

体验式教育活动指幼儿亲身介入活动，通过认知、体验和感悟，在实践过程中获得新的知识技能和态度的教育活动过程。例如：大班社会活动"超市购物"，教师组织幼儿进入超市购物，亲身感知体验超市购物过程从而获得有关超市的认知和经验。

探究式教育活动是围绕一个主题而展开的以幼儿的自主探索、自由表达、合作交流为过程的一种教育活动形式，例如：小班主题活动"各式各样的鞋"，教师借助幼儿兴趣点（一个幼儿穿了一双会发光的鞋，其他幼儿围观讨论）引出本次活动，从而引导幼儿自由探索各种各样的鞋。

幼儿园教育活动案例

中班科学活动：小豆家族

活动目标：

1. 认识不同种类的豆子。
2. 能按颜色给豆子进行分类。
3. 喜欢吃各种豆制品。

活动准备：

布置环境——小豆的家：各种豆子、豆芽；豆浆机、各种豆制品(豆干、豆腐、绿豆糕、红豆包等)

活动过程：

1. 教师带领幼儿参观"小豆的家"。

教师以神秘的口气对幼儿说：今天，老师要带你们去参观小豆的家，我们出发吧！然后带幼儿走进了教师精心布置的"小豆的家"(各种豆子、不同生长阶段豆子的展览活动室)，请幼儿参观。参观过程中，教师重点引导幼儿认识各种豆子的外形特征和名称。

2. 按颜色给豆子进行分类。

教师先提出问题(豆宝宝混在一起)请幼儿帮忙分开(说说谁有好办法)。教师提供材料，幼儿分组操作，按颜色将豆子分开。

3. 品尝豆制品。

教师现场榨豆浆，幼儿观察豆浆制作过程。请幼儿品尝各种豆制品，说说里面藏着什么豆宝宝？味道如何？

4. 了解豆制品的营养。

教师介绍豆制品的营养，激发幼儿吃豆制品的愿望。

活动延伸：

1. 布置自然角"小豆长大了"，引导幼儿观察豆子成长过程。

2. 利用家庭资源收集更多豆制品，丰富到幼儿饮食当中。

(活动源自：内蒙古赤峰市直属机关幼儿园 张英梅，略有改动)

第二课 幼儿园教育活动设计

一、幼儿园教育活动设计的含义

设计是指正式做某项工作之前，根据一定的目的和要求，预先制定规划、方法、图样等。幼儿园教育活动设计是指教师在尊重幼儿身心发展的规律和学习特点的基础上，对教育目标、内容、方法和实施步骤的预期。教师在实施幼儿园教育活动之前，应该先对幼儿园教育活动进行设计，即对活动进行预先规划，精心考虑活动的内容、目标、方法、过程等，从而保证活动实施的效果。

二、幼儿园教育活动设计的内容

幼儿园教育活动设计的最终体现是完成一份幼儿园教育活动方案，因此幼儿园教育活动设计的内容就是方案的构成，按照幼儿园教师资格证考试大纲最新要求，一份完整的幼儿园活动方案主要包括：活动名称、设计意图、活动目标、活动准备、活动过程、活动延伸六大部分。

(一) 活动名称

活动名称，是一个具体教育活动的规范题目。它主要包括三项内容：活动年级、活动类型、活动具体内容。例如：小班艺术领域活动"小动物怎么叫"。

(二) 设计意图

设计意图的意义在于阐明"我为什么要设计这个活动"。主要从两方面去分析：一是分析幼儿的现有水平。因为幼儿的心理和生理的发展尚未成熟,发展水平低,本活动才具有意义。二是分析活动的教育意义。简单地说就是说明此次活动能为幼儿带来哪些积极影响,解决"幼儿"与"活动"之间的矛盾,满足幼儿生活或学习上的某种发展需求。例如:小班艺术领域活动"小动物怎么叫"的设计意图在于:小班幼儿喜欢小动物,但对歌唱活动缺乏兴趣和勇气,本次活动内容选取幼儿感兴趣的动物叫声,引导幼儿勇敢模仿,大声歌唱,体验快乐。

(三) 活动目标

活动目标,是通过活动所期望达到的效果。它主要从三个维度表述:认知目标、技能目标、情感态度目标。例如:小班艺术领域活动"小动物怎么叫"的活动目标为:1.通过故事能理解歌词的内容;2.在教师引导下能进行接唱;3.能够大胆歌唱,初步感受歌唱活动的快乐。

(四) 活动准备

活动准备,是活动实施所需要的前提准备工作。主要从两方面表述:物质准备、经验准备。如:小班艺术领域活动"小动物怎么叫"的活动准备为:1.图片羊、猫、鸡、鸭若干张,各种小动物头饰(与参加活动幼儿数量相同),动物图谱一组。2.幼儿之前听过农场故事,了解鸡鸭等小动物的叫声。

(五) 活动过程

活动过程,是活动实施的具体环节。一般可以分为三部分:开始部分、基本部分和结束部分。

1. 开始部分

开始部分就是导入,是教师通过各种方法将幼儿引入活动。导入要精彩,这样才能吸引幼儿注意,为接下来的活动做好铺垫,但要注意导入不能时间过长,以免喧宾夺主。例如:小班艺术领域活动"小动物怎么叫"中教师使用的是谈话导入,利用魔法咒语请出农场小动物。具体做法是这样的:老师有一个小农场,我的小农场里面养了许多小动物,你们猜一猜我养了哪些小动物呢?(幼儿自由回答)。教师出示图片羊、猫、鸡、鸭,告诉幼儿有哪些小动物。可是老师的农场昨天被巫婆施了魔法,小动物们出不来了,我们必须要念出魔法咒语,小动物才可以出来。

2. 基本部分

这是活动过程的主要部分。在活动基本部分,要通过几个步骤使用恰当方式方法让幼儿去感知体验尝试练习,最终实现活动目标。基本部分要由易到难逐步深入,动静结合引导幼儿获得身心和谐全面发展。例如:小班艺术领域活动"小动物怎么叫"中的基本部分是这样安排的。第一个环节:借助情境图片,学唱小动物叫声。具体做法是孩子和教师一起念魔法咒语"我爱我的小羊",教师出示小羊的图片,引导幼儿学习小羊怎么叫,再配上音乐学习小羊叫声,依次学习第二句魔法咒语"我爱我的小猫",第三句魔法咒语"我爱我的小鸡",第四句魔法咒语"我爱我的小鸭"。第二个环节是教师完整唱歌曲,借助图谱教幼儿接唱。具体做法是:老师用刚才的魔法咒语和小动物们的叫声,编了一首好听的歌曲。我们来听一听。先是听钢琴伴奏,教师完整地唱一遍,然后依据图谱,引导幼儿跟唱。第三个环节是引导幼儿做游戏,分角色唱,具体做法是:我们做一个游戏,你们来扮演我农场里的小羊和小猫,你们是小羊组,你们是小猫组,姚老师来唱歌曲的前两句,当我唱小羊时,你小羊组唱,当老师唱到小猫组,你们小猫组唱。记住要有节奏地唱,听着钢琴的伴奏。教师带幼儿合唱小羊和小猫部分,然后难度加强,分成四组:小羊组、小猫组、小鸡组和小鸭组。

3. 结束部分

教师要考虑活动结束的方式,结束环节要尽量自然合理,并能巩固幼儿所学。例如:小班艺术领域活动"小动物怎么叫"是这样结束活动的。老师说:"孩子们,我的小动物出来这么长时间了,它们该回家了,我们一起送小动物们回家吧!"在故事情境中自然结束活动。

(六) 活动延伸

活动延伸是指活动结束后,教师可以设计一些相关辅助活动,使所学内容渗透到幼儿生活游戏中,从而强化幼儿所获得的知识技能及道德品质等。例如：小班艺术领域活动"小动物怎么叫"中的活动延伸是这样安排的：1.请幼儿将今天学会的歌曲回家唱给爸爸妈妈听。2.鼓励幼儿将他们听过的小动物的叫声编进歌曲里。一方面可以巩固今天所学的内容，另一方面还可以拓展内容加深学习。

三、幼儿园教育活动设计的原则

幼儿园教育活动设计是一种富有科学性和规范性的活动，要保证活动的效果，在设计过程中必须遵循以下原则。

(一) 发展性原则

发展性原则是指在幼儿园教育活动设计中必须以幼儿的原有基础和发展水平为依据，并且以促进幼儿身心和谐全面发展为最终目标。例如，小班的幼儿已经会穿脱带拉链的简单衣服，那么"穿带拉链的衣服"就是小班幼儿的现有发展水平。之后我们可以尝试引导幼儿学习穿带扣子的复杂衣服，"系扣子"是小班幼儿经过帮助能达到的发展水平。但是我们不能要求小班幼儿都学会系鞋带，因为"系鞋带"是一项难度更高的任务，小班幼儿一般还掌握不了，超出了他们可能达到的水平，不在最近发展区内。而"系扣子"对小班幼儿来说就是符合发展性原则的活动内容。

(二) 主体性原则

幼儿园教育活动是由教师的"教"和幼儿的"学"构成的活动，因此教师和幼儿都是教育活动的主体。幼儿园教育活动设计中的主体性原则主要体现在两方面：一是活动设计中要保证幼儿作为活动的主体。幼儿是学习的主体，无论是活动内容的选择、活动环境的布置、活动方式的安排都应该注重激发幼儿的兴趣，引导他们进行自主的创造性的活动，从而成为学习和发展的主体，而不是教师控制下的"木偶"。二是活动设计中要科学发挥教师的主体作用。教师是教育的主体，活动的设计和实施都离不开教师的指导。但这种"指导"应该是以幼儿学习和活动的参与者、合作者、支持者的身份进行的，不应该是高高在上的权威领导者。

(三) 开放性原则

开放性原则是指幼儿园教育活动不应该是封闭的、固定不变的，应该是开放的和灵活的。当前的幼儿园教育活动无论从目标、内容还是形式上都越来越趋向开放和灵活。例如：幼儿园教育活动不再仅仅局限于园内，教师可以带幼儿走出去了解学习外面的世界。幼儿园教育活动也不再是一定按照老师或课本既定的教育内容进行到底，可以根据幼儿的兴趣和需要设计和生成。

案例(附光盘视频)

小班艺术领域活动： 小动物怎么叫

设计意图：
小班的幼儿都非常喜欢小动物，会模仿小动物的叫声。但他们对歌唱活动缺乏兴趣和勇气，于是本次活动内容选取幼儿感兴趣的动物叫声，引导幼儿大胆模仿，大声歌唱，体验歌唱活动的轻松快乐。

活动目标：
1. 通过故事能理解歌词的内容。
2. 在教师引导下能进行接唱。
3. 能够大胆歌唱，初步感受歌唱活动的快乐。

活动准备：
1. 图片羊、猫、鸡、鸭若干张，各种小动物头饰(与参加活动幼儿数量相同)，动物图谱一组。

2. 幼儿之前听过农场故事,了解鸡鸭等小动物的叫声。

活动过程:

1. 谈话导入:魔法咒语请出农场小动物。

老师有一个小农场,我的小农场里面养了许多只小动物,你们猜一猜我养了哪些小动物呢?(幼儿自由回答)。教师出示图片及图谱(依次羊、猫、鸡、鸭),告诉幼儿有哪些小动物。教师介绍:农场昨天被巫婆施了魔法,小动物们出不来了,我们必须要念出魔法咒语,小动物才可以出来。

2. 借助情境图片,学唱小动物叫声。

(1)学习第一句魔法咒语"我爱我的小羊"。

孩子和教师一起念"我爱我的小羊",教师出示小羊的图片,接着引导幼儿学习小羊怎么叫,然后配上音乐学习小羊叫声。

(2)学习第二句魔法咒语"我爱我的小猫"。

我的农场里有小猫,我们一起来念魔法咒语把小猫请出来吧。幼儿和教师一起念"我爱我的小猫",教师出示小猫图片引导幼儿学习小猫怎么叫,配上音乐一起来学小猫叫。师:我的农场里还有小鸡,我们一起来念魔法咒语"我爱我的小鸡"。

(3)学习第三句魔法咒语"我爱我的小鸡"。

我的农场里有小鸡,我们一起来念魔法咒语把小鸡请出来吧。幼儿和教师一起念"我爱我的小鸡",教师出示小鸡图片引导幼儿学习小鸡怎么叫,配上音乐一起来学小鸡叫。

(4)学习第四句魔法咒语"我爱我的小鸭"。

我的农场里有小鸭,我们一起来念魔法咒语把小鸭请出来吧。幼儿和教师一起念"我爱我的小鸭",教师出示小鸭图片引导幼儿学习小鸭怎么叫,配上音乐一起来学小鸭叫。

小结:孩子们,谢谢你们帮我解开了巫婆的魔法。你们看我农场里的小动物们都出来了。

3. 教师完整唱歌曲,借助图片教幼儿学唱小动物叫声。

老师用刚才的魔法咒语和小动物们的叫声,编了一首好听的歌曲。我们来听一听。

(1)听钢琴伴奏,教师完整地唱一遍。

(2)熟悉图谱,幼儿跟唱。

4. 引导幼儿做游戏,分角色唱。

我们做一个游戏,你们来扮演我农场里的小羊和小猫,你们是小羊组,你们是小猫组,老师来唱歌曲的前两句,当我唱小羊时,你们小羊组唱,当老师唱到小猫时,你们小猫组唱。记住要有节奏地唱,听着钢琴的伴奏。

(1)教师带幼儿合唱小羊和小猫部分。

(2)难度加强,分成四组,小羊组、小猫组、小鸡组和小鸭组。

5. 活动结束。

孩子们,我的小动物出来这么长时间了,它们该回家了,我们一起送小动物们回家吧!

活动延伸:

1. 请幼儿将今天学到的歌曲回家唱给爸爸妈妈听。

2. 鼓励幼儿将他们听过的其他小动物的叫声编进歌曲里。

(活动源自:唐山幼儿师范高等专科学校附属幼儿园,姚蕴哲)

小组实训活动

1. 将学生按5—6人分成小组,以组为单位查阅资料,找出某种指定类型的幼儿园教育活动。

2. 指定类型:小班健康领域活动、中班主题活动:纸、大班表演游戏活动等。

第二单元
幼儿园教育活动的目标

引入案例

教室门口的计划

新学期开始了,幼儿园到处装饰一新。细心的家长发现每个班级门口的"家园直通车"栏目里也出现了一叠崭新的纸张,上边清晰地写着"2017年小班下学期活动计划",有的还有本月计划和本周活动安排。哦,原来这周孩子要学这个啊!这里家长看到的"计划",就是幼儿园教育活动目标的体现。那什么是活动目标?幼儿园教育活动的目标有哪些?这些目标又是如何制定的呢?这就是本单元我们要学习的内容。

第一课 幼儿园教育活动的目标体系

目的性是人类实践活动的重要特征。幼儿园教育活动的目的性集中体现在幼儿园教育活动的目标上。要设计幼儿园教育活动应该首先了解幼儿园教育活动的目标体系,并能制定规范合理的幼儿园教育活动目标。

一、幼儿园教育活动目标的含义

目标是人们活动中想要达到的效果或标准。幼儿园教育活动的目标是人们进行幼儿园教育活动所要达成的效果,幼儿园教育活动是丰富多样的,有一定的层次性和系统性,因此幼儿园教育活动的目标也是一个完整的体系。

二、幼儿园教育活动目标的体系

幼儿园教育目标的体系是一个横纵交织的整体结构,纵向目标从高到低可以分为四个层次,分别是:幼儿园保教目标、幼儿园各年龄班目标(小班、中班、大班)、幼儿园各年龄班学期目标(上学期、下学期)、幼儿园具体教育活动目标。横向目标即幼儿园各领域目标,包括:健康、语言、社会、艺术、科学,每个领域目标还可以划分为子领域目标。

（一）幼儿园教育活动目标体系纵向框架图，如图 1-2-1 所示：

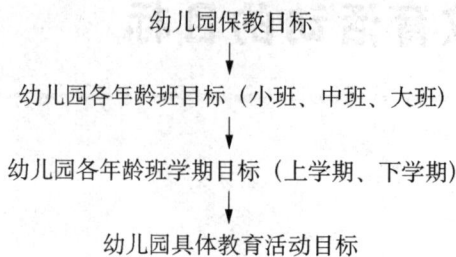

幼儿园保教目标

↓

幼儿园各年龄班目标（小班、中班、大班）

↓

幼儿园各年龄班学期目标（上学期、下学期）

↓

幼儿园具体教育活动目标

图 1-2-1

1. 幼儿园保教目标

幼儿园保教目标是我国学前教育的教育目标，反映出幼儿园人才培养的规格和要求，全面指导着幼儿园教育教学工作。幼儿园保教目标的内容具体体现在《幼儿园工作规程》（以下简称《规程》）中。1996 年国家教育委员会发布《幼儿园工作规程》，在第一章第五条明确指出："幼儿园保育和教育的主要目标是促进幼儿身体正常发育和机能的协调发展，增强体质。培养良好的生活习惯、卫生习惯和参加体育活动的兴趣，发展幼儿智力，培养正确运用感官和运用语言交往的基本能力，增进对环境的认识，培养有益的兴趣和求知欲望，培养初步的动手能力，萌发幼儿爱家乡、爱祖国、爱集体、爱劳动、爱科学的情感，培养诚实、自信、好问、友爱、勇敢、爱护公物、克服困难、讲礼貌、守纪律等良好的品德行为和习惯，以及活泼开朗的性格，培养幼儿初步的感受美和表现美的情趣和能力。"

2. 幼儿园各年龄班目标（小班、中班、大班）

不同年龄班的幼儿身心发展状况不同，因此各年龄班的教育目标也应有所差别。幼儿园各年龄班目标的内容具体体现在《幼儿园教育指导纲要》（以下简称《纲要》）和《3—6 岁儿童学习与发展指南》（以下简称《指南》）中。

3. 幼儿园各年龄班学期目标（上学期、下学期）

同一年龄班，在不同的学期教育目标也有所不同。除学期目标之外，幼儿园还有月计划、周安排，将幼儿园教育目标进一步细化、具体化，使之更具有可操作性。学期目标、月计划、周安排等具体目标由教师自行制定。

4. 幼儿园具体教育活动目标

幼儿园具体教育活动目标是幼儿园具体教育活动的目标，教师在进行某个教育活动时需要制定具体的目标。例如：大班健康教育活动"防火安全我知道"，教师制定的活动目标为：（1）了解生活中容易发生火灾的行为；（2）掌握几种简单的自救逃生的方法及技能，提高自我保护能力；（3）感受火灾的危险，警惕身边安全隐患，萌发防范火灾的意识。

（二）幼儿园教育活动目标体系横向框架

1. 幼儿园保教目标

与目标纵向结构相一致的幼儿园保教目标。

2. 幼儿园各领域目标

教育目标总是以一定的课程内容为载体，具体体现在不同的领域目标之中。幼儿园教育活动的内容相对划分为五大领域，各领域目标因此成为幼儿园保教目标的下位概念，幼儿园保教目标通过各领域目标的落实而得以实现。幼儿园各领域目标具体体现在《纲要》和《指南》中。

3. 幼儿园各领域子目标

幼儿园各领域子目标是幼儿园各领域目标的细化，《指南》将幼儿园各领域目标划分为若干子领域，突出各领域目标的重点。

第二课　幼儿园教育活动的目标制定

制定目标是开展幼儿园教育活动的起点，是幼儿园教育活动设计的首要环节。目标制定后要通过活动来实现，整体幼儿园教育活动必须围绕目标进行。幼儿园教师必须提高目标意识，加强目标制定的能力训练，不可以"眼中无幼儿，心中无目标"。

一、制定幼儿园教育活动目标的依据

目标制定要规范合理，必须遵循下列依据。

（一）幼儿发展年龄特征和个体差异

要落实"以幼儿为本"的教育理念，必须将幼儿的发展作为制定课程目标的主要依据。幼儿发展的年龄特征体现幼儿各方面的发展水平和需要，这是开展幼儿园教育活动的前提。目标制定者就要把握幼儿不同年龄阶段的特点，有的放矢地制定教育目标。除此之外，由于受遗传、家庭、环境以及幼儿自身个性特点等多种因素的影响，幼儿发展表现出显著的个体差异。因此，在制定教育目标时，教师要经常观察，真正了解幼儿的发展水平，从而制定出科学的、合理可行的教育目标。

（二）时代社会发展需要

教育活动是一项社会活动，教育活动的开展必须以时代社会发展需要为前提，并受其制约。因此，幼儿园教育活动需要关注时代社会的发展，其目标的制定要能反映出我们社会的要求和愿望。我国近年来出台一系列有关政策文件，如：《规程》《纲要》《幼儿教师专业标准》《指南》等，逐步明确和规范了我国学前教育的发展方向。教师在制定教育活动目标时应依据这些政策文件，从而保证目标制定不偏离时代社会发展需要。

（三）学科发展动态

目标的制定还需要考虑学科发展的需要。学科本身有自己的知识体系，幼儿园教育活动作为幼儿教育学科课程的一部分，其自身也有比较固定的知识体系，但随着学科的不断发展，学科本身的知识体系也在发生一定变化，从而对课程内容和目标发生影响。因此制定目标时，应该研究幼儿教育及其相关学科的发展动态，从而保证目标制定的科学性。

二、幼儿园教育具体活动目标的制定要求

（一）目标制定应指向三维取向

根据布鲁姆教育目标分类系统，可以把幼儿园教育活动目标分为三个维度：认知学习目标、动作技能学习目标和情感态度学习目标，每个维度之内的目标又按照从简单到复杂分为不同层次，每一个目标都应建立在前一个目标实现的基础上。

1. 认知维度的学习目标

认知维度的学习目标是指知识的学习，包括知道、理解、运用、分析、综合和评价六个层次。

（1）知道：对先前学习过的知识材料的回忆，包括具体事实、方法、过程、理论等的回忆。例如，大班语言活动"小猪盖房子"的活动目标之一：幼儿能够基本复述故事内容。

（2）理解：把握知识材料意义的能力。可借助三种形式来表明：转换，即用自己的话或用与原先的表

达方式不同的方式来表达所学的内容;解释,即对一项信息加以说明或概括;推断,即预测发展的趋势。例如,大班科学活动"喷泉"的活动目标之一:幼儿能够预测孔的位置越高水喷得越远。

（3）运用:把学到的知识应用于新的情境。例如,小班谈话活动"我爱我家"的活动目标之一:幼儿能够模仿教师"我家有……"来介绍自己的家庭。

（4）分析:把复杂的整体知识材料分解为组成部分并理解各部分之间的联系的能力。例如,中班健康活动"我们吃进去的食物去哪了"的活动目标之一:幼儿能够明白消化道有哪些及其顺序。

（5）综合:将所学知识的各部分重新组合,形成一个新的知识整体。

（6）评价:对材料做价值判断的能力。例如,中班社会活动"花瓶碎了"的活动目标之一:幼儿做到诚信并能评价相应行为的对错。

2. 动作技能维度的学习目标

动作技能涉及骨骼和肌肉的运用、发展和协调,包括:感知、准备、有指导的反应、机械动作、复杂的外显反应、适应和创新。

（1）感知:指运用感官获得信息以指导动作,主要了解某动作技能的有关知识、性质、功用等。例如,中班体育活动"我是孙悟空"的活动目标之一:幼儿通过看教师扮演孙悟空,初步感知侧身钻的动作。

（2）准备:指对固定动作的准备,包括心理定向、生理定向和情绪准备(愿意活动)。

（3）有指导的反应:指复杂动作技能学习的早期阶段,包括模仿和体验错误。通过教师评价或一套适当的标准可判断操作的适当性。

（4）机械动作:指学习者的反应已成习惯,能以某种熟练和自信水平完成动作。这一阶段的学习结果涉及各种形式的操作技能,但动作模式并不复杂。

（5）复杂的外显反应:指包含复杂动作模式的熟练操作。操作的熟练性以精确、迅速、连贯协调和轻松稳定为指标。

（6）适应:指技能的高度发展水平,学习者能修正自己的动作模式以适应特殊的设施或满足具体情境的需要。

（7）创新:指创造新的动作模式以适合具体情境。要有高度发展的技能为基础才能进行创新。例如,大班艺术活动"小老鼠和跳跳糖"的活动目标之一:幼儿能够根据情节创编简单舞蹈动作。

3. 情感态度维度的学习目标

情感是对外界刺激的肯定或否定的心理态度反应,如喜欢、厌恶等。该目标共分五级:接受或注意、反应、评价、组织、价值与价值体系的性格化。

（1）接受或注意:学习者愿意注意某特定的现象或刺激。

（2）反应:学习者主动参与,积极反应,表现出较高的兴趣。

（3）评价:学习者用一定的价值标准对特定的现象、行为或事物进行判断。

（4）组织:学习者在遇到多种价值观念呈现的复杂情境时,将价值观组织成一个体系,对各种价值观加以比较,确定它们的相互关系以及它们的相对重要性,接受自己认为重要的价值观,形成个人的价值观体系。例如,大班语言活动"两只倔羊"的活动目标之一:幼儿能够懂得谦让。

（5）价值与价值体系的性格化:学习者通过对价值观体系的组织,逐渐形成个人的品性。

4. 目标制定应包含四大要素

表述目标时一般采用"A、B、C、D表述法":A即"行为主体"(Audience),意为学习者,就是目标表述句中的主语。B即"行为"(Behaviour),即学习者应做什么,目标表述句中的谓语和宾语。C即"条件"(Conditions),意为上述行为在什么条件下产生。D即"程度"(Degree),即上述行为的标准。例如,大班科学活动"蝉"的活动目标之一:幼儿能够通过观察实物辨认蝉,区分蝉和其他常见昆虫。其中,行为主体是"幼儿",行为是"辨认蝉",条件是"通过观察实物",标准是"区分蝉和其他常见昆虫"。目标表述时四要素最好一应俱全,这样更加全面规范。但具体目标制定操作中,除行为要素外,其他要素常常根据具体情况适当省略,例如之前目标可省略为:幼儿能够辨认蝉。

5. 目标表述应明确具体,具有可操作性和可检测性

目标的具体性是指活动目标应由幼儿各方面的发展目标不断细化而来,针对某活动的需求来制订活

动目标,目标不能大而全,目标表述应明确而具体。有的教师制定目标时不够具体,目标表述过于笼统和概括。例如,中班科学活动"认识豆子"的活动目标之一为:喜爱动植物,亲近大自然,关心周围的生活环境。这样的目标就偏大,过于笼统概括,应具体到本次活动上,可修改为:喜爱各种豆子,了解生活中的各种豆制品。

目标的可操作性是指目标对活动具有良好而实效的引导作用,教师或幼儿可以依照目标的指引开展活动。例如,小班绘画活动"妈妈的脸"的活动目标之一为:通过观察照片尝试画出妈妈的脸。该目标中的条件要素"通过观察照片"具有较强的操作性,教师可以依照目标开展活动,准备照片让幼儿观察然后绘画。

目标的可检测性是指目标可以成为检测学习效果的标尺。因为目标是对本次活动效果的预设,有效的活动目标和活动效果具备较高的重合度,所以目标可以检测活动效果。有的教师制定目标时,用活动的过程或方法来取代目标,造成目标无法检测。例如,小班绘画活动"妈妈的脸"的活动目标为:1.幼儿看照片仔细观察妈妈的脸;2.幼儿能画出脸的主要部位:眼睛、鼻子、嘴巴等。其中目标1不合理,它用活动过程代替了活动目标,目标2中的"主要部位"明确了活动的"行为标准要素",使得目标具有较强的可检测性。

案例

大班安全教育活动:防火逃生我知道

活动来源:

《纲要》明确指出:"幼儿园必须把保护幼儿的生命和促进幼儿的健康放在工作的首位"。只有在儿童生命健全的基础上才能保证其身心健康发展,儿童的安全是一切发展的保障。然而,对于当今物质条件优越的孩子们来说,他们的生活如此多彩,但当我们听说某商场、居民区、游乐园等地发生火灾时,身为幼儿教师,我们首先想到的是力量弱小的孩子们,他们在突如其来的灾害面前会怎样,是惊慌、害怕,还是安全逃生呢?《指南》中指出:幼儿应具备基本的安全知识和自我保护能力,知道一些基本的防灾知识,教给幼儿简单的求救方法,并运用游戏方式模拟练习。的确,火场无情,我们应该增强幼儿的防火意识,才能提高幼儿的逃生自救能力,所以加强幼儿防火安全教育至关重要。

活动目标:

1. 感受火灾危险以及危害,了解生活中容易引发火灾的行为,萌发防范火灾的意识。
2. 掌握几种简单的自救逃生的方法及技能,提高自我保护能力。
3. 在演练中锻炼遇事不慌,运用求救及逃生方法保护自身安全。

活动重点:

掌握几种简单的自救逃生的方法及技能,提高自我保护能力。

活动难点:

引导幼儿在游戏中体验到危险的存在,并能积极思考合理解决问题的方法,能够运用求救及逃生方法保护自身安全。

活动准备:

1. 物质准备:《火灾案例》录像。严禁烟火的标志、安全出口的幻灯片、人手一块湿毛巾、模拟游乐场的场地及安全出口指示牌、灭火器。
2. 经验准备:幼儿能说出自己的家庭住址。

活动过程:

一、通过谈话和图片,了解火的用途和危害

师:孩子们,你们知道火有什么用吗?火会造成什么危害?

出示火灾后的图片,火灾现场照片,玩火烧伤的图片,播放《火灾现场》视频片段。

小结:如果我们用火不当,就会发生火灾,危害我们的生命(烧伤皮肤、烧毁物品、房屋、森林等)。所以我们一定要小心用火。

二、判断讨论容易引发火灾的危险游戏,萌发幼儿防范火灾的意识

1. 出示玩打火机、玩蜡烛、划火柴、点煤气灶、点爆竹、玩未熄灭的烟头的图片。提问:你会这样做吗?为什么?

2. 出示防火标志。引导幼儿观察、认识"严禁烟火"的标志。

三、初步掌握几种自救逃生的方法及技能,提高自我保护能力

1. 妈妈炒菜时锅里着火啦,能用水灭火吗?

要告诉妈妈用湿的布或者盖上锅盖熄灭火。播放生活视频。

2. 如果家里火势很猛,浓烟很多,我们有什么办法逃到安全的地方?

师:要马上披上湿衣服、湿被褥等向安全出口方向冲出。穿过浓烟逃生时,要尽量使身体贴近地面,并用湿毛巾捂住口鼻。我们一起学一学,湿毛巾要折叠6—8层才能防止浓烟呛入鼻孔。

幼儿练习折叠湿毛巾捂住口鼻并猫着腰走。

3. 发生火灾了,可以乘坐电梯吗?

遇到火灾时不可乘坐电梯,要向安全出口方向逃生。这有几张图片,看看哪一张是安全出口标志?你在什么地方看到过这个标志?

4. 如果所有的逃生线路都被大火封锁了,该怎么办?

若所有逃生线路被大火封锁,要立即退回室内,用打手电筒、挥舞衣物、呼叫等方式向室外发送求救信号,等待救援。让幼儿练习挥舞衣物、呼叫等求救方法。

小结:家中一旦起火,不要惊慌失措,如果火势不大,应让大人迅速利用家中的灭火器、泼水灭火。出示灭火器灭火、泼水灭火的图片。发生火灾时要迅速拨打火警电话119。

四、游戏演练,锻炼幼儿遇事不慌、运用逃生方法

1. 我们一起来看一看什么地方发生了火灾?(游乐场)

你听到了什么声音?(警报器、消防车、"救火"的呼喊声等)你看到他们逃生时是怎么做的?我们小朋友都知道这么多的防火知识,如果真的发生了火灾,我们是不是能做到呢?我们现在就来进行一次模拟防火演习。

2. 你们看,我们来到了游乐场,孩子们我们一起玩吧!在孩子们无意识的情况下,配班老师播放警报声,演习开始。教师注意观察幼儿们的表现,发现问题,以便在下一步讨论环节中提出。引导幼儿解决问题回顾讨论。刚才演习时我们做得好的地方在哪里?你们发现还有什么问题?(没有注意警报声响、不知道游乐场安全出口在哪里、幼儿在通过门口时特别拥挤等。)

3. 再次游戏演习,熟练掌握自救技巧。

活动延伸:

1. 可以在全幼儿园进行防火演习,让幼儿把学到的方法再一次熟悉并运用。

2. 在家庭中可以请孩子们介绍消防的一些常识,并做好消防工作。

3. 在环境适宜的地方出示一些图示以提醒。

(活动源自:唐山四幼　康春艳)

小组实训活动

1. 将学生按5—6人分成小组,以组为单位完成任务。

2. 小组任务

(1) 查找一个幼儿园具体活动的目标。

(2) 运用所学分析此目标制定是否合理,如有问题请修改。

幼儿园教育活动的内容

国庆节了，幼儿园都在干什么

国庆节了，全国上下都在关注国庆节活动，有的去天安门看升旗仪式，有的在家观看阅兵式。那幼儿园国庆节是怎么过的？孩子们都在干什么呢？进入幼儿园，首先映入眼帘的就是大大小小的一面面鲜红的五星红旗，这个班幼儿在学唱国歌，那个班在制作国旗，还有的班在世界大地图上寻找着中国……

第一课 幼儿园教育活动的内容体系

制定幼儿园教育活动目标之后，要通过活动来实现目标。活动内容是目标的载体，教师要选择恰当的活动内容来实现活动预定目标。

一、幼儿园教育活动内容的含义

幼儿园教育活动内容是指为实现幼儿园教育目标，要求幼儿学习和获得的知识、技能、行为经验和价值观念的总和。首先，内容是为目标服务的。幼儿园教育活动内容的选择必须以实现目标为依据，保持与目标的一致性。其次，内容应该是全面的。幼儿园教育活动的内容不仅包括各种知识和技能，还应包括幼儿身心发展所需要的行为经验和价值观念。例如：小班社会活动"认识红绿灯"，幼儿不仅要认识红绿灯，能够按照交通规则过马路，还要增强自我保护的意识和懂得遵守规则的意义。

二、幼儿园教育活动内容的体系

《纲要》指出：幼儿园的教育内容是全面的、启蒙性的，可以相对划分为健康、语言、社会、科学、艺术五个领域，也可作其他不同角度的划分。

（一）幼儿园五大领域的教育内容

1. 健康

建立良好的师生、同伴关系，让幼儿在集体生活中感到温暖，心情愉快，形成安全感、信赖感。与家长配合,根据幼儿的需要建立科学的生活常规。培养幼儿良好的饮食、睡眠、盥洗、排泄等生活习惯和生活自理能力。教育幼儿爱清洁、讲卫生,注意保持个人和生活场所的整洁和卫生。密切结合幼儿的生活进行安全、营养和保健教育,提高幼儿的自我保护意识和能力。开展丰富多彩的户外游戏和体育活动,培养幼儿参加体育活动的兴趣和习惯,增强体质,提高对环境的适应能力。用幼儿感兴趣的方式发展基本动作,提高动作的协调性、灵活性。在体育活动中,培养幼儿坚强、勇敢、不怕困难的意志品质和主动、乐观、合作的态度。

2. 语言

鼓励幼儿大胆、清楚地表达自己的想法和感受,尝试说明、描述简单的事物或过程,发展语言表达能力和思维能力。引导幼儿接触优秀的儿童文学作品,使之感受语言的丰富和优美,并通过多种活动帮助幼儿加深对作品的体验和理解。培养幼儿对生活中常见的简单标记和文字符号的兴趣。利用图书、绘画和其他多种方式,引发幼儿对书籍、阅读和书写的兴趣,培养前阅读和前书写技能。提供普通话的语言环境,帮助幼儿熟悉、听懂并学说普通话。少数民族地区还应帮助幼儿学习本民族语言。

3. 社会

为每个幼儿提供表现自己长处和获得成功的机会,增强其自尊心和自信心。提供自由活动的机会,支持幼儿自主地选择、计划活动,鼓励他们通过多方面的努力解决问题,不轻易放弃克服困难的尝试。在共同的生活和活动中,以多种方式引导幼儿认识、体验并理解基本的社会行为规则,学习自律和尊重他人。教育幼儿爱护玩具和其他物品,爱护公物和公共环境。与家庭、社区合作,引导幼儿了解自己的亲人以及与自己生活有关的各行各业人们的劳动,培养其对劳动者的热爱和对劳动成果的尊重。充分利用社会资源,引导幼儿实际感受祖国文化的丰富与优秀,感受家乡的变化和发展,激发幼儿爱家乡、爱祖国的情感。适当向幼儿介绍我国各民族和世界其他国家、民族的文化,使其感知人类文化的多样性和差异性,培养理解、尊重、平等的态度。

4. 科学

通过引导幼儿积极参加小组讨论、探索等方式,培养幼儿合作学习的意识和能力,学习用多种方式表现、交流、分享探索的过程和结果。引导幼儿对周围环境中的数、量、形、时间和空间等现象产生兴趣,建构初步的数概念,并学习用简单的数学方法解决生活和游戏中某些简单的问题。从生活或媒体中幼儿熟悉的科技成果入手,引导幼儿感受科学技术对生活的影响,培养他们对科学的兴趣和对科学家的崇敬。在幼儿生活经验的基础上,帮助幼儿了解自然、环境与人类生活的关系。从身边的小事入手,培养初步的环保意识和行为。

5. 艺术

在艺术活动中面向全体幼儿,要针对他们的不同特点和需要,让每个幼儿都得到美的熏陶和培养。对有艺术天赋的幼儿要注意发展他们的艺术潜能。提供自由表现的机会,鼓励幼儿用不同艺术形式大胆地表达自己的情感、理解和想象,尊重每个幼儿的想法和创造,肯定和接纳他们独特的审美感受和表现方式,分享他们创造的快乐。在支持、鼓励幼儿积极参加各种艺术活动并大胆表现的同时,帮助他们提高表现的技能和能力。指导幼儿利用身边的物品或废旧材料制作玩具、手工艺品等来美化自己的生活或开展其他活动。为幼儿创设展示自己作品的条件,引导幼儿相互交流、相互欣赏、共同提高。

(二)幼儿园主题活动的教育内容

主题教育活动是目前幼儿园普遍采用的一种课程模式,它打破了学科或领域的界限,以一个中心内容即主题作为主要线索,追随幼儿的生活和经验,借助于环境等多方资源构建的一系列教育活动。幼儿园主题教育活动的内容主要有两大类。一是自然类主题,主要包括:动植物;声、光、电、磁、力、风、雨等物理和自然现象;季节变化;沙、水、石等自然物质等。例如:"我们的动物朋友""各种各样的植物""甜甜的水果""会变的天气""温暖的春天""有趣的水""好玩的石头""好听的声音"等。二是社会类主题,主要包括:家庭、幼儿园、社区、节日、家乡、民族、衣食住行、环境保护等。例如:"我上幼儿园了""好朋友""我的家""快乐的新年""美丽的家乡""祖国我爱你""生活中的标志""各种各样的建筑""各种职业的人""环保小卫士"等。

(三) 幼儿园一日活动的教育内容

1. 生活活动

生活活动的内容是幼儿园一日活动中的生活环节,主要包括:入园和离园、进餐、饮水、睡眠、如厕、盥洗、过渡活动、自由活动、散步等。

2. 学习活动

学习活动主要指幼儿园专门组织幼儿进行学习的活动,具体内容可以按照五大领域(健康、社会、语言、艺术、科学)、六大学科(语言、数学、科学、音乐、美术、体育)或不同主题来划分和安排。例如:大班社会领域活动"过年好"、中班科学领域活动"小豆家族"、小班主题活动"春天来了"。

3. 游戏活动

游戏活动是幼儿利用游戏材料和环境进行自由游戏的活动,内容包括:区角游戏活动(在模块三中有详细介绍)、户外游戏活动等。例如:表演区游戏活动"木偶剧西游记之三打白骨精"、户外体育游戏活动"老鹰捉小鸡"。

4. 劳动活动

劳动活动是引导幼儿从事力所能及的劳动,从而服务自己和他人的活动,内容包括:自我服务劳动、集体服务劳动、他人服务劳动等。例如:幼儿整理自己的书包、作为值日生分发餐具、去食堂帮助阿姨择菜等都属于劳动活动。

5. 节庆活动

节庆活动是幼儿园利用各个节日开展的庆祝活动,具体内容随节日安排而进行。例如:庆元旦联欢会、母亲节、清明节等活动。

第二课　幼儿园教育活动的内容选择

幼儿园教育活动的内容是一个复杂的体系,具有全面性和启蒙性。幼儿园教师在设计和组织幼儿园教育活动时,必须恰当选择教育内容,促进幼儿全面发展。《纲要》指出,教育内容的选择既要符合幼儿的现有水平,又要具有一定的挑战性,既符合幼儿的现实需要,又要有利于其长远发展;既能贴近幼儿的生活来选择幼儿感兴趣的事物和问题,又有助于拓展幼儿的经验和视野。

一、选择幼儿园教育活动内容的依据

幼儿园教育活动内容的选择必须遵循以下依据。

(一) 反映时代社会发展特征

教育是一项社会活动,幼儿园教育活动内容的选择势必要反映时代社会发展特征,应该选择能反映当代社会文化的发展进步,反映最新的科学技术成果,体现时代性。另外幼儿教育是面向未来的奠基教育,现在的幼儿是未来社会的主体,教育内容要为他们今后的学习和发展奠定良好的基础。例如:大班谈话活动"未来世界",教师通过让幼儿了解一些最新科技发明,激发好奇心和想象力,鼓励幼儿大胆想象、勇于创造和表达。

(二) 对应教育活动目标要求

教育内容是实现教育目标的载体,选择教育内容必须依据教育目标,符合教育目标的教育内容才是有价值的教育内容。因此教育内容应该是"有助于幼儿获得基础知识的内容""有助于发展幼儿的智力和能力的内容""有助于培养幼儿情感态度的内容"。在实际工作中,有的教师为了追求内容的新颖,在选择教

育活动内容时常常迷失方向。例如：大班艺术活动"从一只眼睛画起"，教师为每个幼儿提供了一张画有一只眼睛的画纸，让幼儿从不同方位观察眼睛，并在此基础上添画。这样的活动内容看似新颖，却让幼儿难以操作，因为纸上的眼睛很具体，幼儿无法产生丰富的想象，所以无法有效实现教育目标。

（三）符合幼儿发展年龄特征和发展需要

《纲要》指出，教育活动内容的选择应体现"既适合幼儿的现有水平，又有一定挑战性"的原则，即教育活动内容的难易程度要处在幼儿"最近发展区"，这就要求我们在选择教育活动内容时必须遵循各年龄段幼儿在认知、情感态度、能力等方面的一般发展规律，符合幼儿发展的年龄特征。例如：大班体育活动"我会跳绳"，大班的幼儿骨骼肌肉和运动协调能力发展达到可以学习跳绳的水平，因此可以选择这个内容。但如果这个活动内容放在小班进行，幼儿就会感觉难度非常大无法完成。

幼儿身心发展具有阶段性和连续性，各年龄阶段、各学期的幼儿园教育内容也需要衔接过渡。因此，教师在选择教育内容时要遵循由易到难、由浅入深、由近及远、循序渐进的原则。例如，对自我的认识方面，小班幼儿可认识自己的五官，中班幼儿可认识自己的兴趣，大班幼儿则可认识自己的能力。

（四）贴近幼儿的生活经验和兴趣

知识最初来源于生活，幼儿更是需要从生活中学习，并且以生活经验为基础进行深入学习。脱离幼儿生活经验的内容，不适合作为幼儿教育活动的内容。例如：一位南方幼儿园教师让从未看见过雪的幼儿讨论下雪情境然后绘画。由于没有相关的生活经验和学习经验，幼儿根本无从下手。但如果这个活动让北方经常见到雪的幼儿来进行，效果就会完全不同。

兴趣是幼儿学习的最大动力，有了兴趣，幼儿就有了主动参与活动的愿望，因此幼儿园教育活动内容的选择必须考虑幼儿的兴趣。从兴趣出发选择教育内容，教师可运用以下三种策略：其一，教师预设幼儿感兴趣的内容。例如：小班体育活动"球"，各种球是深受幼儿喜爱的体育器材，各种球的趣味性玩法既能让幼儿在游戏中运动锻炼身体，又能激发幼儿尝试各种玩法的愿望。其二，通过平时观察幼儿，及时发现幼儿感兴趣的事物，由幼儿感兴趣的事物中生成活动内容。例如，在一次大班语言活动中，天空突然电闪雷鸣，大雨倾盆而下，孩子们的兴趣转移到了窗外。这时，教师可以顺应孩子们的兴趣需要，引导孩子们观察并讨论有关雨的内容。其三，教师要善于运用幼儿感兴趣的方式，引导他们参与活动。例如：幼儿不喜欢整理玩具，教师就通过"送玩具回家"的游戏形式引导幼儿学会给玩具分类整理，从而收到较好的效果。

（五）考虑季节、节日、周边环境等时空因素

选择幼儿园教育活动内容时，还应该考虑到季节、节日、周边环境等时空因素。季节和节日是幼儿所处的时间因素。四季轮回，不同季节各有特色变化明显，各季节的变化也改变着我们的衣食住行，这些都决定了季节是幼儿园教育活动内容选择时不可忽视的因素。例如：春季可以认识迎春花，夏季可以了解雷雨，秋季可以体验丰收，冬季可以堆雪人等等。节日是人类文化的传承体现，幼儿可以通过节日活动，体验文化风俗，促进社会性发展。例如：春节可以了解年的传说和习俗，国庆节可以了解国家培养爱国情感，母亲节可以引导幼儿感恩母亲等等。周边环境是幼儿所处空间要素，幼儿生活在其中耳濡目染深受影响，可以从所在地区的自然环境、历史背景、社会设施及资源中挖掘与选择教育活动内容和材料，体现地方性、乡土性。例如：大班社会活动"我爱家乡延庆"等等。

二、幼儿园教育活动内容的编排

教育内容选定之后，要进行合理组织和编排，使其具有一定的系统性，最终形成幼儿园课程。关于幼儿园教育活动内容编排的方式主要有三种：直线式编排教育内容、螺旋式编排教育内容、渐进分化和综合贯通编排教育内容。

（一）直线式编排教育活动内容

加涅从学习层级论的观点出发，把教育活动内容转化为一系列习得能力目标，然后按这些目标之间的

心理学关系,即从较简单的辨别技能的学习到复杂的问题解决技能的学习,把全部教育活动内容按等级排列,从而形成直线式编排教育内容的主张。这是较早的教育内容编排主张,即:在逻辑上把教育活动内容构成一条前后联系的直线,使前后内容互不重复,通俗的说就是把一类知识技能按难易程度排列,让儿童先学习简单的知识技能再学习复杂的。目前幼儿园数学教育的活动内容仍是以直线编排的形式组织的。例如:在学习"认识几何形体"教育活动内容时,小班的活动内容是:认识区分圆形、三角形和正方形;中班的活动内容是:认识长方形、椭圆形和梯形;大班的活动内容是:认识区分球体、正方体、长方体和圆柱体。从小班、中班到大班的教育活动内容,可以看出活动内容编排直线上升、难度逐步提高的趋势。

(二)螺旋式编排教育活动内容

布鲁纳认为:应根据学生的智力发展水平,让学生尽早有机会在不同程度上去接触和掌握某门学科的基本结构,以后,随着学生在智力上的成熟,围绕基本结构不断加深内容,使学生对学科有更深刻和有意义的理解。基于这种观点他提出了螺旋式编排教育活动内容的主张,即:先接触本学科的基本结构,然后围绕基本结构不断加深内容。也就是说在学习的不同阶段,学科的基本结构都会出现,但在深度和广度上都会加强内容。

目前幼儿园一般多采用螺旋式编排教育活动内容,例如:科学领域中有"认识四季"的活动内容,以帮助儿童形成初步的季节认知。小班幼儿"认识四季"的活动内容可以安排"宝宝不怕冷"等,使小班幼儿初步感受四季的明显特征;到了中班可以安排"美丽的菊花"等,使幼儿对不同季节动植物的生长等有进一步的认识;而到了大班,可以安排"四季娃娃"等活动内容,从而加深幼儿对季节更替的理解。由此我们看到,围绕"认识四季"这一活动内容,各年龄班的活动内容呈现螺旋式上升的态势,从而使幼儿在把握季节特征基本结构的基础上对四季的认识逐步加深和拓展。

(三)渐进分化和综合贯通式编排教育内容

渐进分化指该学科的最一般和最概括的观念应首先呈现,然后按细节和具体性逐渐分化。综合贯通则是强调学科的整体性。奥苏贝尔认为渐进分化和综合贯通是相互联系,辩证统一的。

目前"幼儿园综合主题课程""幼儿园活动整合课程"等幼儿园课程模式中,教育活动内容的编排就体现了奥苏贝尔的这种主张。例如:小班安排了"我的家"的系列教育内容,具体包括:"我家有几口人""我家的房间""假如我是爸爸妈妈""爱的礼物"等教育活动。到了中班,安排了"我家附近"系列教育内容,具体包括:"好邻居""社区公园""小区超市"等等。活动内容安排,纵向上从"我的家"到"我家附近"逐步拓展,体现了渐进分化;横向上涉及环境中的各种人、事、物等,体现了综合贯通。

案例

大班主题教育活动: 动物世界

【主题产生】

幼儿对动物世界充满着浓厚的兴趣和强烈的好奇心,动物是幼儿成长过程中的亲密伙伴,但对有些动物,尤其是野生动物,幼儿很少接触,不能充分了解。幼儿很乐于围绕动物的话题进行各种讨论,例如"动物的蛋是什么样的""我喜欢观察小蚂蚁""动物在哪里睡觉"等。因此,我们组织开展主题教育活动"动物世界",帮助孩子打开了解动物秘密的大门。

【主题说明】

大班幼儿对动物十分感兴趣,喜欢饲养和观察小动物。根据孩子们的兴趣点,这个主题活动让幼儿从身边的动物开始了解,从幼儿熟悉并喜爱的动物开始,通过故事、儿歌、参观、游戏等各种不同的活动内容,来加深幼儿对动物的探索愿望,进而引导他们用丰富多彩的方式了解和获得有关动物的更多信息,并在活动中帮助幼儿增强学习感受力。在幼儿有了这样的学习体验后,再引导幼儿进入更广阔的学习天地,去结识更多的动物朋友,让幼儿自主地认识动物的特征及其与人们生活的关系,让幼儿以真善美的心灵去体验动物的生活,动物的喜怒哀乐。如何与动物相处、如何照顾动物、爱护动物等,这些现代社会的人应当具有的情怀,也将通过幼儿参与的活动过程一点一滴地累积起来,成为幼儿内心真切的感受和经验。与此同时,我们还将通过画作的欣赏,激发幼儿创作的动机,通过平面的、立体的作品展现幼儿的学习成果。我们期待着,幼儿不但本能地热爱动物,还能自觉地关注动物,善待动物,真诚理性地对待每一个动物朋友。

【主题目标】

1. 认识生活中常见的动物,积极探索动物的基本特征、生活习性、生存方式等,对探索动物世界感兴趣。

2. 尝试对身边的动物按习性特征进行分类,初步了解动物与人类之间的关系。

3. 能初步运用观察、比较、查阅资料等方式,解决探究动物过程中遇到的问题。

4. 乐于在同伴面前讲述自己的发现和想法,并能认真倾听同伴的意见。

5. 能随着音乐模仿小动物的动作,尝试用自己的方式画出或制作出喜欢的动物。

6. 喜欢和爱护小动物,萌发关注动物、关爱生命的意识,知道照顾小动物的方法,感受动物与人和谐共处的美好。

【主题网络图】

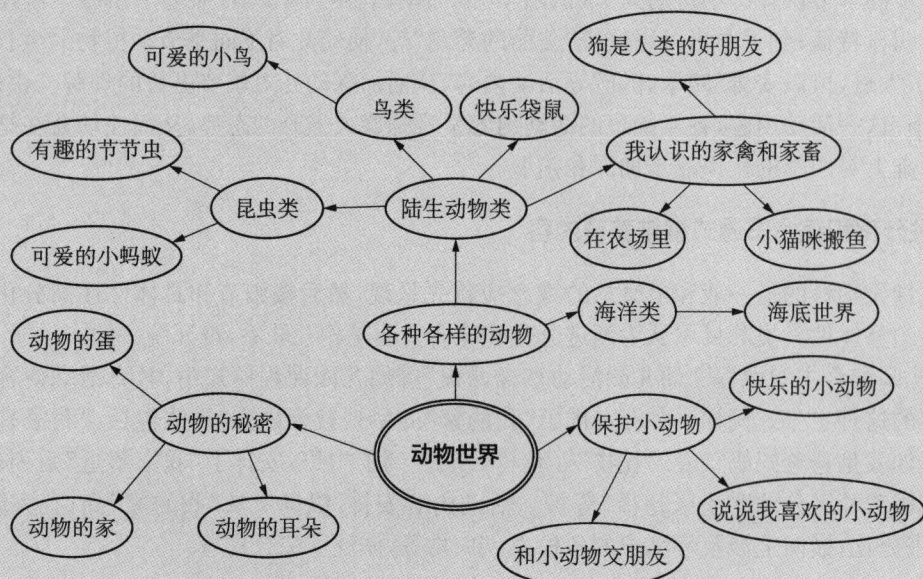

图 1-3-1 "动物世界"主题网络图

【活动一:家畜和家禽】

活动目标:

1. 初步了解并概括出家畜和家禽的主要特征和生活习性。

2. 尝试根据动物的不同特征进行分类。

3. 喜欢观察身边的动物,对动物有好奇心。

活动准备:

常见家禽和家畜的图片(牛、羊、猪、狗、猫、鸡、鸭、鹅等)。

活动重点、难点:

区分家畜、家禽。

活动过程:

1. 观察与感知。

教师出示各种家禽和家畜的图片,请幼儿说说这些动物的名字,它们长什么样,它们喜欢怎样生活。引导幼儿理解画面的主要内容,帮助幼儿探索动物的主要特点和生活习性。

2. 讨论与交流。

师：哪些动物有共同的特点，可以把它们放在一起？说说为什么。（幼儿分组自由讨论并分享讨论结果）

小结：猪、牛、羊、狗放在一起，它们都有头、身体和尾。都有四条腿、全身长有皮毛；它们都是直接生小宝宝，小宝宝都是吃妈妈的奶长大，它们都生活在人的家里，是家畜。鸡、鸭、鹅都有坚硬的嘴巴、两条腿、一对翅膀，全身长有羽毛，它们是蛋生的，妈妈孵蛋孵出小宝宝，它们生活在人的家里，是家禽。生活在人家里的动物，都是经过人类驯养的，要由人类给它们提供住宿的地方，给它们提供食物，它们的生活和人类息息相关。

3. 游戏与操作。

(1) 游戏"找朋友"。每个幼儿选择一个小动物图片，让幼儿相互交流，自己的动物朋友有什么特征，把具有共同特征的动物放在一起，让它们成为好朋友。

(2) 游戏"分一分"。准备好两个家，请幼儿对自己手中的动物图片按照家畜、家禽进行分类，并记录在分类记录单上，再请幼儿找一找身边还有哪些动物分别和小鸡、小狗有共同的特征，把它们也画在记录单上，并向其他幼儿进行展示分享。

活动延伸：

1. 可以利用沙盘，提供各种家里的动物玩具，供幼儿来分类。

2. 在活动区里提供各种动物图片，引导幼儿按生活环境（天上、陆地、水里、森林、沙漠等）进行分类。

【活动二：狗是人类的好朋友】

活动目标：

1. 认识狗的外形特征，感知狗的种类及基本生活习性。

2. 能用自己喜欢的方式观察和描述小狗。

3. 喜欢狗，知道避免被狗伤害的方法。

活动准备：

实物小狗、课件、拼图等。

活动重点、难点：

了解狗的外形特征和生活习性。

活动过程：

1. 观察狗的外形特征。

(1) 幼儿自由观察小狗，说一说狗长什么样子。

(2) 引导幼儿有目的地观察：狗的头上有什么？身上有什么？有几条腿？狗的叫声是什么样的？

(3) 小结：狗有头、颈、躯体、四肢、尾巴这几个部分。狗的头上有眼睛、鼻子、嘴巴和耳朵。

2. 感受狗的不同种类。

(1) 引导幼儿说还见过哪些狗，长什么样子？

(2) 利用课件，让幼儿观看不同种类的狗，如哈巴狗、泰迪狗、狼狗、斑点狗等，进一步巩固对狗的外形特征的认知。

3. 了解狗的生活习性。

(1) 讨论：小狗爱吃什么？狗有什么本领？狗能帮助人们做什么？

(2) 小结：狗的鼻子和耳朵很厉害，而且跑得很快，所以能为人们看家，能帮助警察抓坏人，还能帮助人们追捕猎物、为盲人带路、搜救伤员……

(3) 如何避免被狗伤害？

狗的牙齿非常尖锐，一旦被狗咬伤要立即注射狂犬疫苗；尽量远离陌生的狗，不打狗、善待狗。

4. 拼图小狗。

(1) 引导幼儿操作拼图,拼出完整的小狗。

(2) 组织幼儿评价小结,结束活动。

活动延伸:

1. 在生活中观察更多的狗的外形特征、生活习性等。

2. 与父母一起观看电影《导盲犬小 Q》。

【活动三: 在农场里】

活动目标:

1. 体验歌曲的欢乐情绪,模仿小动物的叫声。

2. 能进行有音色差别的演唱。

3. 尝试创编歌词。

活动准备:

1. 歌曲《在农场里》。

2. 动物头饰。

活动重点、难点:

创编歌词。

活动过程:

1. 模仿与探索。

师:山羊老师来点名字,点到谁的名字,谁就模仿一种小动物的叫声及动作。

2. 学习与练习。

(1) 模仿小动物的叫声进行发声练习。

(2) 欣赏歌曲,请幼儿随音乐自由做动作。

(3) 理解歌词内容。

(4) 根据歌曲内容做律动,并逐步学习歌词内容。

(5) 教师引导幼儿跟唱,跟随后面动物的叫声。

(6) 用声音模仿动物的叫声为歌曲伴奏。

(7) 在教师的引导下边做动作边演唱。

3. 创编与表演。

分组演唱或鼓励个别幼儿进行表演。幼儿在演唱歌曲时,提示幼儿注意最后一句歌词与前几句的不同。

请幼儿说一说农场里还生活着什么动物,它们是怎样叫的,引导幼儿把新的歌词添加到歌曲中来。每个幼儿自选一个动物头饰,分组进行表演。

活动延伸:

1. 在日常生活中观察各种动物的动作,倾听它们的叫声。

2. 可以提供 1—2 种乐器,让幼儿用演奏乐器的方式来模仿动物叫声。

【活动四: 快乐的袋鼠】

活动目标:

1. 学唱歌曲,初步了解音乐和角色形象的关系。

2. 能够根据歌词的内容创编出合适的动作。

3. 体验角色表演的快乐。

活动准备:

1. 歌曲《袋鼠》、袋鼠图片(大、小各一个)。

2. 幼儿已会听《大灰狼》的音乐并能做出相应的动作反应。

活动重点难点：

歌曲表演。

活动过程：

1. 兴趣导入。

(1) 出示袋鼠图片,激发幼儿活动兴趣。

师:小朋友的歌声吸引了许多小动物,你们看,谁来了?(袋鼠)还有谁来啦?(袋鼠宝宝)

(2) 引导幼儿热情有礼貌地向袋鼠问好。

2. 欣赏学习。

(1) 教师以袋鼠的身份范唱歌曲,幼儿初步感受歌曲。

"袋鼠妈妈和它的乖乖还准备了见面礼呢,这个礼物是一首好听的歌曲,大家一起来听听吧!"

(2) 提问歌曲内容:"歌曲里唱了些什么?"

(3) 教师清唱歌曲,幼儿再次感受歌曲。

教师提问,幼儿回答后教师用歌曲总结回答,帮助幼儿理解、记忆歌词。"袋鼠妈妈有个什么? 袋袋里面装着什么? 妈妈和乖乖怎样?"

(4) 教师与幼儿听音乐唱歌,教师边唱边做相应的动作,提示幼儿歌词。

3. 创编动作。

(1) 激发起幼儿扮演小袋鼠的兴趣。

"袋鼠妈妈和它的乖乖在一起好幸福哟,老师也想来做一次袋鼠妈妈,可是谁来做我的乖乖呢?"

(2) 教师引导幼儿如何扮演袋鼠乖乖(双手抱住教师的脖子,双腿环绕于教师的腰部)。

(3) 引导幼儿在歌词"相亲相爱"处做一亲密动作表示乖乖对妈妈的爱(如亲吻等动作)。

(4) 幼儿自由选择小伙伴组合创编动作进行表演。

4. 集体表演。

请小朋友分组进行表演。

活动延伸：

1. 在表演区中继续表演歌曲。

2. 回到家和爸爸妈妈进行亲子表演。

【活动五：各种各样的鸟】

活动目标：

1. 探索鸟类的基本特征及其生活习性。

2. 用完整、流畅的语言讲述自己的发现。

3. 知道鸟与自然及人类的关系,萌发爱护鸟类和大自然的情感。

活动准备：

1. 常见鸟的图片、模型,画有海洋、陆地、天空的背景图。

2. 视频、课件等。

活动重点、难点：了解鸟类的外形特征及其生活习性。

活动过程：

1. 认识鸟的外形特征。

(1) 谈话:鸟长什么样子? 引导幼儿按照顺序进行讲述。

(2) 展示各种各样的鸟的图片、模型,组织幼儿自由地观察和讲述。

(3) 相互交流观察与发现的结果。

小结：鸟的身体分为头、颈、躯干、尾、翼、足等部分。头上长有嘴和眼睛;鸟的颈可以灵活转动。鸟的前肢变成了翅膀,后肢有四趾,能行走;鸟几乎全身有羽毛,大多数能飞,卵生。

(4) 游戏"各种各样的鸟"：引导幼儿根据已有经验模仿各种各样的鸟,说出其名称。

2. 认识不同种类的鸟。

(1) 利用课件及视频了解几种鸟的特征及习性,感知鸟世界的丰富性与多样性。

(2) 游戏"小鸟找家"：将不同种类的鸟按照生活场景的不同进行分类和粘贴。

3. 鸟与人类的关系。

谈话：你喜欢鸟吗? 为什么? 鸟对人类有什么帮助? 有什么危害?

小结：人们根据鸟的样子发明了飞机;人们利用鸽子传递重要信息;人们饲养鸟,鸟的鸣叫声愉悦心情。但鸟类阻碍飞机的飞行;传播禽类疾病等。

活动延伸：

1. 在图书区投放关于鸟的书籍。

2. 到鸟市观察、认识更多的鸟。

活动评析：

主题活动的内容定位于动物世界,符合幼儿园教育活动内容的选择依据,贴近幼儿的生活经验和兴趣,能充分调动幼儿的学习积极性。主题活动内容编排倾向于纵向分化和横向贯通式,有利于幼儿逐步深入又全面具体地了解动物世界这个复杂而又有序的生物系统。

(活动选自：基础教育教学研究课题组编《幼儿园主题教育活动指导》,略有改动)

小组实训活动

1. 将学生按5—6人分成小组,以组为单位完成任务。

2. 小组任务

(1) 查找一个幼儿园教育活动案例。

(2) 分析此案例的幼儿园教育活动内容的选择依据。

第四单元

幼儿园教育活动设计中的方法运用

引入案例

中班科学活动：吹泡泡

　　中班的苗老师发现小朋友们对泡泡很感兴趣，便设计一次中班科学活动"吹泡泡"。活动开始时，苗老师先让小朋友欣赏了一段泡泡漫天飞舞的视频，吸引幼儿的注意力，然后苗老师提供了多种吹泡泡的工具，有三角形的、圆形的、正方形的、菱形的等多种工具，让小朋友玩吹泡泡的游戏。在让小朋友吹泡泡前，苗老师提出问题：用不同形状的工具吹出来的泡泡是什么形状的？小朋友有说圆形的，有说正方形的，有说三角形的等等。苗老师并没有着急告诉小朋友正确的答案，而是让小朋友各自动手实验，看看不同的工具到底吹出的泡泡是什么形状的？并要求小朋友做好记录。活动最后，苗老师邀请部分小朋友分享实验结果，并做最后的总结。

　　在这个科学活动中，苗老师主要运用了实验法、游戏法、欣赏法、讲解法等，帮助幼儿探索出"不同形状的工具吹出的泡泡都是圆形的"这个结论。

　　幼儿园教育活动方法主要是指为了达到某种活动目标，老师和幼儿共同参与和遵循的教与学的程序与步骤，它既包括教师怎么教，还包括幼儿怎么学，它是随着教育实践的深入而逐渐发展和完善起来的。幼儿园教育活动设计中有多种方法可以选用。根据这些方法的表现形式，可以把它们分为口语类方法、直观类方法和活动类方法等。这些方法各有特点，它们之间相互优势互补，方法本身没有好坏对错之分，只是要根据幼儿的年龄特点、活动内容、活动目标等来选择适合的活动方法。下面就分别对不同的活动方法进行阐述。

第一课　幼儿园教育活动的口语类方法

　　幼儿园教育活动口语类的方法主要包括老师和幼儿之间的语言互动，如讲解法、谈话法、讲述法、讨论法、描述法等。

一、讲解法

(一)定义

　　讲解法是指幼儿教师通过口头语言向幼儿解释和说明知识、材料、规定、要求等的教学方法。讲解法很少单独使用,要与多种教学方法紧密结合。讲解语言是教师课堂语言的主题,使用频率最高,对幼儿的影响最大,是整个课堂教学中的"实质部分",是教师传授知识技能、传达情绪情感的主要手段①。

(二)讲解法使用要点

1. 语言要规范、简洁

幼儿教师在使用讲解法时,要使用标准的普通话,语音、词汇、语法都要符合现代汉语规范要求,表达要简洁明确、清晰流畅,避免语言和语义的重复啰嗦,或者不够规范的日常口语及不太文明用语等。

2. 深入浅出,符合幼儿的理解能力和接受水平

幼儿教师在使用讲解法时,应该考虑幼儿的年龄特点和已有的经验,语言要简单,用幼儿能够理解的语句,必要时候可以使用比喻、拟人等幼儿能够接受的表达方式作讲解,引起幼儿的兴趣,帮助幼儿理解。

3. 层次清晰,具有逻辑性

幼儿教师使用讲解法时,要注意讲解语言具备逻辑性,讲解内容层次清晰,幼儿能够准确理解和把握教师讲解的重点,避免注意力的分散。

案例

大班早期阅读活动: 鸭子骑车记

(指导:林剑萍 执教:王竹君)

活动目标:

1. 从图画书中寻找故事线索,感受鸭子尝试挑战、坚持不懈获得成功的快乐。

2. 关注画面细节,尝试用连贯清晰的语言进行表述。

活动准备:

1. 儿童图书《鸭子骑车记》人手一本。

2. 故事局部画面:(1)鸭子骑车时先后遇到的朋友;(2)鸭子骑车的各种动作。

活动过程:

一、共同观看《鸭子骑车记》封面画面,引起阅读兴趣

1. 封面上有谁,它会有什么突发奇想? 2. 了解故事名称"鸭子骑车记",讨论鸭子可能学会骑车吗?

二、自主阅读图画书,了解故事大意,寻找答案

1. 带着问题一页一页地翻阅,边翻阅边思考:鸭子究竟有没有学会骑车? 2. 交流从书中找到的答案。

三、师生共读,关注画面。梳理故事线索

(一)线索一:同伴的不同态度(局部画面图一)

1. 鸭子骑车时遇到了哪些动物朋友?

2. 教师根据图书中动物出现的先后顺序,结合幼儿的表述逐一出示小图片。

3. 这些朋友赞成鸭子骑车吗?从该页画面和文字表述上了解动物朋友的态度。

4. 共同将以上图片按赞同与否进行归类。

(二)线索二:鸭子怎样学会骑车(局部画面图二)

1. 鸭子原来会不会骑车——从图书上找出鸭子最初不会骑车时的动作。

2. 教师用局部画面图表示。

3. 鸭子是怎么学会骑车的?从图画书上找出鸭子的动作有什么变化。

---

① 马宏.幼儿教师口语[M].北京:北京师范大学出版社,2011.8.

4. 教师按图画书的顺序排列动作变化的过程(引导幼儿特别关注鸭子骑车动作的变化)。

5. 共同发现鸭子骑车从摇摇晃晃到稳稳当当到潇洒自如的过程。

(三)线索三:动物朋友的巨大改变

1. 提出问题:最初同伴们都不参加学骑车,后来呢?再一次翻阅图书,从最后页中找到答案。

2. 动物们一开始不是都不赞同鸭子骑自行车的吗?现在怎么也都骑上自行车了呢?

3. 动物朋友们从什么时候开始想学骑车了,连贯地翻阅最后几页,发现动物朋友看到许多小朋友飞速地骑车,都跃跃欲试,最终跳上了自行车的过程。

4. 仔细翻看最后一页,发现动物朋友骑车的有趣情景。

四、情感迁移

1. 鸭子学会骑车以后有没有新的想法?从封四中发现鸭子又想学开拖拉机。

2. 小朋友你们现在想些什么呢?会不会和鸭子一样也有了奇妙的想法呢?

二、谈话法

(一)定义

谈话法是教师与幼儿互动、对话和交流的一种口语教学方法,谈话的主题比较灵活,可以是老师提出的也可以是幼儿主动发起的,或者是幼儿感兴趣的话题。这种方法比较容易激发幼儿的谈话兴趣,有利于幼儿获得知识和发展智力,从而培养幼儿良好的语言表达能力和倾听习惯。

(二)谈话法使用要点

1. 谈话的主题必须是幼儿感兴趣,并符合幼儿的已有经验

谈话的主题不管是老师提出的还是幼儿主动发起的,都要贴近幼儿的生活,是幼儿熟悉的内容,让幼儿有话说,愿意说。如大家一起经历的事情、喜欢的事物、热爱的活动等内容都可以激发幼儿的谈话兴趣。

2. 谈话要面向全体幼儿,注意倾听

使用谈话法时,要注意面向全体幼儿,关注每一位幼儿的表达意愿和表达方式,老师要注意倾听幼儿,同时也要引导幼儿之间相互倾听,以达到多向交流,活跃思维,培养幼儿的听、说等能力。

3. 谈话氛围应轻松自由

使用谈话法时,教师要以平等的态度参与到幼儿的谈话活动中,与幼儿平等对话,在必要的时候,老师可以通过提问、转移话题等帮助幼儿开阔思路,暗示谈话的方法和技巧。

案例

大班谈话活动: 我喜欢的动画片《喜羊羊与灰太狼》

活动目标:

1. 学会用连贯的语言,围绕《喜羊羊与灰太狼》进行谈话。

2. 能从不同角度谈论人物角色,学习用轮流、修补的方式进行自由、有序的交谈。

3. 能较耐心地倾听别人说话,并能大方地向同伴、老师表达自己的想法。

活动准备:

1. 看过动画片《喜羊羊与灰太狼》。

2. 布置动画片主要人物的图片展。

3. 歌曲《别看我只是一只羊》《羊羊顶呱呱》,录音机。

活动过程：

1. 欣赏歌曲，通过提问引出谈话话题。

播放歌曲《别看我只是一只羊》，教师谈话，激发幼儿讨论"喜羊羊与灰太狼"的兴趣。

（1）小朋友知道这是什么歌吗？它是哪部动画片里的歌？

（2）你在哪里看过《喜羊羊与灰太狼》？和谁一起看的？看《喜羊羊与灰太狼》心情是怎么样的？你觉得最精彩的是哪一集？

2. 围绕《喜羊羊与灰太狼》与同伴自由交谈。

让幼儿自由组合，与身边的同伴自由交谈，教师巡视了解幼儿谈论的情况。

3. 引导幼儿集体谈《喜羊羊与灰太狼》。

教师请个别幼儿在集体面前说说自己的想法。要求围绕以上问题，大方地向同伴、老师表达自己对喜羊羊与灰太狼的认识。教师对幼儿的谈话给予赞许和鼓励，对耐心听同伴讲话的幼儿，也给予鼓励。

4. 引导幼儿进一步拓展话题。

（1）教师提问：这部动画片里有很多人物，你最喜欢的人物是谁呢？为什么？

教师在活动室周围布置动画片主要角色的图片展，让喜欢同一个人物的幼儿聚在一起相互说说自己喜欢的理由。请个别幼儿在集体面前说说自己喜欢的人物及理由，鼓励其他幼儿进行补充，将人物的特点说得比较全面完整。

（2）引导幼儿从不同角度谈论人物角色，进一步拓展话题。

教师提出问题：喜欢羊的小朋友比较多，喜欢狼的比较少，因为很多小朋友觉得狼很坏，有很多缺点，小朋友想想：灰太狼有没有优点？有哪些优点？喜羊羊有没有缺点？有哪些缺点？

在与幼儿谈话过程中，教师用平行谈话的方式，为幼儿提供新的谈话经验。如喜羊羊：是族群里跑得最快的羊，乐观、好动，永远带着微笑。由于他每次都识破灰太狼的阴谋诡计，拯救了羊羊族群的生命，是羊氏部落的小英雄。但他办事性子急，常常慢羊羊只说前面一句，后一句还没有说，他已经抢在前面把事情干完了，可大多数时候话没听完，做出来的事情常常弄笑话。

5. 欣赏歌曲《羊羊顶呱呱》，结束活动。

活动延伸：

谈谈幼儿喜欢的一部动画片中的某个人物。

（活动选自：杨旭、杨白. 幼儿园教育活动设计与指导（综合版）[M]. 上海：复旦大学出版社，2016. P55）

三、讲述法

（一）定义

讲述法是指幼儿教师（幼儿）通过口头语言生动地叙述，来理解教学内容的一种教学方法，不仅用于向幼儿传授知识，还用于各种活动的组织。讲述法的主要表述方式有叙事、描述、解释等。

（二）讲述法使用要点

1. 幼儿教师在使用讲述法时，要注意语言正确、生动，把握好语速、语音和感情色彩的变化，从而引起幼儿倾听的兴趣，并注意用简明易懂的语言讲述。

2. 幼儿讲述前，幼儿教师要交代清楚讲述的要求。

3. 倾听幼儿讲述，及时给与鼓励和帮助，切忌过多干扰幼儿讲述。

案例

中班科学活动：下雨的前兆

活动目标：

1. 知道动物也会预报天气，了解一些常见的下雨前兆。

2. 初步学习将气象预报的知识经验在生活中加以运用。

活动准备： 拼图八幅，小猴布偶一个。

活动过程：

1. 引出话题。

"夏天到了，经常会有雷阵雨，要是出门没带雨伞，就有可能被淋湿。看来，我们还真该了解一下天气预报。"

（1）经验交流：

"我们可以从哪里了解天气预报呢？""小动物会不会给我们预报天气呢？"

（2）交代任务：

"动物是怎么预报天气的？ 这个秘密就藏在拼图里。"

2. 拼图讲述。

（1）小组合作拼图，并讲述图意。

（2）请各小组的代表来讲述拼图内容。

（3）小结动物预报天气的多种方式。

3. 迁移经验。

"下雨前，日常生活中还会有哪些东西会有异常的变化？""知道今天要下雨，我们应该做哪些准备？"

活动评析：

在这次活动中，幼儿老师结合图片，先讲述故事情节，此时老师主要使用的是讲述法，随后老师分别解释了为什么要下雨时蜻蜓会飞得比较低？ 小鱼会游到水面上来？ 此时老师主要使用的是讲解法。在这次活动中，幼儿老师采用了讲述法和讲解法相结合的教学方法来组织活动。

（活动选自：百度文库 https://wenku.baidu.com/view/772e0913ec3a87c24028c4bf.html）

第二课 幼儿园教育活动的直观类方法

幼儿园教育活动直观类的方法指教师在教育过程中配合讲述、讲解向幼儿显现实物、教具或作示范性实验和表演，借以让幼儿获取经验知识的一类方法。直观类的方法主要根据幼儿的年龄特点和思维发展特点，帮助幼儿获得感性认识，形成深刻的表象，便于理解和记忆；同时也帮助有效地集中幼儿注意力，引起幼儿兴趣，巩固所学习的知识。直观类方法主要包括观察法、演示法、示范法、范例法等。

一、观察法

（一）定义

观察法指幼儿教师有计划、有目的地吸引幼儿运用视觉、听觉、味觉、嗅觉、触觉等感官去认识观察对象的一种方法,它是幼儿获得感性经验的一种主要途径。观察法中有个别事物观察、比较性观察、长期系统性观察等。

(二)观察法使用要点

1. 提供观察的对象要直观、形象、清晰

幼儿能够通过观察,获取观察对象的一些典型特征和外在特征,能够综合运用感官进行观察。

2. 观察过程中,幼儿教师可以适时引导

教师应帮助幼儿掌握一定的观察方法,如观察的顺序、观察要综合运用多种感官等。

如果是比较性观察,幼儿教师呈现的观察对象一次不可以太多太杂,观察对象的主要特征和显著差异应该可以明显区分;如果是长期系统性观察,幼儿教师要注意提醒幼儿定时观察,以便长期观察得出结论。

3. 观察结束后,幼儿老师要帮助幼儿总结观察结果

教师通过总结引导幼儿将观察到的知识进一步巩固和条理化,同时让幼儿做观察记录,用语录、绘画、笔录等多种方式记下他们的感受、体验和发现。

案例

小班综合主题活动： 丰富多彩的糖果

活动目标:

1. 运用多种感官感知糖果的特征,初步了解糖的作用。
2. 能大胆表述自己的发现,并乐意与教师、同伴交流分享。

活动准备:

1. 各种食用糖。2. 手工做的空罐。3. 挂满糖果的树一棵及各种糖纸做的蝴蝶若干。

活动过程:

一、进入糖果王国

师:小朋友,你们好! 我是糖果王国的国王。糖果王国有许多糖宝宝,你们想不想和他们做朋友呀? 今天我带来了好多糖宝宝,让我们来认识一下吧。

二、感知糖果的特征

1. 出示糖果树,让幼儿观察不同的糖果的外部特征。

师:你们看,树上有好多的糖宝宝,请你们瞧一瞧,这些糖宝宝什么样的? 糖宝宝们都穿了什么样的衣服?(看糖果,了解糖果的包装。)

2. 幼儿在教师的引导下进一步感知糖果的特征,并交流自己的发现。

(1) 摸糖果,提糖果,感知糖果的质地。

师:请你用手摸一摸,捏一捏,然后告诉小朋友糖宝宝是什么样的?

(2) 剥糖果,了解糖果的外形、颜色。

师:现在我们来把糖宝宝的衣服脱掉,看糖宝宝是什么颜色,什么形状的?

(3) 闻糖果,感知糖果的气味。

师:请你们仔细闻一闻、糖宝宝是什么味?

(4) 尝糖果,了解糖果的味道。

师:请小朋友尝一尝,糖宝宝味道怎么样?

3. 小结:糖果的视觉、嗅觉和味觉特点。

师:今天,我们在糖果王国认识了许多糖宝宝,每个糖宝宝都有自己的漂亮衣服。糖宝宝有的软,有的很硬。糖宝宝的颜色、形状也不同,有圆圆的,有方方的,有扁扁的;颜色有白色的,红色的,还有其他许多种颜色呢。闻一闻,还有不同的气味,吃到嘴里甜甜的,酸酸的,有许多种味道。

三、了解糖的作用和吃糖应注意的问题

师：小朋友都喜欢吃糖，糖能给我们的身体提供营养。如果我们肚子饿了，头晕了，吃颗糖就会感到舒服些，但是，要记住一次不能吃太多的糖。糖吃多了容易长蛀牙，还会使身体发胖，运动起来很不方便。所以我们要少吃糖，而且吃完糖后一定要漱口，糖纸要扔在垃圾桶里，不能乱扔，要讲卫生。

二、演示法

(一)定义

演示法是教师通过向幼儿展示各种实物或直观教具、表征性的符号、图像等引导幼儿按一定顺序观察物体的各种特征，进行示范性操作，使他们获得对某一事物或现象较完整的感性认识，常与讲述法、谈话法一起使用。

(二)演示法使用要点

1. 教师面向全体幼儿进行演示，使幼儿注意力集中在对象主要方面。
2. 教师演示时辅以简明扼要讲解。
3. 教师演示时注意技巧熟练、程序正确、动作清楚、速度适宜。

案例

大班科学活动：比较轻重

活动目标：

1. 通过比较轻重，让幼儿感知、学习比较轻重的方法。
2. 能根据物体的轻重排序。
3. 提高感知能力。

活动准备：

1. 衣架一个。
2. 三个相同的矿泉水瓶(一个装满水，一个装半瓶水，一个空瓶)，三个相同的易拉罐(一个装满水，一个装半罐水，一个空罐)。
3. 一大一小积木若干、大小、形状相同的积木若干(按3、6、10数量扎一起)。
4. 棉花沙包、豆子沙包若干、篮球、铁球、苹果、梨、橘子。
5. 在生活活动、区角活动中学习如何使用天平。

活动过程：

一、出示平衡的衣架，让幼儿观察并提问

师：小朋友，你们知道这是什么吗？(衣架)它有什么作用？(挂衣服用的)现在我挂在前面，它处于什么位置？(水平)请小朋友再看：我在衣架的一侧挂上一袋橡皮，你们观察衣架有什么变化？(挂橡皮的一侧下垂)为什么会有这种现象？(挂橡皮一侧重，另一侧没挂物品的轻)你们再看，我在衣架另一侧挂一把尺子，你会发现什么变化？(挂尺子的一端下垂，挂橡皮的一端翘起来)为什么会有这种现象？或这说明了什么？(挂尺子的一端比挂橡皮一端重)

师：小朋友非常聪明，知道在平衡的衣架上挂物品，重的一端下垂，轻的一端上翘，衣架可以帮助我们区分哪个物体重，哪个物体轻。

二、出示矿泉水瓶、易拉罐等相同材料的物品来比较轻重

（一）出示矿泉水瓶比较轻重

1. 师：我这里有三个矿泉水瓶（一个装满水，一个装半瓶水，一个空瓶子）你们知道哪个瓶子重？哪个瓶子轻？你是怎么知道的？

幼：装满水的重；装半瓶水的轻；空瓶子的最轻。（利用目测）

师：请幼儿验证，用手掂一掂，感知哪个瓶子重？哪个瓶子轻？

2. 按由轻到重、由重到轻排序

师：现在，小朋友知道哪个重、哪个轻，请你按由轻到重排序，再按由重到轻排序。请个别幼儿操作。

（二）出示易拉罐比较轻重

1. 师：矿泉水瓶透明，小朋友用眼睛看就知道，哪瓶水重，哪瓶水轻。我这里还有三个不透明的相同的易拉罐，你们怎么分辨哪个罐重？哪个罐轻？（一个装满水，一个空的，一个装半罐）并按由轻到重顺序排起来。

2. 一大一小的积木。

3. 大小、形状相同、块数不同的积木。（3块扎一起，6块扎一起，10块扎一起）

4. 幼儿自由看、玩、掂，比较轻重并排序。

5. 师幼一起验证幼儿操作，总结：相同的易拉罐，空的最轻，装半瓶水的较轻，装满水的最重；比重相同的积木，大的重，小的轻；大小、形状相同的积木，块数多的重，块数少的轻。

三、比较不同物品的轻重

（一）出示不同物品比较轻重

1. 大的棉花沙包、小的豆子沙包。

师：请小朋友猜一猜，哪个沙包重，哪个轻？

2. 篮球、铁球。

师：这两个球，哪个重，哪个轻？

3. 大小几乎相同的苹果、橘子、梨。

师：这三个水果，大小差不多，用掂的方法很难比较，我们用什么方法来比较这三个水果的轻重呢？让小朋友动手玩一玩。

（二）幼儿讨论尝试

1. 集体讨论：为什么大的棉花沙包轻，小的豆子沙包重？为什么大的皮球轻，小的铁球重？

2. 请个别幼儿验证怎样比较苹果、梨、橘子的轻重。（用天平秤，称一称）

四、比赛

两组比赛：不同轻重的物体混放，每一种两个，每组幼儿协商每人排一种，比较同类物体的轻重，分别摆放在两个写有轻重的箱子里，又快又对的那一组为优胜组。

另换两组比赛：不同轻重、不同类物体混放，请幼儿用掂、称等方法，按照从轻到重的顺序排序，正确的一组为优胜组。

（活动选自：http://rj.5ykj.com/html/58996.htm，略有改动）

三、示范法

（一）定义

示范法是指幼儿教师通过自己或幼儿的动作、语言、声音等，为幼儿提供模仿的对象，是幼儿模仿学习

的主要方法。示范包括完整示范、部分示范、分解示范等。

(二) 示范法使用要点

1. 教师在做动作示范时要选好位置,面向全体幼儿,确保每个幼儿都能看到。
2. 教师示范动作要慢一些,而且要清楚准确,并适当加以解释。
3. 语言示范,声音要洪亮、吐字清晰、用词正确、富有表现力。
4. 在做动作示范时,要注意镜面示范。

四、范例法

(一) 定义

范例法是指教师为幼儿提供图片、模型、玩具、画册、实物标本以及教师画的图画或做的手工、贴绒样品等,供幼儿模仿学习使用。

(二) 范例法使用要点

1. 教师提供的范例大小要让每个幼儿能够看清楚。
2. 范例要难易适中,符合幼儿的年龄特点。
3. 范例一般应色彩鲜艳、画面清楚、形象突出、具有典型性。
4. 教师运用范例一般不要多用,以免影响幼儿想象。

案例

大班环保活动: 纸盒变变变

活动目标:
1. 在做做玩玩的过程中,锻炼幼儿的动手能力,激发幼儿的环保意识。
2. 通过游戏,体验合作成功的喜悦。

活动准备:
1. 幼儿收集大小不等的各种废弃的、清洁无毒的纸盒、牙膏盒等。
2. 剪刀、双面胶、丝带等。
3. 教师用废旧物品制作的成品,如汽车、大炮、火箭等。

活动过程:
1. 欣赏作品。
(1) 教师出示自己制作的成品,幼儿欣赏。
(2) 提问:这是什么? 它是用什么做成的?
在幼儿欣赏、观察的基础上教师有目的地介绍2—3种作品。
(3) 提问:如果这些做好的玩具、好东西坏了,还有用吗?
(4) 教师总结:最后我们把它们送到废品回收站,送到工厂再加工重新变成有用的东西。
2. 变废为宝。
师:你们想不想做个小小魔术师,把大家带来的这些盒子变成好玩的东西呀?
(1) 教师提出制作要求:想想你用什么宝贝做一个什么玩具? 跟朋友讲讲,也可以和朋友合作做,用不同的方式对纸盒进行改造、装饰,使它变成一样好玩的玩具。
(2) 幼儿自己制作玩具,老师对完成任务有一定困难的幼儿进行帮助。
(3) 幼儿完成后,陈列在玩具柜里,可以相互进行简单介绍。

3. 结束部分。

（1）教师总结幼儿表现。

（2）引导幼儿拿着做好的玩具，去做小小宣传员，请其他班的小朋友参观欣赏。

第三课　幼儿园教育活动的活动类方法

幼儿园教育活动的活动类方法是指幼儿教师在教育活动中，创设多种以幼儿为主体的实践活动，帮助幼儿动用多种感官，去经历、去探索、去发现、去获取知识经验等。活动类方法强调幼儿是学习的主体，重视幼儿在实践中反复练习、动手操作、调动感官，注重培养幼儿动手、动脑的良好学习品质。活动类方法主要包括实践操作法、游戏法、探索发现法、练习法等。

一、实践操作法

（一）定义

实践操作法是指幼儿教师在教学活动中提供与活动内容相关的操作材料，幼儿通过亲自动手操作直观教具、玩具，在摆弄物体过程中进行探索，从而获得知识、经验、技能的一种方法。实践操作是幼儿认识世界的重要手段，也是幼儿学习的基本方法。这种方法在幼儿园科学、数学和美术等活动中常见。

（二）实践操作法使用要点

1. 明确操作目的，介绍操作材料，交代操作要求，引起幼儿的操作兴趣。

2. 为幼儿提供充足的操作材料，避免材料不足引起的混乱或者操作走过场。

3. 保证幼儿充足的操作时间，不催不逼。

4. 观察幼儿，适时指导幼儿使用材料或工具。

5. 鼓励幼儿运用多种方式进行操作，允许幼儿在实践操作过程中进行各种尝试。

二、游戏法

（一）定义

幼儿园教育活动的游戏法是指在幼儿园教育活动过程中，教师引导幼儿以游戏的形式来开展学习的一种方法，这是一种最受幼儿欢迎的教学方式，也是幼儿园教育活动最显著的特点之一。幼儿园中常见的游戏活动有智力游戏、体育游戏、语言游戏、综合游戏等，年龄越小，采用游戏法越多。

（二）游戏法使用要点

1. 游戏的内容要健康、积极，要有益于幼儿的身心健康，要避免为游戏而游戏，盲目追求兴趣和热闹的场面而丢失教育活动的价值。

2. 根据不同的教育目标和教育内容选择、创编不同形式的游戏。如智力游戏可以学习数概念、发展语言表达能力等，体育游戏适合练习身体运动等。

3. 应根据游戏的内容及形式的不同，采用不同的指导方法。

4. 游戏之前,教师要讲清楚游戏的规则,便于幼儿游戏。

5. 游戏过程中,教师可以引导幼儿遵守游戏规则,克服困难,独立或与同伴合作完成游戏,并注意培养幼儿之间的合作、谦让、友爱、互助等优秀品质。

案例

小班数学活动：有趣的夹子

活动目标：

1. 会正确使用夹子,认识红、绿、蓝三种颜色,并能区分这三种颜色。掌握3以内数的实际含义并能手口一致地点数。

2. 培养语言表达能力和观察能力。

3. 培养爱劳动的习惯,知道自己的事自己做,体验乐于助人的情感。

活动准备：

1. 红、绿、蓝三种颜色篓子各两个,用来装"衣服和枕头"的篓子两个,用三种颜色卡纸裁剪的衣服若干,用一色的卡纸裁剪的枕头若干并在后面写上数字或画上圆点(3以内的数)。

2. 三种颜色的夹子若干,两根长绳子。

3. 音乐。

活动过程：

一、听音乐进活动室

师：孩子们,老师带你去做游戏!

二、谈话引出主题——夹子,通过观察、实践,让幼儿学会使用夹子,并知道夹子的用途

1. 出示夹子,教师引导观察。

师：你们看,老师今天给你们带来了什么?(夹子)它们是什么颜色的?(红,绿,蓝)夹子可以用来干什么?(夹东西)怎么夹呢?你们看看老师是怎么夹的。(教师示范,配上儿歌："小夹子,用手捏,张大嘴,咬住它。")

2. 幼儿实践操作捏夹子。

师：老师有好多的夹子呀!你们都来玩玩这个游戏,音乐响起你们就开始,音乐停你们就到老师这里来。(注：幼儿在学习使用夹子的过程中,教师一边指导,一边念儿歌。)

师：老师来看看,你们把夹子夹在什么地方了!(教师简单地评价)你们再看看我把夹子夹在哪儿了?

3. 游戏"找朋友"。

通过游戏,让幼儿区分颜色并学会按颜色分类。

(1) 教师提出要求：小夹子想找朋友做游戏了,蓝色夹子想夹到老师的这边(左边)袖子上做游戏,绿色夹子想夹到这边(右边)袖子上做游戏,红色夹子想夹到老师的围裙上做游戏。

(2) 幼儿动手操作：按颜色区分后,夹到老师的衣服上。

三、游戏,巩固颜色分类

1. 游戏"晒衣服",要求是什么颜色的衣服就要用相应颜色的夹子来夹。

师：(出示卡纸裁剪的各种颜色的衣服)老师这里有好多的衣服,这些漂亮的衣服是什么颜色的?(红色的,蓝色的,绿色的)

师：老师想请你们帮忙晒衣服,但有一个小要求：绿色的衣服要用绿色的夹子来夹,蓝色的衣服要用蓝色的夹子来夹,红色的衣服要用红色的夹子来夹。(可请一位幼儿先示范)

小结：和幼儿一起欣赏劳动成果,并检查衣服晒得是否符合要求。

2. 游戏"晒枕头"。

游戏要求：幼儿根据"枕头"反面的圆点或数字夹上相同数量的夹子。

师：你们看枕头上有什么？（数字、圆点）我们来数数有几个圆点？（3个圆点、3个圆点、2个圆点，有数字3、有数字2、有数字1）

师：晒枕头的时候呢，上面是数字几，就要用几个夹子来夹，你们看看老师是怎么晒的。快来帮老师晒枕头吧！幼儿完成后，教师检查，小结。

四、活动结束

播放歌曲《晒太阳》，幼儿和教师一起即兴跳舞。

案例评析：

在这次活动中，幼儿教师先出示夹子，引导幼儿观察，然后老师示范，幼儿实践操作捏夹子，最后通过各种游戏让幼儿认识夹子、操作夹子，有：游戏"找朋友"、游戏"晒衣服"、游戏"晒枕头"等。在这个活动过程中，教师就采用了观察法、示范法、实践操作法、游戏法等。

三、探索发现法

（一）定义

探索发现法就是在幼儿园教育活动中引导幼儿通过自身主动对事物、现象等去探索，并发现事物的特点、属性和相互关系，掌握技能，提高各方面能力的方法。对于幼儿来说，需要通过感知、操作和探索，发现知识、掌握技能，尝试解决问题；对于幼儿教师来说，主要是为幼儿提供适宜的环境，并在活动过程中鼓励和支持幼儿。

（二）探索发现法使用要点

1. 使用探索发现法时教师要根据教育活动的目标、内容和幼儿的实际水平投放材料，创设问题情景，引导幼儿明确任务，思考解决问题的方法。

2. 活动过程中，幼儿以个人和小组的方式，动手动脑尝试解决问题的方法，完成任务，教师给予必要的引导和帮助。

3. 探索发现法可以结合讨论法等，引导幼儿交流各自的发现、相互启发，帮助幼儿归纳结论，反思探究过程中的方法，进行知识的迁移或发现新的问题。

4. 活动过程中，可以引导幼儿发现、提出问题，并尝试自己解决问题。

案例

中班科学活动：小瓶嬉水

活动目标：

1. 对探究水感兴趣。

2. 初步了解瓶内石子量的多少与小瓶在水中的沉浮之间的关系。

活动准备：

1. 物质准备：水、抹布、小玻璃瓶16个、清洗干净的大桶8个、小石子若干。

2. 经验准备：幼儿有多次玩水的经验，已经感知并探索过水有浮力、会流动等基本特征。

活动过程：

1. 通过提问引出话题，激发幼儿探索的兴趣。

2. 教师交代实验规则和注意事项。幼儿亲自动手操作，通过不断改变小瓶里石子的数量探索小瓶在水中的位置。

3. 教师引导幼儿进行经验分享。

活动延伸：

请幼儿回家和爸妈一起做沉浮实验,探索在小瓶中装上其他东西怎样让它浮在水面上、沉入水底或悬浮于水中。

案例点评：

在这次活动中,教师投放了适合幼儿操作和探索物体沉浮的透明小瓶和可以盛水的大桶;其次提供的小石子是改变小瓶重量的关键材料,幼儿能够与材料充分互动、亲自试验、动手操作……在这个活动过程中,幼儿教师就采用了探索发现法。

（资料来源：改编自中国科学院第三幼儿园 张卫,选自北京市海淀区教师进修学校主编."实践·研究·反思：幼儿园优秀教育活动案例与评析"北京：北京师范大学出版社,2010. P155)

四、练习法

(一) 定义

练习法是指在幼儿教师帮助和辅导下,通过多次重复练习,使幼儿熟练掌握知识和技能的方法,这是一种巩固新知识、形成技能习惯的基本方法。练习法可以帮助幼儿熟练新学知识或技能,能够让幼儿通过反复的练习形成良好的技能习惯。

(二) 练习法使用要点

1. 练习法的使用一定是在幼儿理解、掌握知识和技能的前提下进行的。
2. 使用练习法时应使幼儿明确练习目的、任务和具体要求,有目的地练习。
3. 指导幼儿运用正确的练习方法,并鼓励幼儿创造精神,防止盲目模仿和机械重复。
4. 练习方式要多样化、游戏化、由少到多、由浅入深、由易到难,按照由单一到综合,逐步提高的要求,提高幼儿练习的兴趣,避免单调乏味。

案例

小班健康活动： 小龟爬爬

设计意图：

根据小班幼儿的年龄特点,我设计了"小龟爬爬"这个游戏活动,想让孩子通过游戏活动能够学习"钻、爬"等动作,来提高他们动作的协调性和灵活性,体验合作带来的快乐。

活动目标：

1. 练习手膝爬行,增强手臂及腿部力量。
2. 发展上下肢协调能力。
3. 体验参加体育活动带来的愉悦和快乐。

活动重点： 发展上下肢协调能力。

活动难点： 练习手膝爬行,增强手臂及腿部力量。

活动准备：

小书包每人一个、教师一个大书包、粮食(布玩具)若干、小鱼若干、轮胎若干、铃鼓一个、海绵垫(小河)6块、拱形小山坡(长条海绵垫12个、床单铺上面)、小乌龟的头饰等。音乐《小兔子走路》《小宝贝》《小乌龟爬山坡》《小雨点》。

活动过程:

1. 热身活动。

宝宝们,今天天气真好,乌龟妈妈要带大家去旅行,出发之前我们先听着音乐活动一下身体吧! (播放《小兔子走路》音乐)

2. 引导幼儿在游戏中练习爬行。

(1) 小乌龟四散爬,引导幼儿正确的爬行方法。

你们做得真好! 刚才歌曲中小乌龟是怎么走路的呀? 我们也练习一下乌龟爬! 当铃鼓响起时大家都爬回来找妈妈开始爬一爬吧! (铃鼓响)乖宝宝们爬回来找妈妈啦! 坐下来揉揉小膝盖吧! (小膝盖别害怕,揉揉你就舒服啦)刚才宝宝们爬的时候用到了身体哪个地方? 手怎么放的? 放在哪? 胳膊用力气了吗? 膝盖也要支撑在地面上,还有我们的小腿和小脚是不是都要用力蹬地才能爬得更快呢?

(2) 有目的地爬行,提高幼儿爬行能力,引出背包旅行。

宝宝们知道了怎样爬得更稳、更快! 现在就和妈妈去旅游吧! (老师翻看书包,焦急的神情)可是妈妈给你们准备的粮食不小心丢在了草地的那边。我要请乌龟宝宝们爬过去把粮食捡回来,开始去捡吧!

宝宝们真能干,我们揉揉小膝盖。(小膝盖别害怕,揉揉你就舒服啦)刚才妈妈发现有的乌龟宝宝撞到了一起。我们爬的时候脑袋是低着还是抬着? 抬着脑袋可以看清前面的方向,就不会与其他的乌龟宝宝发生碰撞,这样我们在旅游的路上才会更安全。那里有妈妈给准备的背包,赶快背上背包去旅游啦!

(3) 以旅游为线索进入爬行有难度的背包爬。

设置情境小河和山洞,爬过去就能捉到小鱼,进一步激发幼儿爬的欲望。

师: 看,前面就有小河和山洞,我们爬过山洞就能捉到小鱼。大家一个跟着一个爬吧! (播放音乐《小宝贝》)边爬边说儿歌: 小乌龟爬呀爬,小手膝盖快快爬,脑袋抬起向前看,遇到朋友不拥挤,大家一起做捉小鱼。宝宝们捉到了这么多的小鱼,肯定不会饿到肚子了,快把小鱼装到口袋里,揉揉小膝盖吧! (小膝盖别害怕,揉揉你就舒服啦)

(4) 翻越山坡爬。

师: 你们看,不远处有一座城堡,你们想玩吗? 可是爬过前面的小山坡才能到达城堡,你们敢爬过去吗? 我们还是男女宝宝分开爬过小山坡吧! 加油啊! (播放音乐《小乌龟爬山坡》)

3. 放松部分。

我的乌龟宝宝们真是太厉害了,我们的身体好辛苦啊! 一起跟着妈妈做个身体操吧! (播放音乐《小雨点》)随音乐的节奏做动作: 谢谢我的小手挥挥手,挥挥手;谢谢我的脑袋点点头,点点头;谢谢我的屁股扭一扭,扭一扭;谢谢我的膝盖揉一揉,揉一揉;谢谢我的小脚走一走,走一走。

案例评析:

在这次活动中,教师通过设置各种情景,引导幼儿反复练习爬的方法和技能。教师主要采用了练习法,并注意了练习法的使用要求。

(活动源自:唐山四幼 杨晶晶)

🔍 **小组实训活动**

1. 将学生按5—6人分成小组,以小组为单位完成任务。

2. 小组任务

(1) 查找一个幼儿园教育活动案例。

(2) 分析活动案例使用的方法,有哪些? 如何运用的?

第五单元

幼儿园教育活动的实施

小班科学活动：认识圆形

活动目标：

1. 初步认识圆形。

2. 能用动作表示圆形，能从混合的三种图形中选出圆形。

3. 对认识图形感兴趣。

活动准备：

1. 经验准备：大部分幼儿生活中都接触过圆形的物体，如皮球、轮胎等。

2. 物质准备：多张三角形、圆形和正方形的卡片。

活动过程：

一、魔法导入

小朋友们上午好。到玩魔法的时间了，今天会变出什么呢？伸出小手，我们一起来变吧。一二三，魔法魔法，变变变！哇，变出了什么？（小白兔、恐龙、蛋糕、圆形。圆形贴在黑板上）请一位小朋友到黑板前沿着绿色圆形的边画个圆形。请小朋友们伸出小手，我们一起来画圆形吧。

二、用动作表示圆形

小朋友们知道怎么用动作表示圆形吗？老师来教你们做。

三、出示PPT图片（篮球、轮胎、钟、光盘、西瓜、月饼）

接下来，老师来考一考小朋友。你见过哪些东西是圆圆的？看看老师这里还有哪些圆圆的东西。

小结：刚才我们说到了哪些东西是圆圆的呀？

四、蚂蚁搬豆豆游戏

1. 出示蚂蚁头饰。

教师为每组小朋友准备了多张三角形、圆形和正方形的卡片。

2. 说明游戏规则。

要求戴上蚂蚁头饰的小朋友负责把圆形的卡片搬到蚂蚁窝（一个纸盒）中。

小结：小朋友们睁大小眼睛，我们一起来看看蚂蚁们把豆豆都搬回家了吗？

活动延伸：

带领幼儿去室外找一找，看有什么东西是圆圆的。

在幼儿园的集中教育活动过程中，一般包括活动准备、开始部分、基本部分、结束部分和活动延伸等。在上述这个案例中，就体现了幼儿园教育活动设计的过程组织。

第一课 幼儿园教育活动的准备

幼儿园教育活动的准备一般包括幼儿的经验准备、教师的物质准备和活动前的准备三部分。在确定活动目标和选择活动内容时,要考虑幼儿的已有经验和最近发展区,帮助制订和选择适合幼儿发展水平的活动;教师的物质准备主要是为幼儿提供适宜的环境和材料支持;活动前的准备主要是为活动的开始做好铺垫。

一、幼儿的经验准备

幼儿园教育活动目标和教育活动内容的选择,都离不开对幼儿已有经验的分析,只有建立在幼儿已有经验的基础上,才可以帮助幼儿"跳一跳摘到桃子"。"教师准确地找到新的'经验点',即把握幼儿的'最近发展区',是活动成功的关键所在。而要找准新的经验点,要求教师在进行新的教育教学活动前必须了解幼儿先期已经掌握了哪些与本活动相关的知识技能,具备了哪些能力。教师可以采用'任务分析'的方法,来分析并了解幼儿经验准备情况,并做好相关的经验准备。"[①]

二、教师的物质准备

《纲要》中指出,环境是重要的教育资源,应通过环境的创设和利用,有效地促进幼儿的发展。幼儿园的空间、设施、活动材料和常规要求等应有利于引发、支持幼儿的游戏和各种探索活动,有利于引发、支持幼儿与周围环境之间积极的相互作用。幼儿教师在准备活动材料时要考虑以下几点:

1. 物质材料的可利用性;
2. 物质材料的科学性和安全性;
3. 物质材料的数量要充分,保障每个幼儿有足够的活动材料;
4. 物质材料的典型性。

三、活动前的准备

活动前的准备主要通过教师对学习情境的创设,吸引幼儿的注意力,让幼儿进入到活动主题当中来。因此,在活动之前,"教师可以根据教学内容、幼儿的年龄和生活经验,并借鉴一些常见的生活事件,去创设一个个生动而真实的、可亲身体验的、科学而有效的模拟生活的教育情景,让幼儿与情境中的人、事、物相互作用,从而建立起连接教学与生活的桥梁。"

案例

大班社会领域活动: 课间十分钟

活动目标:

1. 有初步的时间意识,感知时间与活动的关系。
2. 在活动中发展自己制订计划、执行计划、调整计划的能力。
3. 在设计与调整计划的过程中尝试自我解决问题。

---

① 唐燕.幼儿园教育活动设计与实施[M].上海:华东师范大学出版社,2013. P83.

活动准备:

1. 物质准备:制作计划表的各种材料;铃鼓一个;前期幼小衔接内容的墙面环境支持。

2. 经验准备:通过前期已开展过的"幼小衔接"的主题活动,幼儿对小学的生活有初步了解。

活动重点、难点:

重点:让幼儿亲身体验"十分钟"的长短,并了解哪些活动适宜在这段时间进行。

难点:理解活动内容和时间的关系及完善计划的能力。

活动过程:

1. 活动导入:结合墙饰进行谈话,引出"课间十分钟"。

2. 活动开始:讨论并制订"课间十分钟"的活动计划。

(1) 讨论和选择计划内容和计划方式。

(2) 分组制订计划,教师为幼儿提供适宜的指导与必要的帮助。

3. 活动高潮:体验"课间十分钟"。

(1) 教师摇铃鼓,幼儿开始按计划来完成"课间十分钟"。

(2) 教师观察幼儿实施计划的情况。

(3) 教师再次摇铃鼓,课间十分钟结束,请幼儿来检查自己的计划完成情况。

4. 活动总结:梳理与提升经验。

(1) 小组讨论。

(2) 集体总结。

(资料来源:节选自北京市六一幼儿园 朱金岭,选自北京市海淀区教师进修学校主编."实践·研究·反思:幼儿园优秀教育活动案例与评析"北京:北京师范大学出版社,2010.P90.)

上述案例中,幼儿教师选择"课间十分钟"作为活动内容,与本班幼儿已有经验和实际发展水平相适应,是幼儿经过努力能够完成的,不仅符合幼儿当前发展的需要,同时也为幼儿长远的发展奠定基础。在活动准备方面,幼儿教师为幼儿准备了适当的物质环境,同时结合前期开展过的"幼小衔接"活动,让幼儿在活动之前已经对小学的生活有所了解,这就为本次活动的开展做好了经验准备。最后,教师在活动开始前,通过谈话的方式把幼儿引入到活动的主题上,帮助幼儿顺利进入到"课间十分钟"的后续环节。

第二课 幼儿园教育活动的开始部分

一、导入的定义

幼儿园教育活动的开始部分就是导入,导入就是教师引导幼儿进入活动状态的过程。俗话说"好的开始是成功的一半",说明幼儿园教育活动的导入尤为重要。而"万事开头难"又恰恰说明了导入环节也需要方法和技巧,否则就会事倍功半。

二、导入的目的

(一)引导幼儿进入活动状态

幼儿教师通过导入,激发幼儿对活动的兴趣、吸引幼儿的注意力、调动幼儿参与活动的积极性和主动性,以便全身心投入活动状态。

(二)引导幼儿进入活动主题

幼儿教师通过导入,把幼儿带入到活动的主题当中,为随后的活动内容有效开展奠定基础,帮助幼儿进入到预定的教学轨道。

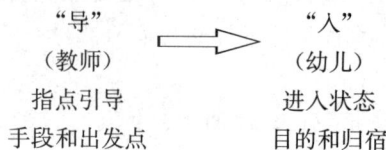

"导" ⟹ "入"
(教师)　　　　　　(幼儿)
指点引导　　　　　进入状态
手段和出发点　　　目的和归宿

三、导入的基本要求

(一)切题:必须依据活动内容和幼儿的年龄特点,符合活动主题。
(二)简练:语言力求概括精练,不可喧宾夺主,导入时间一般不超过3分钟。
(三)巧妙:要根据活动内容巧妙设置导入,让幼儿感觉新鲜、富有吸引力。
(四)设疑:通过导入能够引起幼儿的思考,激发幼儿的好奇心和求知欲。

四、导入的类型

(一)激趣导入

激趣导入就是通过一些幼儿感兴趣的方式导入活动。主要的激趣导入有讲故事导入、魔术导入、游戏导入、教具导入、诗歌导入等。

(二)情境导入

情境导入就是通过创设一定的情境进入活动内容,如创设记者会情境,或者创设电影院情境等。

(三)问题导入

问题导入就是通过提问引发幼儿的思考,激发幼儿的学习与活动愿望。这种导入方式在使用的时候要注意考虑幼儿的年龄特点,并注意问题的难易度,一般导入时问题难度不宜过大,且提出的问题应是幼儿感兴趣,并愿意去思考去探索的问题。

(四)开门见山导入

一般针对幼儿非常感兴趣的活动,或者大龄幼儿,可以采用直接的方式,开门见山直奔主题,引导幼儿进入活动状态。

导入过程中,可以用一种导入方式,也可以几种导入方式相结合,只要能够顺利把幼儿引入到活动状态和活动主题就可以,导入方式本身没有好坏或者对错之分,不同的活动内容和不同的幼儿群体,应该选择不同的导入方式。

案例

中班科学活动: 认识蚯蚓

中二班科学活动"认识蚯蚓",胡老师在活动开始时先给小朋友讲了一个她自编的故事:"小松树一觉醒来,伸了个懒腰,'哇,睡得真舒服!''咦,是哪位好心的朋友帮我把周围的泥土松得软软的了，难怪我昨晚像睡在床垫上一样，那么舒服！'小松树决心要找到这位好心的朋友，要好好谢谢他。经过了一些困难，小松树终于找到了这位好心的朋友。小朋友，你们猜猜看，他会是谁呢？他是一条正在松土的蚯蚓。"故事一讲完，胡老师就问幼儿："小朋友，你们想不想认识小松树的这位好心的朋友——蚯蚓呀？"幼儿在胡老师声情并茂的讲述下兴趣被调动了起来，都表示要认识蚯蚓。

案例评析：中班科学活动"认识蚯蚓"的活动之前，老师就了解到，许多幼儿都因蚯蚓外观不雅而对其有一定的厌恶心理，甚至有的幼儿还有恐惧心理，因此，老师就使用了激趣导入激发幼儿的探究兴趣。

（资料来源：袁爱玲，何秀英著.幼儿园教育活动指导策略[M].北京：北京师范大学出版社，2006.P122.）

第三课　幼儿园教育活动的基本部分

幼儿园教育活动的基本部分，也就是活动展开部分。《纲要》中指出，幼儿园的教育活动，是教师以多种形式有目的、有计划地引导幼儿生动、活泼、主动活动的教育过程；教育活动的组织与实施过程是教师创造性地开展工作的过程。教师要根据本《纲要》，从本地、本园的条件出发，结合本班幼儿的实际情况，制定切实可行的工作计划并灵活地执行。通过这段话可以看出，幼儿园的教育活动实施过程中，应该注意使用多种形式，活动的过程要发挥幼儿的主体地位，引导幼儿主动、积极地参与到活动中，在活动过程中动手、动脑。

一、幼儿园教育活动实施的原则

（一）主体活动性原则

在实施幼儿园教育活动时，要考虑幼儿主体活动性原则，重视发挥幼儿的主体地位，引导幼儿主动、积极地参与活动，激发幼儿的探索欲望和求知欲望。遵守这一原则，需要教师转变教育观念，把幼儿当做学习和活动的主体，引导幼儿积极参与活动。

（二）科学发展性原则

在实施幼儿园教育活动时，要考虑活动内容科学严谨，符合幼儿的已有经验，同时满足幼儿的最近发展区，促进幼儿的发展。遵守这一原则，需要教师一方面具备丰富全面的专业知识，同时还要仔细观察、了解幼儿的已有基础，并提供适宜的帮助，促进幼儿的发展。

（三）生动趣味性原则

幼儿园教育活动要满足幼儿的年龄特点，幼儿期的孩子逻辑思维能力处于前运算阶段，用生动、充满趣味的活动吸引幼儿，这些活动可以来源于幼儿的生活，也可以是幼儿感兴趣的有价值的活动等。

（四）全面渗透性原则

幼儿园的教育活动实施要体现出全面渗透性原则，因为幼儿的发展是体、智、德、美、劳全面的发展，幼儿园教育活动要渗透在幼儿一日生活的各个环节，各个方面，促进幼儿全面和谐地发展。

（五）启蒙引导性原则

《纲要》中指出,幼儿园教育是基础教育的重要组成部分,是我国学校教育和终身教育的奠基阶段。城乡各类幼儿园都应从实际出发,因地制宜地实施素质教育,为幼儿一生的发展打好基础。所以,幼儿园的教育活动重在引导幼儿主动活动,积极发展各方面的能力,为以后的成长奠定基础。

二、幼儿园教育活动实施的途径

（一）集体教学活动

集体教学活动是幼儿园教育活动实施的重要途径。幼儿园集体教学活动是指由幼儿教师有目的、有计划地组织全班或部分幼儿进行的集中教学活动。它面向多数幼儿,可以使多数幼儿在同一时间内学习相同的知识和技能,且在集体教学活动中,幼儿与幼儿之间有机会相互交流、启发,便于幼儿间的模仿学习。这种途径能够帮助多数幼儿在短时间内获取一定的知识经验,相对地节省人力、物力。但同时,集体教学活动又难以顾及每位幼儿的水平和差异,也难以保证每位幼儿足够的活动时间和空间,不利于幼儿进行充分和自主的操作和体验活动。

（二）区角活动

区角活动也称活动区活动,指的是将幼儿园活动室划分为若干活动区角,通过让幼儿自主选择,并与材料和人(同伴、教师或其他人员)互动的方式,组织和实施幼儿园的教育活动。区角活动相对集体教学活动,结构化程度较低,是一种综合性的、以幼儿游戏为主的教育活动。实施幼儿园区角活动时,不仅要考虑幼儿园区角的组成、材料的存放、活动区的安排、活动区主题的选择等方面,还要考虑活动区活动时教师的作用。幼儿园区角活动虽然是幼儿自主活动为主,但同时教师要为幼儿提供活动的材料,要充当幼儿的玩伴随机进行引导和教育,要观察幼儿、了解幼儿,为及时调整活动内容和活动材料奠定基础。

（三）日常生活活动

幼儿园的日常生活活动贯穿于幼儿一日生活活动,主要包括:晨检、早操、盥洗、如厕、饮水、进餐、睡眠、离园等。这些活动不仅是保育活动,还是教育活动,保中有教、教中有保。幼儿园的日常生活活动可以帮助幼儿掌握生活之需,还可以学习生活经验、增长生活能力等,为培养幼儿良好的生活习惯和独立自主的意志品质奠定基础。

案例

小班音乐欣赏：小猴爬树

活动目标：

1. 能够安静地倾听,感知音乐中表现的动物形象。
2. 能随音乐的变化用动作表现猴子爬树、玩耍、滑下树的动作。
3. 愿意参加音乐活动,体验音乐欣赏带来的乐趣。

活动准备：

1. 每人一个小猴子头饰、大树道具、大树的头饰、平面大树、小猴子。
2. 日常生活中,有意识地引导幼儿听辨声音的高、低。

活动过程：

一、交代音乐主题和内容,引导幼儿安静地完整倾听

今天老师给你们带来了一首有趣的音乐,名字叫《小猴爬树》。(老师出示贴在黑板上的大树和猴子,给幼儿一个题目暗示)我们先来感受一下音乐吧!(教师完整弹奏)

你们喜欢这首音乐吗？你们听出来了吗？(生动地讲故事)这首音乐里讲述的是一只淘气的小猴子爬上大树,在树上玩耍一会后,又从树上滑下来的故事。(演示黑板上的猴子)我们再来听听音乐,看你能不能从音乐里听出这个故事。(教师弹奏整体音乐)

二、分段欣赏,幼儿通过听、想、做动作感受音乐

1. 欣赏音乐的第一部分。

你们听出里面的故事了吗？真的嘛！这首音乐有三段,咱们再来分着听听这首音乐,先听听第一段音乐像是小猴子在干什么呢？(教师弹奏)怎么爬树？(请幼儿动作模仿,一起学学)是从大树的下面往上爬的？还是从上面往下爬的呢？(教师手指大树)(教师和琴声单音哼唱,加手势暗示音乐的升高)对了,小猴子越爬越高,是从大树的下面往上爬的。你们是从音乐里听出来的吗？那让我们感受一下音乐从低到高的变化吧。我们一起来学小猴子爬树吧！(弹奏第一段。让幼儿跟音乐匹配,提升欣赏经验)

2. 欣赏音乐的第二部分。

小猴子爬到了树顶上,接下来音乐里面的小猴子在树顶上会做什么事情呢？我们一起来听一听。有可能吃东西,有可能……小猴子除了在树上吃东西,还在玩什么呢？(不能否定幼儿的想法)怎么吃东西的,请你们表演一下学一学。你们的想法都很好,那就赶快跟着音乐学小猴子做一做吧！(弹奏第二段)

3. 欣赏音乐的第三部分,即音乐的最后两小节。

小猴子在树顶上又吃又玩,我们听听接下来的音乐,它去干什么了？(弹奏第三段)谁来说一说？(如果幼儿说不出来,教师请幼儿再听一遍最后两小节)小猴子有可能这样,也有可能……你来学。小猴子是从树的哪个地方滑下去的？哦,是从大树顶上滑到了树底下。你们是从音乐里听出来的吗？我们感受一下音乐从高到低的变化吧！(教师弹奏第三段)

三、完整欣赏音乐,用自己身体局部表演,感受整体音乐的变化(加手偶)

音乐里的小猴子可真淘气。如果用你的手来当小猴子,你可以用自己的身体来做大树,让我们听着音乐玩一玩吧！(教师弹奏整体音乐,幼儿通过身体局部表演,第三次完整感受音乐的变化)

四、再次完整欣赏音乐,出示大树道具,用自己的整个身体动作进行表演感受,让幼儿通过游戏和动作模仿表现自己的情感体验

你们看这是谁呀？(请大树道具)哦,是树朋友,谁想来扮演小猴子爬树？(教师完整弹琴。请个别幼儿戴头饰做示范)现在老师来做猴妈妈(戴头饰),你们是猴宝宝,一起来听音乐学小猴爬树吧！(教师整体弹奏)

活动延伸：
把《小猴爬树》的音乐放到音乐区,引导幼儿进入音乐区游戏。

案例评析：
活动的开始部分,通过出示图片讲故事激发幼儿学习兴趣,属于激趣导入。

活动的基本部分大体分为三个步骤：第一,分段欣赏,幼儿通过听、想、做动作感受音乐(完成目标2,《纲要》指出：尝试根据音乐的特点展开想象,并用语言、动作等进行表达表现)。第二,完整欣赏音乐,用自己身体局部表演,感受整体音乐的变化(加手偶)。第三,再次完整欣赏音乐,出示大树道具,用自己的整个身体动作进行表演感受,让幼儿通过游戏和动作模仿表现自己的情感体验(完成目标3)。其中第一个步骤是重点,第三个步骤是难点。重点部分教师分段讲解具体感知,难点部分借助故事和道具引导幼儿进入角色感受音乐创编动作,从而突破难点。每个步骤通过故事进行清楚的陈述,借助情节的发展进行自然的过渡。

(活动源自：唐山四幼 杨晶晶)

第四课 幼儿园教育活动的总结和延伸

虽然说"好的开始是成功的一半",但"余音绕梁"也足以为活动增光添彩。幼儿园教育活动的总结和延伸,可以是对一次教育活动的总结、对活动内容重难点的重复、对活动过程的评价,还可以是兴趣的拓展、情感的升华。

一、幼儿园教育活动的总结

(一) 对幼儿园教育活动内容的总结

总结幼儿园教育活动内容时,语言要精简,对于活动内容的重点和难点部分可以进行总结,再次强化幼儿对该部分的认知。

(二) 对幼儿园教育活动过程的评价

幼儿园教育活动结束时,教师可以通过对活动过程的评价来激励幼儿进行下一次的活动,促使幼儿养成良好的学习品质和活动常规。评价过程要客观、具体、科学、公正,避免单一的"好或不好""对或不对"的评价,针对每一位幼儿活动过程中的表现给予中肯、细致的评价,如可以评价幼儿活动过程中的动手动脑的行为,可以评价幼儿活动过程中的良好学习品质,可以评价幼儿活动过程中的想法、观点等,也可以评价幼儿的作品等,总之,通过有效的评价,鼓励幼儿积极参与下次活动。

(三) 对幼儿园教育活动情感的升华

幼儿园教育活动结束的时候,教师可以用富有感染力的语言,把活动内容中的美好的情感、感受描述出来,引起幼儿的情感共鸣,使幼儿积极良好的情绪情感在师幼互动中得以升华[①]。

二、幼儿园教育活动的延伸

(一) 对幼儿活动兴趣的延伸

延伸幼儿活动的兴趣,主要是教师通过变化活动形式、提供不同的活动材料等方式,保持幼儿对活动的兴趣,继续激发幼儿的好奇心和求知欲。

(二) 对教育活动内容的延伸

对教育活动内容的延伸,主要是教师通过提出问题或者提出建议的方式,让幼儿对该次活动内容继续深入探索、发现,从而获取更多相关信息和经验。

(三) 对教育活动领域的延伸

对教育活动领域的延伸,主要是教师通过引导,让幼儿发现与此次活动相关的其他领域的内容,引发幼儿联系多个方面、多种角度获取知识和信息,从而促进幼儿全面发展。

---

① 马宏.幼儿教师口语[M].北京:北京师范大学出版社,2011.8.

案例（附光盘视频）

小班语言活动：云朵棉花糖

活动目标：

1. 喜欢听故事，能说出故事中的主要角色和内容。

2. 初步感受故事中与朋友分享的快乐。

活动准备：

1. 故事课件。

2. 插入材料：三只大小不同的老鼠、白云、幼儿熟悉的水果和动物等图像。

3. 实物：一团棉花、棉花糖。

活动过程：

一、激发兴趣

出示棉花糖，提问：今天老师带来了什么？棉花糖像什么？

二、欣赏理解故事

1. 出示三只老鼠，讲述故事。

2. 回忆故事内容。

(1) 故事里有哪三个老鼠？

(2) 最胖的鼠老大住在几楼？最高的三楼住的是谁呢？鼠老二住在哪里？

(3) 鼠老二想把白云做什么？睡在云朵做的枕头上会感觉怎样？

(4) 鼠老大想把白云做什么？穿上云朵做的棉袄感觉怎么样？

(5) 鼠小小想把云朵做什么？

三、体验故事情节

1. 三只小老鼠一起做云朵棉花糖，它们在云朵里加了糖和许多水果，会有哪些水果？

2. 哪些动物朋友闻到了云朵棉花糖的味道？边观察边说出它们的名称。

3. 动物朋友都想吃棉花糖，三只小老鼠会怎么做呢？

4. 幼儿操作：用棉花为大家模拟分棉花糖。

5. 共同发现三只小老鼠都只吃到一点棉花糖，谈论：它们怎么还是那么开心呀？（它们招待了谁？朋友多不多？）体会大家一起吃好热闹好开心。

活动延伸：

引导幼儿在生活中学会分享。

活动点评：

上述案例属于小班语言领域的集体教学活动。活动目标围绕小班幼儿语言发展的特点和本次活动的重难点制订。活动准备提到了物质准备，但缺乏对幼儿已有经验和最近发展区的分析。活动开始运用了激趣导入和问题导入相结合的方式，吸引幼儿听故事的兴趣，引导幼儿顺利进入到故事情节中去。为了达到预期的活动目标，教师采用了集中教学的活动途径，帮助幼儿理解故事情节，体验故事中不同角色的情绪情感。活动最后，通过对活动的总结和活动形式的延伸，帮助幼儿进行情绪情感的迁移，体会有好东西与大家一起分享的乐趣。

小·组实训练习

1. 分组分工

分组：将学生按5—6人一组进行分组，选出组长，设计组名。

分工：将组员按照活动任务要求分工。

（活动任务：设计方案、制作课件、制作教具、试讲、配班）

2. 自选或自定内容（幼儿园五大领域教育活动、主题教育活动等）

可选内容：大班语言领域活动：我的假期

中班健康领域活动：刷牙

中班主题式活动：我爱我的家乡

小班音乐活动：小老鼠上灯台

3. 实训要求（可先在教法实训室进行试讲，再分析录播视频）

（1）精心设计活动方案（详案）。

（2）认真准备课件、教具。

（3）试讲人要熟练掌握内容，其他人要演好幼儿角色。

模块一　国家幼儿园教师资格证历年真题练习

一、单选题

1. （2012 年上半年保教）对幼儿园活动的正确理解是（　　）。

A. 儿童尽情地随意玩耍

B. 在安全的前提下按课程的要求活动

C. 为儿童舒展筋骨而开展活动

D. 教育过程就是活动过程，促进儿童身心健康发展

2. （2014 年上半年保教）幼儿教师选择教育教学内容最主要的依据是（　　）。

A. 幼儿发展　　　　　　B. 社会需求　　　　　　C. 学科知识　　　　　　D. 教师特长

3. （2015 年下半年保教）《幼儿园教育指导纲要（试行）》中的教育目标较多使用"体验""感受""喜欢""乐意"等等词汇，这表明幼儿园教育强调（　　）。

A. 知识取向　　　　　　　　　　　　　　B. 情感态度取向

C. 能力取向　　　　　　　　　　　　　　D. 技能取向

4. （2016 年上半年保教）教师拟定教育活动目标时，以幼儿现有发展水平与可以达到水平之间的距离为依据，这种做法体现的是（　　）。

A. 维果斯基的最近发展区理论

B. 班杜拉的观察学习理论

C. 皮亚杰的认知发展理论

D. 布鲁纳的发展教学法

二、活动设计题

1. （2015 年上半年保教）某幼儿园的院子里有几种高大的树，也有一些比较低矮的灌木。请你结合院子里的这些资源，设计一个题为"幼儿园的树木"的中班主题活动方案（含 3 个子活动），要求写出总目标，每个子活动的名称、目的和主要环节。

2. （2017 年上半年保教）请根据下列素材，设计一个大班的能涉及多个领域的系列活动，要求写出 3 个活动的名称、目标、准备以及主要的活动环节。

大班教室里收集了纸板箱、鞋盒、牙膏盒、药品盒等数量众多的盒子。这些大大小小的盒子吸引幼儿，教师发现很多幼儿利用盒子自发开展了很多活动，涉及各个领域，于是，决定围绕纸箱、纸盒设计出系列活动来满足、推进幼儿的发展。

模块二

幼儿园各领域活动的设计和实训

第一单元
幼儿园健康领域活动的设计和实训

引入案例

中班健康活动： 我会洗袜子

活动一开始，教师给幼儿讲了一个故事《兔宝宝的礼物》，故事大概是这样的：兔妈妈过生日，小兔们商量送给妈妈什么礼物呢？他们去征求爸爸意见，兔爸爸在小兔的耳边说了几句话，小兔们很惊讶，但还是去做准备了。原来他们送给妈妈的礼物是，他们把自己的袜子洗得干干净净，用一个行动来表达对妈妈的爱。兔妈妈看到这个礼物后，流着眼泪欣慰地说："我的孩子长大了，这是我收到的最好的礼物呀。"

听完这个故事，班级的幼儿立刻活跃起来，"老师，你教我们洗袜子，好吗？"于是，热热闹闹的动手洗袜子活动展开了，幼儿纷纷脱下自己的袜子，在教师的示范下，幼儿学会了如何搓洗，哪个地方要重点洗，如何打肥皂，如何拧干，如何晾晒等。幼儿在迫不及待中开始洗自己的袜子，看着清清的水变得逐渐浑浊，水的上面漂浮着一层黑黑的肥皂泡，一双双小手在用力搓着。幼儿在体验着劳动的快乐，在快乐中又学会了一种本领。幼儿兴致勃勃地拿着用自己的双手劳动换来的果实，脸上洋溢着发自内心的幸福微笑。教师又通过家园互动的形式，设计了"我是关爱小明星"栏目来鼓励幼儿做好自己的事情，并采用了评比的形式让这种爱延续。

分析：如今的孩子大多数处在养尊处优、众星捧月的地位，加上家长重智轻德的教育倾向，使多数幼儿形成了自我为中心，只知获取、不懂给予的心理倾向，这已经成了我国教育中的一个悲哀。在幼儿心中还不明白学会整理自己的东西是自立的开始，也是爱父母的表现，如：把衣服叠放整齐、把玩过的玩具放到原来的位置、洗自己的袜子等劳动。

第一课 幼儿园健康教育概述

一、幼儿园健康教育的概念

幼儿园健康教育就是根据幼儿身心发展特点，提高幼儿健康认知，改善幼儿的健康态度，培养幼儿的健康行为，保持和促进幼儿健康的系统的教育活动。在幼儿健康教育中，健康知识的传授是不可或缺的一个重要方面。幼儿的健康态度和信念的确立以及健康行为和习惯的养成，一般说来是建立在正确的健康知识的基础之上的，有些幼儿的不良行为和习惯，往往是由于他们没有或者缺少健康科学知识所造成的。

提高幼儿对健康科学的认知水平有益于将其行为引向正确的方向。

幼儿期儿童的健康知识贫乏、肤浅,对健康的认识水平尚低,还没有形成对待健康的正确态度和情感,且缺乏有利于保护和增进健康的习惯、能力和技能。因此,幼儿园健康教育活动对保护和增进幼儿的健康具有重大的意义。培养幼儿健康的行为和习惯,让幼儿初步学会对健康问题作出正确的抉择,会自觉抵制各种不健康的行为,增强自身保护健康的意识和能力,这是幼儿健康教育所要达到的最终目的。

二、幼儿园健康教育的目标

幼儿园健康教育活动的目标,是指通过健康教育活动使幼儿的身心发展应该实现的健康水平或教育结果。它对幼儿身心健康的发展具有预知和规范的作用,也是衡量健康教育活动成效的评价尺度。根据《规程》中确定的幼儿园保教目标,结合幼儿身心发展的特点及健康教育活动自身的特殊性,我们将幼儿园健康教育活动的目标划分为相互联系、相互制约的四个层次,即总目标(指健康领域的课程目标或以内容为维度划分的分类目标)、年龄目标、单元目标和教育活动的设计目标。

(一)幼儿园健康教育的总目标

(1)儿童会认同自身对维护健康的责任性;(2)儿童会认同与健康有关联的自身需要;(3)儿童会比较安全的行为和有危害的行为;(4)儿童会初步获取改进或保持自身健康的策略和方法;(5)儿童会初步学会预防受伤害和处理自身健康问题的策略和方法;(6)儿童会初步运用处理紧急事件的技能。

(二)幼儿园健康教育的分类目标

幼儿健康教育的分类目标是将健康所涉及的内容进行归类,然后按总目标再确定各类别目标。可以从以下几个方面考虑:(1)个人卫生和生活习惯目标;(2)心理和社会适应目标;(3)生活自理能力目标;(4)安全和自我保护目标;(5)体育锻炼。

(三)幼儿园健康教育的年龄目标

幼儿健康教育的年龄阶段目标是以不同年龄段幼儿的身心发展特征为依据而确定的目标,这有利于增强幼儿健康教育的适宜性和发展性。具体内容包括:大中小班各年龄段的生活习惯和自理能力、安全和健康基本知识、心理和社会适应能力和体育锻炼,具体见资料链接。

资料链接

表2-1-1 《指南》幼儿健康领域目标

(一)身心状况

目标1 具有健康的体态

3—4岁	4—5岁	5—6岁
1. 身高和体重适宜。 参考标准: 男孩: 身高:94.9—111.7厘米 体重:12.7—21.2公斤 女孩: 身高:94.1—111.3厘米 体重:12.3—21.5公斤 2. 在提醒下能自然坐直、站直。	1. 身高和体重适宜。 参考标准: 男孩: 身高:100.7—119.2厘米 体重:14.1—24.2公斤 女孩: 身高:99.9—118.9厘米 体重:13.7—24.9公斤 2. 在提醒下能保持正确的站、坐和行走姿势。	1. 身高和体重适宜。 参考标准: 男孩: 身高:106.1—125.8厘米 体重:15.9—27.1公斤 女孩: 身高:104.9—125.4厘米 体重:15.3—27.8公斤 2. 经常保持正确的站、坐和行走姿势。

目标2　情绪安定愉快

3—4岁	4—5岁	5—6岁
1. 情绪比较稳定,很少因一点小事哭闹不止。 2. 有比较强烈的情绪反应时,能在成人的安抚下逐渐平静下来。	1. 经常保持愉快的情绪,不高兴时能较快缓解。 2. 有比较强烈情绪反应时,能在成人提醒下逐渐平静下来。 3. 愿意把自己的情绪告诉亲近的人,一起分享快乐或求得安慰。	1. 经常保持愉快的情绪。知道引起自己某种情绪的原因,并努力缓解。 2. 表达情绪的方式比较适度,不乱发脾气。 3. 能随着活动的需要转换情绪和注意。

目标3　具有一定的适应能力

3—4岁	4—5岁	5—6岁
1. 能在较热或较冷的户外环境中活动。 2. 换新环境时情绪能较快稳定,睡眠、饮食基本正常。 3. 在帮助下能较快适应集体生活。	1. 能在较热或较冷的户外环境中连续活动半小时左右。 2. 换新环境时较少出现身体不适。 3. 能较快适应人际环境中发生的变化。如换了新老师能较快适应。	1. 能在较热或较冷的户外环境中连续活动半小时以上。 2. 天气变化时较少感冒,能适应车、船等交通工具造成的轻微颠簸。 3. 能较快融入新的人际关系环境。如换了新的幼儿园或班级能较快适应。

（二）动作发展

目标1　具有一定的平衡能力,动作协调、灵敏

3—4岁	4—5岁	5—6岁
1. 能沿地面直线或在较窄的低矮物体上走一段距离。 2. 能双脚灵活交替上下楼梯。 3. 能身体平稳地双脚连续向前跳。 4. 分散跑时能躲避他人的碰撞。 5. 能双手向上抛球。	1. 能在较窄的低矮物体上平稳地走一段距离。 2. 能以匍匐、膝盖悬空等多种方式钻爬。 3. 能助跑跨跳过一定距离,或助跑跨跳过一定高度的物体。 4. 能与他人玩追逐、躲闪跑的游戏。 5. 能连续自抛自接球。	1. 能在斜坡、荡桥和有一定间隔的物体上较平稳地行走。 2. 能以手脚并用的方式安全地爬攀登架、网等。 3. 能连续跳绳。 4. 能躲避他人滚过来的球或扔过来的沙包。 5. 能连续拍球。

目标2　具有一定的力量和耐力

3—4岁	4—5岁	5—6岁
1. 能双手抓杠悬空吊起10秒左右。 2. 能单手将沙包向前投掷2米左右。 3. 能单脚连续向前跳2米左右。 4. 能快跑15米左右。 5. 能行走1公里左右(途中可适当停歇)。	1. 能双手抓杠悬空吊起15秒左右。 2. 能单手将沙包向前投掷4米左右。 3. 能单脚连续向前跳5米左右。 4. 能快跑20米左右。 5. 能连续行走1.5公里左右(途中可适当停歇)。	1. 能双手抓杠悬空吊起20秒左右。 2. 能单手将沙包向前投掷5米左右。 3. 能单脚连续向前跳8米左右。 4. 能快跑25米左右。 5. 能连续行走1.5公里以上(途中可适当停歇)。

目标 3　手的动作灵活协调

3—4 岁	4—5 岁	5—6 岁
1. 能用笔涂涂画画。 2. 能熟练地用勺子吃饭。 3. 能用剪刀沿直线剪,边线基本吻合。	1. 能沿边线较直地画出简单图形,或能边线基本对齐地折纸。 2. 会用筷子吃饭。 3. 能沿轮廓线剪出由直线构成的简单图形,边线吻合。	1. 能根据需要画出图形,线条基本平滑。 2. 能熟练使用筷子。 3. 能沿轮廓线剪出由曲线构成的简单图形,边线吻合且平滑。 4. 能使用简单的劳动工具或用具。

(三)生活习惯与生活能力

目标 1　具有良好的生活与卫生习惯

3—4 岁	4—5 岁	5—6 岁
1. 在提醒下,按时睡觉和起床,并能坚持午睡。 2. 喜欢参加体育活动。 3. 在引导下,不偏食、挑食。喜欢吃瓜果、蔬菜等新鲜食品。 4. 愿意饮用白开水,不贪喝饮料。 5. 不用脏手揉眼睛,连续看电视等不超过 15 分钟。 6. 在提醒下,每天早晚刷牙、饭前便后洗手。	1. 每天按时睡觉和起床,并能坚持午睡。 2. 喜欢参加体育活动。 3. 不偏食、挑食,不暴饮暴食。喜欢吃瓜果、蔬菜等新鲜食品。 4. 常喝白开水,不贪喝饮料。 5. 知道保护眼睛,不在光线过强或过暗的地方看书,连续看电视等不超过 20 分钟。 6. 每天早晚刷牙、饭前便后洗手,方法基本正确。	1. 养成每天按时睡觉和起床的习惯。 2. 能主动参加体育活动。 3. 吃东西时细嚼慢咽。 4. 主动饮用白开水,不贪喝饮料。 5. 主动保护眼睛。不在光线过强或过暗的地方看书,连续看电视等不超过 30 分钟。 6. 每天早晚主动刷牙,饭前便后主动洗手,方法正确。

目标 2　具有基本的生活自理能力

3—4 岁	4—5 岁	5—6 岁
1. 在帮助下能穿脱衣服或鞋袜。 2. 能将玩具和图书放回原处。	1. 能自己穿脱衣服、鞋袜、扣钮扣。 2. 能整理自己的物品。	1. 能知道根据冷热增减衣服。 2. 会自己系鞋带。 3. 能按类别整理好自己的物品。

目标 3　具备基本的安全知识和自我保护能力

3—4 岁	4—5 岁	5—6 岁
1. 不吃陌生人给的东西,不跟陌生人走。 2. 在提醒下能注意安全,不做危险的事。 3. 在公共场所走失时,能向警察或有关人员说出自己和家长的名字、电话号码等简单信息。	1. 知道在公共场合不远离成人的视线单独活动。 2. 认识常见的安全标志,能遵守安全规则。 3. 运动时能主动躲避危险。 4. 知道简单的求助方式。	1. 未经大人允许不给陌生人开门。 2. 能自觉遵守基本的安全规则和交通规则。 3. 运动时能注意安全,不给他人造成危险。 4. 知道一些基本的防灾知识。

三、幼儿园健康教育活动的内容

幼儿健康教育的内容根据对健康概念的理解大致可以分为三大方面:幼儿生活自理能力的教育、幼儿体育锻炼、幼儿心理健康教育。

四、幼儿园健康教育活动的方法

由于健康教育活动的内容不同,因而在方法上也有所区别,在幼儿健康教育中,可供选择和运用的教育方法主要有以下六种。

1. 动作与行为练习法

指让幼儿对已学过的生活技能、健康行为等进行反复练习,加深理解,形成稳定的技能和良好行为习惯的方法。

2. 讲解示范法

指教师边讲解边结合动作演示,或以实物、模型演示,具体而形象地向幼儿传授有关健康的知识和技能,提高幼儿对健康的认识水平。

3. 情景表演法

现场或通过录像向幼儿展示生活情景,让幼儿观察和分析情景中所涉及的健康问题。由于情景表演的主题源于幼儿的现实生活,因而能激发幼儿的兴趣,较好地帮助幼儿认识生活中可能遇到的同类问题和冲突,树立正确的健康态度和行为。

4. 讨论评议法

指在幼儿参与健康教育的过程中,让他们提出问题,发表自己的意见和看法,最后得出结论,形成共识。这种方法能有效地帮助幼儿表达自己的真实想法,在讨论、评议中提高他们辨别是非的能力和对健康的认识水平。

5. 感知体验法

指让幼儿通过各种感官来认识和判别事物的特性。这种方法能有效地激发幼儿参与活动和在活动中探究的兴趣,加强他们对事物认识的印象。例如,在让幼儿认识各种食物,向幼儿介绍简单的营养知识时,让幼儿亲眼看一看,亲手摸一摸,亲自闻一闻、尝一尝,他们往往会十分乐意,且对认识的食物留下深刻的印象。

6. 游戏法

游戏法是指将幼儿难以理解或枯燥的健康教育知识和技能变成有趣的模仿活动或具体的游戏情节来提高他们学习的兴趣。幼儿园健康教育活动多数体现在可以通过游戏活动来实施。例如体育活动与游戏相结合。

总之,幼儿园健康教育活动的方法是多种多样的。在开展具体活动时,应注意综合运用多种方法,并根据幼儿的情况、活动的不同内容和组织形式、幼儿不同的活动方式以及环境、器材等条件的具体情况灵活运用。

第二课 幼儿园自理能力教育活动

一、幼儿园自理能力教育概述

(一) 生活自理的含义和内容

生活自理能力是一个人应该具备的最基本的生活技能,是人们在生活中自己照料自己的行为能力。成人应对幼儿进行自理能力的教育,这符合幼儿身心发展的需要,符合未来社会对人才的需要。对幼儿进行生活自理能力的教育,能够帮助幼儿形成生活自理能力的同时,也对培养幼儿的责任感、自信心以及自己处理问题的能力等方面都有巨大的帮助,同时对幼儿今后的生活也会产生深远的影响。

对幼儿进行自理能力的教育首先要根据幼儿身心发展特点来进行,选择适合幼儿年龄特点的内容进行教育。具体目标见《指南》幼儿健康领域目标。幼儿自理能力教育活动可以从生活卫生、器官保护卫生、生活安全三个方面来设计实践,具体内容包括以下方面。

1. 生活卫生

(1)进餐;(2)睡眠;(3)着装;(4)如厕;(5)清洁卫生习惯。

2. 器官保护

主要包括眼、耳、鼻、口腔、皮肤、性器官等组织器官的保护。

3. 安全常识

(1)交通安全;(2)消防安全;(3)食品卫生安全;(4)防触电、防溺水;(5)幼儿园玩具安全;(6)幼儿生活安全。

(二) 生活自理教育活动的设计结构

幼儿生活自理能力教育活动的设计可以按照以下基本环节进行:

1. 多种形式导入

教师可根据活动内容采取提问题、唱儿歌、读绘本、做游戏、猜谜语等多种方式导入活动,能引起幼儿学习的兴趣,如:培养幼儿"自己的事情自己做"的自我服务的观念,教师可以利用儿歌《南南和兰兰》进行导入。

南南和兰兰

东家南南,有个习惯,	西家兰兰,有个习惯,
糖纸剥不开,	妈妈给她洗脸,
小手一伸——妈妈来;	小手一摆——自己来;
鞋带解不开,	妈妈给她盛饭,
小脚一翘——妈妈来;	小嘴一笑——自己来;
妈妈来,妈妈来,	自己来,自己来,
忙得妈妈手脚乱。	喜得妈妈乐开怀。

你想做南南还是兰兰?

2. 培养幼儿树立生活自理意识,学习生活自理的方法

生活自理活动是指在活动过程中,教师通过多种途径和教育方法进行幼儿生活自理能力的教育。幼儿生活自理能力的教育可以通过较正式的教育活动与生活卫生教育在幼儿一日生活活动环节当中的灵活运用以及家园合作共育、安全知识讲座等多途径来进行。所采取的方法主要包括示范法(如教师示范正确的洗手步骤)、练习法(幼儿通过反复练习巩固已习得的技能)、讲解法、讨论法、指导法、操作法、游戏法、生活截取法(这是从幼儿的生活中寻找教学活动内容的方法,需要教师能对幼儿在生活中所遇到的问题和困惑有敏锐的洞察能力)、演练法(如:逃生演练)或与其他领域相结合等方法。总之在选择活动方法时,教师要根据实际需要选择合适的教育教学方法。

3. 学会生活自理的方法与技巧,体验成功的快乐

在幼儿初步掌握了生活自理的方法与技巧后,教师要为幼儿创造和提供锻炼的机会,鼓励幼儿自己的事情自己做,如自己穿脱衣服、鞋袜、自己洗脸刷牙等。教师可以利用一日生活的活动环节随时随地地进行生活自理能力的教育,巩固幼儿初步形成的生活自理的能力和技巧,慢慢形成动力定型,让幼儿体验成功的快乐。例如:大班健康活动"早上你吃了什么"[①],王老师听到班级里很多家长抱怨孩子早饭吃得不太

---

① 俞春晓.幼儿园集体教学活动设计方法与实例[M].北京:中国轻工业出版社,2012.

好,于是她设计了一节"早上你吃了什么"的健康教育活动。她先请孩子们互相调查"今天大家早上吃了什么",然后统计得出哪些食物大家吃得最多;然后,请保健老师来介绍早饭应该包括哪些食物才健康;接着,让孩子们对照自己的早餐检查少了什么,多了什么;最后,请小朋友自己设计一份早餐食谱给爸爸妈妈,请家长第二天根据该食谱准备早餐。案例中教师利用生活截取法截取了幼儿在生活中所遇到的问题,教师敏锐地捕捉到这个信息,并整合了调查、统计等数学要素设计成健康教育活动。更重要的是,教师能让这个教学活动延续到家庭中,让家长也能参与进来,使教学活动内容来自于生活又回到生活中去,非常高明。

二、幼儿园生活卫生教育活动的设计与指导

幼儿园生活卫生教育活动的设计可以从培养幼儿良好的生活习惯入手。根据幼儿年龄目标要求,选择适合幼儿年龄特点的内容来进行。如:同样是健康活动"讲卫生",小班幼儿的活动目标是帮助幼儿初步建立讲卫生的意识,学习正确的讲卫生方法;中班幼儿目标的设定主要让幼儿在掌握正确的方法基础上养成习惯,进一步建立讲卫生的健康意识;大班的活动目标则在生活习惯习得的基础上初步养成探究疾病原因与预防疾病、自我保护的健康意识。

案例（附光盘视频）

大班健康活动： 小小营养师

设计意图:

生活中我们发现幼儿挑食、偏食的现象普遍存在。如:有的孩子不喜欢吃蔬菜,有的孩子不喜欢吃面食,有的孩子只吃饭不吃菜,更有些孩子把垃圾食品当饭吃……而幼儿期不良饮食习惯一旦形成,纠正起来非常不易,对幼儿健康成长也不利。

我针对这一点设计了这次活动,以"自助餐"的形式强调了幼儿的感受和体验,让幼儿对合理的饮食结构有一个初步的了解,知道偏食和挑食都是不科学的进餐方式,影响身体正常的生长和发育。

活动目标:

1. 学习饮食营养金字塔,初步了解合理的饮食结构。

2. 尝试自己搭配一份营养餐,体验成功的乐趣。

3. 主动和同伴交流,并能对自己和同伴的设计进行恰当的评价。

活动准备:

各种食物图片若干、盘子若干,健康金字塔范图。

活动过程:

1. 导入:以营养师的角色将幼儿带入游戏情境(哈哈餐厅)。

幼儿尝试第一次挑选自助餐。

(1) 设置问题:你觉得在挑选食物的时候需要注意些什么呢?(不能推不能挤,挑选的食物是自己吃得下的)

(2) 幼儿为自己挑选一份自助餐。(幼儿取一个盘子去挑选食物,挑选好后赶紧回到座位,和你的好朋友说一说你挑选了哪些食物)

(3) 和身边的伙伴交流所选的食物。

(4) 挑选几个选择菜肴具有代表性的幼儿,请幼儿讨论他们的自助餐搭配是否合理。

(5) 营养师针对幼儿挑选食物的情况进行小结。

2. 借助范图,逐层介绍"健康饮食金字塔"。

(1) 介绍第一层(谷类食物)。

谷类食物能为我们提供人体所需要的能量,让我们有足够的精神和力气来生活和运动。

(2)介绍第二层,引导幼儿进行猜测:你知道哪些蔬菜和水果?

出示第二层图片,引导幼儿说说吃蔬菜、水果有什么好处。

小结:蔬菜和水果还是我们人体内的环保卫士,能帮助我们清除体内垃圾,促进食物消化,所以也必须多吃一些。

(3)介绍第三层(肉、蛋、鱼、虾)(出示图片拓展),能不能多吃?

小结:这些荤菜虽然有丰富的营养,但是多吃了会给身体造成负担,还会影响其他营养的吸收,所以只能"每天适量换着吃"。

(4)介绍第四层,出示图片(奶类,豆类)。

喝了牛奶,我们会长个子、身体强壮。这是什么?豆腐是用什么做的?你还吃过哪些豆制品?

小结:奶类和豆类都含有丰富的蛋白质,所以每天都要吃一点。

(5)介绍第五层,也就是塔尖上,这里的食物就是平时尽量少吃或者最好不吃的。

集体讨论猜测(出示答案:油炸、烧烤类食品),说说油炸、烧烤类食品的种类和危害。

小结:油炸、烧烤类食品不仅不卫生,还会刺激胃肠道,引发腹痛、腹泻。长期食用还会导致肥胖、营养不良的现象,所以我们应该尽量少吃。

3. 学习儿歌"健康饮食金字塔":宝塔底层最重要,谷类食品营养好;蔬菜水果第二层,两类食物不能少;肉蛋鱼虾第三层,每天适量换着吃;牛奶豆类第四层,每天记着吃一点;油炸食品在塔尖,尽量少吃要记牢。

4. 鼓励幼儿对已选自助餐进行合理的调整。

活动延伸:

引导幼儿自主设计一份营养餐。

活动评析:

活动针对生活中幼儿进餐所出现的一些不良饮食习惯进行设计,教师采用了幼儿比较喜欢的活动形式——角色扮演游戏的形式进行教育,使原本单调的、难于理解的饮食知识贯穿在整个游戏活动中。教师运用了讲解法、图片演示法、操作法、讨论法、儿歌等多种教学方法来达成教学目标——初步了解合理的饮食结构,初步养成科学饮食观念。自己动手搭配食物,让幼儿体验自己动手的乐趣,体现了活动中幼儿的主体性,与同伴进行交流对养成良好饮食习惯又起到了进一步的促进作用。活动的设计思路很清晰,过程很流畅,是一次不错的活动。

(活动源自:唐山幼儿师范高等专科学校附属幼儿园　孙林怡)

三、 幼儿园器官保护活动的设计与指导

幼儿器官保护是指幼儿在保护自身器官方面养成的习惯,托幼机构的教师要帮助幼儿认识身体的主要器官,并了解其主要功能;帮助幼儿学习保护身体主要器官的最基本方法,培养关注健康的意识和习惯。

案例

小班健康活动:有用的鼻子

设计意图:

经过日常观察,教师发现班里有部分幼儿经常用手指抠鼻孔,尤其是午睡时,个别幼儿会经常抠鼻孔玩,平时有些幼儿还会由于抠鼻孔而引起流鼻血。教师经常提醒幼儿不要抠鼻孔,但仅仅说

教并不能使幼儿认识到危害,教师看护也并不能从主观上转变幼儿的行为。为了使幼儿认识到鼻子的作用,从而形成初步的保护鼻子的意识,设计了此次活动。

活动目标:

1. 知道鼻子的功能。
2. 学习简单的保护鼻子的方法,有初步的保护鼻子的意识。

活动准备:

1. 材料准备:香水一瓶、鼻子姐姐头饰一个、小猪姐弟和熊医生头饰各一个、小猪玩具、故事表演的场景(包括小医院的材料及标志)、摆放物品的桌子、小盘子、纸球小豆子。

2. 经验准备:教师要阅读有关鼻子构造及功能的专业书;掌握幼儿对鼻子及其功能的认识程度。

活动过程:

1. 游戏"猜猜是什么"引起幼儿活动兴趣,出示小猪玩具,引出礼物。

小游戏活动:闭眼闻一闻,猜一猜,小猪给大家带来了什么礼物。

2. 引出鼻子的功能。

(1)幼儿说一说怎么猜出小猪带来什么礼物。

(2)引导幼儿闭上嘴巴,捏住小鼻子,吸气—呼气—吸气。再放开鼻子请幼儿重复呼吸的动作。

(3)幼儿说一说体验过程中鼻子的感受。

(4)(小结)我们的鼻子能闻味和呼吸。

3. 利用故事,学习保护鼻子的方法。

邀请其他教师进行辅助表演。一名教师扮演小猪噜噜,一名教师扮演猪姐姐,还有一名教师扮演熊医生。

(1)观看教师表演《翘鼻子噜噜》。

噜噜:我是小猪噜噜,我有一个翘翘的鼻子,鼻子上有两个圆圆的鼻孔。

姐姐:噜噜,怎么又在抠鼻孔啦,这样会把鼻子弄破的。

噜噜:不行,我就要抠!

姐姐:你真不听话。(姐姐下场)

噜噜:咦,那是什么?(故意向桌子上望去并走过去)是小豆子、纸团、小球,都是圆圆的,和我的鼻子一样,让它们进我的鼻子里来玩玩吧!(假装将其往鼻子里塞)

噜噜:我好难受,怎么喘不过气呀。快把东西抠出来吧!(东西抠不出来,非常着急)

噜噜:姐姐,快来呀!鼻子里的东西出不来了。

姐姐:哎呀,我们赶紧去医院吧。(一起走到医院处)

熊医生:噜噜怎么啦?

姐姐:他把东西塞进鼻子里出不来了。

熊医生:让我看看吧,里面的东西要用镊子取出。噜噜,你不要动呀。(用镊子取)

熊医生:噜噜,鼻子里是不能塞东西的。另外,你的鼻子里面都破了,一定是你乱抠鼻子了。

噜噜:以后我一定要改。

(2)引导幼儿说一说故事当中噜噜哪些做法是不合适的。

4. 教师以鼻子姐姐的身份总结鼻子的功能及简单的保护方法。

功能:闻味、呼吸。

保护方法:我们要保护好小鼻子,不能抠鼻子,也不能往鼻子里塞东西。玩耍时不碰撞鼻子,天冷时戴口罩,多喝水、多吃水果来防止鼻子流血。

5. 看照片判断行为的对与错。

让幼儿观察与本活动相关的日常行为照片,请幼儿说出对与错。

活动延伸:带领幼儿做游戏"贴鼻子"。

活动评析:

教师能够依据日常生活中幼儿出现的问题设计活动,凸显活动的目标性;活动组织形式的安排能够根据小班幼儿的年龄特点和学习特点,突出游戏性;活动环节设计紧凑,体现层次性;活动内容选择来源于生活中孩子的一些不良习惯,符合《纲要》精神;教师在活动设计中还能够突出幼儿的主体性。总体来看,本活动利用多种形式进行教学,符合孩子们的年龄特点和兴趣,活动的设计思路很清晰,过程很流畅,是一次不错的活动。

(选自:北京市顺义区港馨幼儿园　吕冬梅 《全国优秀幼儿健康教育活动课例评析》　西南师范大学出版社)

四、幼儿园生活安全活动的设计与指导

学前期托幼机构应当把幼儿的安全放在首位,重视对幼儿进行安全教育,采取有效措施,消除安全隐患。《指南》要求:托幼机构要结合生活实际对幼儿进行安全教育。如:外出时,提醒幼儿要紧跟成人,不远离成人的视线,不跟陌生人走,不吃陌生人给的东西;不在河边和马路边玩耍;要遵守交通规则等。帮助幼儿了解周围环境中不安全的事物,不做危险的事。如:不动热水壶,不玩火柴或打火机,不摸电源插座,不攀爬窗户或阳台等。帮助幼儿认识常见的安全标识,如:小心触电、小心有毒、禁止下河游泳、紧急出口等。告诉幼儿不允许别人触摸自己的隐私部位。教给幼儿简单的自救和求救的方法,如:1.记住自己家庭的住址、电话号码、父母的姓名和单位,一旦走失时知道向成人求助,并能提供必要信息。2.遇到火灾或其他紧急情况时,知道要拨打110、120、119等求救电话。3.可利用图书、音像等材料对幼儿进行逃生和求救方面的教育,并运用游戏方式模拟练习。4.幼儿园应定期进行火灾、地震等自然灾害的逃生演习。

小组实训活动

1. 分组分工

(1)分组:将学生按5—6人一组进行分组,选出组长,设计组名。

(2)分工:将组员按照活动任务要求分工(活动任务:设计方案、制作课件、制作教具、试讲、配班)。

2. 自选或自定内容(幼儿园健康领域生活自理活动)

可选内容:

(1)生活卫生活动(盥洗类、营养类、整理习惯)。

(2)器官保护活动(牙齿、眼睛、身体上的洞)。

(3)生活安全教育(不跟陌生人走)。

3. 实训要求(可先在教法实训室试讲,再分析录播视频)

(1)精心设计活动方案(详案)。

(2)认真准备课件、教具。

(3)试讲人要熟练掌握内容,其他人要演好幼儿角色。

第三课 幼儿园体育锻炼活动

一、幼儿园体育锻炼活动概述

（一）幼儿体育锻炼的含义和内容

幼儿体育锻炼是指教育者遵循幼儿身体生长发育、发展的特点和规律，以身体练习为基本手段，以增强体质，发展其身心素质和初步运动能力，提高幼儿的健康水平和健康意识为主要目的的一系列身体锻炼教育活动。通过体育活动锻炼幼儿身体，获得基本的体育活动知识与技能，激发幼儿对体育的兴趣，养成经常锻炼的习惯，同时培养良好的心理品质及社会适应能力。

幼儿体育锻炼活动的具体内容包括：1.身体活动的知识和技能。包括走、跑、跳、投掷、平衡、钻爬、攀登等基本动作及有关知识与技能。2.身体素质练习。包括平衡、协调、灵敏、柔韧、力量、速度等身体机能练习的有关知识和技能。3.基本体操和队列队形练习。包括模仿操、徒手体操、轻器械体操、口令、信号与动作，列队，变化队形，等等。

（二）幼儿园体育锻炼活动的设计结构

幼儿体育锻炼活动的设计结构应依据人体机能能力变化规律——即人体在运动过程中，生理机能能力的变化经历了上升、平稳、下降三个阶段来进行设计。

第一阶段：包括活动的开始部分和准备活动。

1. 活动的开始部分

此部分的任务是：在做简单的动员以后，迅速将儿童组织起来，明确活动的任务和要求。

2. 活动的准备部分

此部分根据人体生理机能能力特点设计，即人体的机能状态不是一下子提升到较高水平而是要符合大脑皮层机能活动特点——始动调节现象，运动状态应循序渐进地提高，动作应由简单到复杂、活动量由小到大逐步提升。所以教师应利用适当的辅助活动——热身活动或针对性的准备活动来适应活动开始时身体活动能力较低的状态，并使身体活动的能力较快地上升，以适应第二阶段活动的需要。形式包括慢跑、教师创编的热身操、拉伸活动等。如：以跳跃为基本部分的练习，准备活动可模拟诸如小兔子、小青蛙、小袋鼠等小动物和压腿等热身活动。

第二阶段：活动的基本部分。

身体各器官活动能力已达较高水平且能保持一段时间。这时身体活动效率高，学习的效果好，能适应较激烈的身体锻炼活动。因此，在活动展开时，宜将难度较大、教材中运动负荷较大的练习内容安排在此阶段。如：中班体育活动"我是勇敢的小小兵"，将"跨越""匍匐爬行"的练习集中在这一阶段进行探索和练习。

第三阶段：结束放松部分。

此环节根据生理机能能力的变化属于第三个阶段——下降阶段，此时要降低幼儿大脑兴奋程度，放松肌肉，使之尽快消除疲劳，将运动状态逐渐恢复到相对安静状态，最后做好结束工作。

幼儿体育锻炼活动在组织形式上主要包括四大类锻炼方式，即幼儿早操活动、幼儿体育课的教学活动、幼儿园户外体育活动和其他形式的体育活动（运动会、远足、亲子游戏、野趣活动等）。幼儿体育锻炼活动的设计主要按幼儿早操活动、幼儿集体体育的教学活动、幼儿园户外体育活动三种类型进行。

二、幼儿园早操活动的设计与指导

幼儿早操活动的内容丰富多样,包括操节、基本动作训练、队列练习、游戏、律动、歌表演、舞蹈等方面的内容。早操活动每个内容的设计要符合幼儿园体育锻炼活动的设计结构。但要注意,小班:以徒手操和模仿操为主,活动时间一般为8—10分钟,内容宜简单易学和富有趣味性;中班:以徒手操和轻器材操为主,活动时间10—12分钟,要求做操时动作统一规范和整齐;大班:以徒手操和轻器材操为主,活动时间12—15分钟,要求活泼并且动作要有一些变化。

三、幼儿园体育课教学活动的设计与指导

幼儿体育课教学活动是幼儿体育锻炼的重要形式,是教师有目的、有组织、有计划地进行教学,以幼儿基本动作技能(如:走、跑、跳、投掷、平衡、钻、爬、攀登等基本动作)和幼儿基本体操(包括:手指操、徒手操、器械操等)为主要练习内容。让幼儿在体育课的教学活动中学习初步的体育知识,养成锻炼身体的好习惯。在对幼儿体育课教学活动进行设计时,教师要根据幼儿身心发育特点对基本动作技能进行选择和搭配,如:在中班"我是勇敢的小小兵"体育课教学活动中,教师选取了走、跑、跳、爬以及平衡等基本动作进行搭配。在中班"小乌龟大战鳄鱼"体育课教学活动中,教师选取的是走、爬、平衡和投掷的动作进行搭配。在选择基本动作进行搭配时一定要注意应以发展幼儿的灵活、灵敏以及平衡能力为主。幼儿体育课教学活动过程的设计结构可按以下环节进行:

1. 开始部分

1—2分钟,对幼儿做简单的动员,如用故事情境、角色扮演、话题等导入本课,迅速将儿童组织起来,明确教学的任务和要求。如:中班体育活动"我是勇敢的小小兵"在活动开始前教师让幼儿事先佩戴军人的帽子、穿军人的服装,利用角色扮演导入本课;大班体育活动"老鹰捉小鸡"在活动前先讲《老鹰捉小鸡》的故事,用故事情节导入。

2. 准备部分——热身活动

3—6分钟,根据基本部分的内容,做一些有针对性的准备活动,为下面的活动做好适应性准备。

3. 基本部分(活动的主要部分)

小班约10—12分钟,中班约16—17分钟,大班约20—22分钟。

(1)任务。学习新的或较难的活动内容,巩固和提高已学过的各类练习和游戏等,并通过幼儿自身的身体练习,提高幼儿的身体素质,发展幼儿的能力,培养幼儿良好的心理品质等。

(2)内容。发展体能的游戏、基本体操等;其他各类游戏。一般以《纲要》中规定的内容为主。一次活动一般安排1—2项活动内容。在内容的安排上应注意新旧搭配,急缓结合,全面锻炼幼儿的身体。

(3)教学方法多采用讲解示范法、游戏法、练习法、与音乐相结合的方法、演示法、指导法、保护与帮助法、比赛法等诸多教学方法。

4. 结束部分(约2—3分钟)

(1)任务。降低幼儿大脑的兴奋性,使幼儿的身体由运动的紧张状态逐渐恢复到相对安静状态,放松肢体;合理地小结评价,有组织地结束活动;收拾和整理器材。

(2)内容。轻松自然地走步;徒手放松练习;简单、轻松的操节或舞蹈;较安静的游戏等。

案例

中班集体体育教学活动：我是勇敢的小小兵

活动目标:

1. 在体育活动中能积极探索尝试"跨"和"匍匐爬行"的动作,发展跨越的能力以及爬行的能力。

2. 在活动中大胆进行独木桥行走,发展平衡能力。

3. 培养不怕困难并克服困难以及勇敢顽强的意志品质,体验成功的快乐。

活动准备:

独木桥、小旗子每人一个、地垫4块、绳网2张、音乐《小小兵》《美国巡逻兵》。

活动过程:

一、开始部分(5分钟)

1. 情境导入,认识解放军叔叔,今天我们来学做解放军。

2. 热身操,播放歌曲《小小兵》,在音乐伴奏下带领幼儿做热身操,充分活动身体。

3. 热身结束后,教师宣布接到总部的命令,要带领小兵们执行任务。(将幼儿带入活动场地进行训练)

二、基本部分

第一个训练(约5分钟),助跑跨过小河,让幼儿尝试做"跨"过小河的动作,然后找做得好的幼儿进行示范,教师点明"跨"的动作要领,要一条腿先跨过去。最后集体用正确的动作助跑"跨"过小河。练习次数1—2次,恭喜小兵们顺利完成第一个训练。

第二个训练(约3分钟),走独木桥,教师讲解和示范过独木桥的方法(要两臂张开,平稳地走过去,不可以掉到桥下的陷阱里)。

第三个训练(约8分钟),过电网(本课重点和难点)。

1. 教师用语言引导幼儿,怎么能在电网下"爬"过去而不碰到电网,鼓励幼儿尝试"爬"的方法。(经验准备,幼儿可能用膝盖着地的方式爬行,教师要提醒幼儿,头和臀部以及背部不可以触到电网,引导幼儿只有匍匐的状态下爬行才可以做到)

2. 找探索出正确方法的幼儿示范,然后分两组分别进行过电网匍匐爬行的练习,次数2—3次。

恭喜小兵们完成了最难的训练,刚才收到总部的消息,我们发现了敌人的军营,总部要求我们从我们的军营出发,去围攻敌人的军营,快快排好队,我们返回军营了。

围攻敌人军营(约3分钟)。

教师发布围攻敌人军营的任务及要求:每个幼儿拿一个旗子,跨过小河,走过独木桥,匍匐爬过电网,到达敌人的军营,把旗子插到敌人的军营上围攻敌人,我们就胜利了,小兵们,你们有信心完成任务吗?为了更好地完成任务,我给你们请来了一个小队长(配班老师)带领你们一起完成任务,准备好了吗?出发!

三、结束部分(约2分钟)

小结:1. 我们成功地围攻了敌人的军营,我们胜利了!我宣布你们每个人都成为了一名勇敢顽强的小解放军,为自己鼓掌加油。

2. 带领幼儿收拾整理器材。

活动评析:

游戏涵盖了走、跑、跨、匍匐爬行等身体动作的练习,在内容的选择上,体现出全面发展的原则,在发展幼儿身体动作的同时,促进了幼儿身体协调、灵活、灵敏以及平衡能力的发展。将单调的体育动作练习创编成幼儿喜爱的角色扮演游戏,激发了幼儿练习的积极性和勇敢自信的意志品质。最后一步的完成任务也让幼儿体验到了成功的快乐。

(活动源自:唐山幼儿师范高等专科学校附属幼儿园 孙林怡)

四、幼儿园户外体育活动的设计与指导

幼儿户外体育活动没有固定不变的模式结构,在具体设计时主要应注意:首先,幼儿园户外体育活动

作为体育活动的一种,应遵循人体生理机能变化规律,活动的全过程应使幼儿的活动量由小到大,由大到小,逐步变化。其次,采用多种内容和多种形式开展幼儿户外体育活动。幼儿园户外体育活动的类型有以下几种:

1. 集体封闭式

这是在教师直接指导下统一进行的一项活动。活动内容单一,便于幼儿在活动中相互模仿,也便于教师直接组织和领导。例如:中班健康活动"放鞭炮",教师让幼儿分散站于圆周,教师手持一端系有"蜡烛"的竹竿站于圆心。游戏开始,幼儿随教师竹竿的旋转方向边走边念儿歌"节日到,真正好,敲锣打鼓放鞭炮,大鞭炮呀小鞭炮,噼噼啪啪真热闹。"儿歌念完,幼儿全体半蹲。此时教师移动竹竿在各幼儿头顶上晃过。当"蜡烛"经过某一幼儿头顶时,该幼儿双脚蹬地跳起并发出"噼啪"的声音,待所有"鞭炮"放完后,游戏重复进行。

2. 分散开放式

这类活动内容丰富,幼儿可根据自己的兴趣自选活动器材(由教师在活动展开前准备好),自由开展活动。这类活动有利于培养幼儿活动的主动性、独立性、积极性和创造性,与集体封闭式类型相比,分散开放式更有利于教师实施个别教育。

3. 分组或分组轮换式

这是指两组或两组以上的幼儿同时进行两项以上的活动。活动与活动之间有时是独立的,有时可以相互轮换,多用于中、大班。

案例(附光盘视频)

中班体育活动: 小乌龟大战鳄鱼

活动目标:
1. 练习对不同距离的目标转体肩上投掷,培养投掷能力。
2. 发展距离知觉和力度知觉。
3. 培养乐于帮助他人、敢于战胜困难等良好个性品质。

活动准备:
节奏欢快的音乐,自制的纸箱大鳄鱼(配班教师控制移动),隔离墩若干,海龟、鳄鱼和小猪头饰若干,爬行长垫子2块,重量分别为40克、60克和125克的纸球、沙包和自制手榴弹(酸奶瓶)。
布置场地:"小路"投放好石子(纸球)、"独木桥"投放沙包、"小山丘"投放自制手榴弹。

活动过程:
一、开始部分
角色导入:老师扮演海龟妈妈,幼儿扮海龟宝宝。
二、准备部分
1. 教师带领幼儿做热身活动。孩子们,和妈妈做一做热身运动吧。
2. 重点动作练习:
(1) 铺设故事情节与布置游戏任务:孩子们,猪阿姨搬了新家,她很想你们去做客,但是听说附近一带常有大鳄鱼出没,害得猪阿姨都好几天没出门了,妈妈想去帮帮猪阿姨,你们谁想和妈妈一起去?但是大鳄鱼非常凶猛,路上随时可能出现,我们先练习一下打败大鳄鱼的本领再上路。
(2) 教师讲解示范肩上挥臂投掷的动作要领,幼儿模仿练习。练习时,注意两只手臂都要进行投掷练习。
(3) 有这种本领孩子们就不用怕那可恶的大鳄鱼啦! 出发!(游戏开始)
三、基本部分
带领幼儿观察游戏场地:你们看,我们要爬过小路,走过独木桥,越过小山丘才能到达猪阿姨的家,如果遇到大鳄鱼,孩子们不要慌,听妈妈指挥。

游戏第一关:爬过小路,来到河边。

1. 教师示范"爬过小路"的动作,指挥幼儿爬过小路,来到河边。

2. 鳄鱼出现(配班教师控制纸箱大鳄鱼移动过来)。

教师鼓励幼儿不要慌张,你看,河边有很多石子,我们可以用石子(纸团)砸跑大鳄鱼,但是砸鳄鱼的时候,不要越过小河,河里是鳄鱼的地盘,如果你要越过那条河,妈妈会保护不了你的。

3. 教师带领幼儿砸跑鳄鱼。

4. 离猪阿姨家又近了一步,教师带领幼儿前进,来到下一关——独木桥。

游戏第二关:过独木桥。

1. 教师讲过独木桥的方法。

2. 教师示范过独木桥的方法,引导幼儿张开双臂过独木桥,同时两名教师做好幼儿的保护与帮助。

3. 鳄鱼出现(配班教师控制纸箱大鳄鱼移动过来),教师鼓励幼儿换另一只手臂用沙包砸鳄鱼。

4. 对幼儿做出鼓励与表扬。

游戏第三关:越过小山。

1. 教师示范越过小山的方法:双脚向前连续跳过每个山丘。

2. 幼儿尝试跳过小山。

3. 鳄鱼出现(配班教师控制纸箱大鳄鱼移动过来),教师带领幼儿用自制手榴弹砸跑大鳄鱼。

4. 庆祝胜利!

四、结束部分

1. 教师带领幼儿来到猪阿姨的家。猪阿姨对小海龟们的到来表示欢迎,并称赞小海龟们的本领可真大。

2. 跟音乐进行放松活动。

活动评析:

教师将单调的身体动作练习设置成幼儿喜爱的闯关类游戏,在游戏中,幼儿必须要用到肩上投掷的本领才可以过关,提升了幼儿练习的兴趣。游戏除了培养幼儿肩上投掷的能力,也有爬、双脚连续跳跃和平衡能力的锻炼,目标和内容的设计很符合中班幼儿身心的发育水平。整个游戏还包含着规则意识——在打鳄鱼时,即使距离远,打不中,也不要越线去打,否则掉到河里就会有危险,这对日常生活中培养幼儿的规则意识很有帮助。整个活动情节环环相扣,思路清晰,目标明确,最后带领幼儿到达猪阿姨的家,受到了猪阿姨的热情接待与称赞,猪阿姨还和小海龟们一起高兴地跳舞,让幼儿体验到帮助他人带来的快乐;闯关成功又能让幼儿体验成功的快乐。这也体现出本次活动的设计特点:趣味性强,活动负荷不大,更多的是关注了幼儿的身心体验。

(活动源自:唐山幼儿师范高等专科学校附属幼儿园 张 蕊)

小·组实训活动

1. 分组分工

(1) 分组:将学生按5—6人一组进行分组,选出组长,设计组名。

(2) 分工:将组员按照活动任务要求分工(活动任务:设计方案、制作教具、试讲、配班)。

2. 内容:

(1) 集体体育教学活动的设计。

(2) 体育游戏活动的设计。

(游戏内容要体现发展幼儿的2项以上的运动能力,如跑、跳以及平衡的能力)

3. 实践要求(可先在室外试讲,再分析录播视频)

(1) 精心设计活动方案(详案)。

(2) 认真准备课件、教具。

(3) 试讲人要熟练掌握内容,其他人要演好幼儿角色。

第四课　幼儿园心理健康教育活动

一、幼儿心理健康教育概述

幼儿心理健康教育从广义的角度来说就是指一切有助于幼儿心理健康素质的培养和人格健全的教育活动,包括家庭、社会、学校的有关教育、学科渗透和社会影响等;狭义的幼儿心理健康教育就是专门在托幼机构所进行的、以心理健康素质培养和健全人格为目的的,有目的、有计划的专门的学科教育。综合两者,本课中的幼儿心理健康教育指的是为促进幼儿心理正常发育,教师通过创造条件来充分发挥和发展幼儿的心理潜能,初步培养幼儿认知、调节和发展自我心理健康的,专门在托幼机构所进行的、有计划、有目的、有组织的以心理健康素质培养和健全人格为目的的一系列教育活动。

二、幼儿园心理健康教育的目标和内容

(一) 目标

幼儿园心理健康教育的目标就是培养幼儿良好的情绪、行为方式、性格、习惯和社会适应能力,对幼儿的行为偏异、心理障碍、心理疾病进行早期预防和矫治,使幼儿得到平衡发展,保障其心理健康。

(二) 内容

幼儿园心理健康教育目标的具体化就是心理健康教育的内容。幼儿心理健康教育内容的确定,一方面受《指南》中目标的制约,另一方面也要考虑幼儿的年龄特征和心理发展水平以及心理健康状况。幼儿园心理健康教育的内容主要包括以下方面:

1. 情绪、情感的教育

(1) 营造温暖、轻松的心理环境,让幼儿形成安全感和信赖感。

(2) 帮助幼儿学会恰当表达和调控情绪。例如:中班心理健康活动“情绪温度计”。

2. 环境适应教育

(1) 保证幼儿的户外活动时间,提高幼儿适应季节变化的能力。

(2) 锻炼幼儿适应生活环境变化的能力。

3. 性教育

(1) 幼儿了解生命的起源,了解自己是怎样降临人世的;懂得创造生命是大自然最伟大奇迹之一。

(2) 幼儿了解人生几个时期的主要特点;了解父母与孩子的关系,家庭成员的构成和作用,以及作为家庭成员的地位。

(3) 教给幼儿生理发育的知识,了解男女性别差异。

(4) 让幼儿进行正确的性别认同,避免产生性别认同障碍。

（5）让幼儿知道男女应该友好相处。

（6）具有预防性侵害和自我保护的方法。

（7）指导幼儿正确对待电视和电影中的性爱场面。

案例

中班心理健康活动：情绪温度计

活动目标：

1. 对情绪有初步的认识，能够感受不同的情绪。

2. 懂得保持良好的情绪对身体有好处。

3. 学习调节情绪的方法。

活动准备：

1.《快乐舞》和《小熊的葬礼》音乐。

2.《小兔过生日》和《长颈鹿丢了花帽子》故事。

活动过程：

一、以老师自身的不开心导入，引起幼儿情感共鸣

1. 老师今天不太开心，因为牙疼了好几天，好难过。

2. 引导幼儿回忆：

如果你妈妈好多天没有回家，你会有什么感受呢？还遇到过什么不开心的事情吗？

3. 组织幼儿结合自己的生活经验，鼓励幼儿大胆讲述，自由回答。

二、通过欣赏音乐旋律及情绪脸谱，体验不同情绪，知道人的情绪也是会发生变化的

1. 老师这里有两段音乐，请小朋友听一听，听完之后说说你们有什么感受？

2. 引导幼儿倾听《快乐舞》和《小熊的葬礼》的音乐，感受自己情绪的变化。

3. 鼓励幼儿大胆讲述自己的想法。

三、通过故事欣赏了解情绪对健康的影响

1. 师：你喜欢什么样的情绪？为什么？什么样的情绪最让人舒服，对身体最有益？

组织幼儿自由讨论回答。

2. 师：老师带来两个有趣的故事，听完之后大家说说，他们的情绪是怎么样的，对身体健康有什么影响，好吗？

教师讲述故事《小兔过生日》《长颈鹿丢了花帽子》，幼儿倾听。通过这两个故事你明白了什么呢？

3. 让孩子与同伴共同商量解决他们遇到的不开心或伤心的事情，学习调节情绪，寻找快乐。

四、快乐做游戏

1. 小朋友们一起唱《幸福拍手歌》。

2. 去操场做游戏（让幼儿体验快乐）。

活动延伸：

回家为家长表演《幸福拍手歌》，学会分享快乐。

活动点评：

活动以老师的亲身体验来感染幼儿，能引起幼儿的情绪共鸣。但他们想出来的办法很单一，"看医生"是最多的，只有个别孩子想到可以帮老师揉一揉。于是我就抓住这个机会，让幼儿上来亲手帮老师揉一揉，想以此打开幼儿的思路，想想除了请医生帮忙以外，还有什么办法让老师开心起来。活动中，通过音乐和故事，感受情绪，使抽象内容变得具体，易于幼儿理解。

三、幼儿园心理健康教育活动的设计与指导

（一）确定教育活动的目标

确定幼儿心理健康教育活动的目标就是挑选所要训练的心理内容,因为个体的心理内容很多,仅仅通过一次活动是不可能对所有的心理内容都加以培养的,如果一次活动中设计过多的目标会使幼儿茫然,所以目标的设计必须要有针对性、有选择性地加以培养。

（二）设计幼儿心理教育活动过程

1. 开始部分:通过提问、表演、展示等方式导入。
2. 基本部分:引导幼儿形成健康的心理。在这一环节中,可以采用的方式方法有很多,例如:讲解法、情境表演法、行为练习法、小组讨论法、榜样示范法等等。
3. 结束部分:小结和活动延伸,延伸的"度"要适中,不宜太深,亦不宜太浅。

（三）设计心理教育活动思路

由于心理健康教育活动具有系统性、联系性等特点,因此在设计过程中可以采用单元设计和主题设计的方式。单元设计就是根据教育目标确定一个单元的系列活动,通过这些活动设计来实现单元目标。主题设计是现在幼儿园流行的模式,即先确定活动主题,然后围绕同一个主题设计不同的活动,循序渐进地教育。

案例

主题系列活动一　小班健康活动：生气汤

活动目标：

1. 认识生气,知道生气是正常的情绪反应。
2. 尝试说出让自己生气的事情,并在生气时不会哭闹不止。

活动准备：

1. 绘本《生气汤》PPT。
2. 经验准备:幼儿有过生气的经历。

活动过程：

一、播放绘本导入新活动

1. 观察画面,表现生气。

师:看看图片中这个小朋友怎么啦? 教师请个别幼儿表现生气的表情。

2. 通过故事,了解生气。

师:霍斯今天也碰到了很多不如意的事。师幼通过共同观察画面,表述出霍斯生气的事情。

二、互动交流,讨论生气

师:小朋友们你们碰到过什么生气的事情啊? 幼儿大胆表述自己经历过的生气的事情。

师:你有办法让自己不生气吗?

小结:每个人都会生气,但是生气对身体是有害的,要想办法让自己高兴起来。

三、赏析故事,排解生气不良情绪

幼儿可以跟着故事表演生气的动作、表情。

小结:生气了,可以像霍斯的妈妈一样来煮生气汤,把生气赶走,把快乐找回来!

四、玩游戏:生气汤

第一遍:请4—5个孩子和老师一起玩生气汤。

第二遍：大家一起玩生气汤,说出家里生气的事情。

第三遍：大家一起玩生气汤,说出幼儿园里生气的事情。

玩法：我们手拉手,围成一个"大锅"的形状。每个人对着大锅大声说出一件自己生气的事情。

活动延伸：

引导幼儿通过玩"生气汤"游戏,帮助别的小朋友调控情绪。

主题系列活动二　小班健康活动：我爱笑

活动目标：

1. 初步了解人不同的面部表情所表达的不同心情。

2. 通过比较老师、同伴和自己的表情变化,知道笑比哭好。

3. 初步养成乐观的心态,尝试用微笑面对各种情况。

活动准备：

1. 课件——乐趣卡：面部表情《哭与笑》。

2. 大小镜子若干。

活动过程：

一、乐趣卡演示：哭与笑

观察表情变化,说出相应的表情名称。

师：小朋友,看看他们的脸,猜猜是什么样的心情?

二、讨论：你喜欢什么样的表情?

1. 你们最喜欢老师什么样子呢?

2. 你们猜猜老师遇到什么事情会笑呢?

3. 你们遇到什么事情会笑呢?

鼓励幼儿先相互讨论再个别发表见解。

三、游戏：变脸

1. 幼儿人手一面小镜子,老师发出指令,幼儿随指令变化自己的表情。

2. 老师控制速度,由慢到快。

3. 游戏分层次进行,先由老师和幼儿之间进行,后由幼儿间相互进行,一人发指令一人做表情。

四、初步养成乐观的心态

1. 你们最喜欢自己是什么表情?

2. 你们最喜欢伙伴是什么表情?

3. 我们怎么让自己开心起来呢?

引导幼儿学会排解不开心的情绪,保持开心的笑容。

活动延伸：

引导幼儿回家后和爸爸妈妈玩变脸游戏。

(活动改编自：http://www.qinzibuy.com/xiaoban/2013/xiaoban_5412.htm)

小组实训活动

1. 分组分工合作

(1) 分组：将学生按5—6人一组进行分组,选出组长,设计组名。

(2) 分工：将组员按照活动任务要求分工(活动任务：设计方案、制作教具、试讲、配班)。

2. 内容

(1) 认识情绪(愉快的情绪、情绪王国)。

(2) 表达情绪(看得见的情绪、心情娃娃)。

(3) 调控情绪(心情变好的方法、我的心情我做主)。

3. 实践要求(可先在教法实训室试讲,再分析录播视频)

(1) 精心设计活动方案(详案)。

(2) 认真准备课件、教具。

(3) 试讲人要熟练掌握内容,其他人要演好幼儿角色。

本单元国家幼儿园教师资格证历年真题练习

一、单选题

(2015 年上半年保教)《托儿所幼儿园卫生保健工作规范》规定托幼园所工作人员接受健康检查的频率是(　　)。

A. 每月一次　　　　　B. 半年一次　　　　　C. 每年一次　　　　　D. 三年一次

二、简答题

1. (2014 年下半年保教)老师在户外体育活动中如何保障幼儿安全?

2. (2016 年上半年保教)从儿童发展角度,简述幼儿户外运动的价值。

三、活动设计题

1. (2013 年上半年保教)小班赵老师发现幼儿进餐时存在各种问题:有的幼儿情绪不稳定,吃饭时哭着要妈妈;有的幼儿不会自己吃,一定要老师喂;有的幼儿挑食,不吃这个,不吃那个;还有的幼儿吃一会,玩一会,饭凉了都还没吃完……

请设计一份解决上述问题的教育方案,要求写出对问题的分析、教育目标、解决问题的主要方法。

2. (2014 年上半年保教)根据下面案例,设计一份亲子运动会方案,要求写出亲子运动会的设计意图,2 个运动项目(须写出运动项目的名称、材料和玩法),家长工作要点以及实施注意事项。

在与本班家长沟通中,大三班教师发现,不少家长平时很少和孩子一起运动,因为不知道可以和孩子玩什么,为此,教师准备举行一场亲子运动会,让家长体验到生活中随手可得的一些废旧材料,可以用来开展有趣的运动游戏,从而促进幼儿发展。

3. (2012 年上半年保教)以小动物与生气虫为题,设计一个中班的活动方案。

幼儿园语言领域活动的设计和实训

大班语言活动：大熊的拥抱节

活动中教师通过情景导入,引出活动主题:介绍一个特别的节日——拥抱节(拥抱节就是抱一抱,体验感受拥抱的快乐)。然后幼儿在说说、做做的活动过程中,感受到拥抱的感觉很温暖很幸福,教师小结提到有个小动物也想过拥抱节,进而引出故事。因为幼儿有了前期交流的经验,所以在倾听故事理解内容环节时,积极性很高,能够根据经验仿编对话。师幼双方共同学习故事,幼儿体验大熊和小动物之间的情感发展脉络,了解了拥抱的含义,感受朋友间的宽容友爱,懂得相互宽容与珍惜的意义,教师再进行情感迁移,幼儿讨论平时闹矛盾的解决方法,最后参与体验,幼儿感受与父母拥抱的甜蜜与幸福。

在活动中,教师有目的的、有计划地为幼儿提供语言交流的机会,围绕"拥抱",鼓励幼儿大胆地进行语言表达,利用故事中的各种情境,激发幼儿表达的热情,培养幼儿综合运用语言的能力。那么幼儿的语言发展包括哪些内容?又该怎样通过活动来促进幼儿语言发展呢?让我们进入本单元的学习。

第一课 幼儿园语言教育概述

一、幼儿语言教育的概念

幼儿语言教育是专门研究幼儿语言发展的现象、规律及其教育的一门科学,是以促进幼儿语言能力发展为主要目标,以增进幼儿的认知发展、掌握语言交往技能,促进社会性发展为主要内容的教育。

二、幼儿园语言教育的目标和内容

(一) 幼儿园语言教育的目标

目标是行动的出发点和导向,是教师选择活动内容、设计实施教育活动的依据,指导着教育活动的每一个环节并贯穿于活动始终。《纲要》明确提出了语言领域的教育目标,我们将其作为语言领域的总目标:1.乐意与人交谈,讲话礼貌;2.注意倾听对方讲话,能理解日常用语;3.能清楚地说出自己想说的事;4.喜欢听故事、看图书;5.能听懂和会说普通话。《指南》中语言领域主要包括倾听与表达和阅读与书写准备两个子领域,并从不同年龄阶段的角度对各子领域的具体目标进行展开分析。

资料链接

表2-2-1　《指南》语言领域目标

（一）倾听与表达

目标1　认真听并能听懂常用语言

3—4岁	4—5岁	5—6岁
1. 别人对自己说话时能注意听并做出回应。 2. 能听懂日常会话。	1. 在群体中能有意识地听与自己有关的信息。 2. 能结合情境感受到不同语气、语调所表达的不同意思。 3. 方言地区和少数民族幼儿能基本听懂普通话。	1. 在集体中能注意听老师或其他人讲话。 2. 听不懂或有疑问时能主动提问。 3. 能结合情境理解一些表示因果、假设等相对复杂的句子。

目标2　愿意讲话并能清楚地表达

3—4岁	4—5岁	5—6岁
1. 愿意在熟悉的人面前说话,能大方地与人打招呼。 2. 基本会说本民族或本地区的语言。 3. 愿意表达自己的需要和想法,必要时能配以手势动作。 4. 能口齿清楚地说儿歌、童谣或复述简短的故事。	1. 愿意与他人交谈,喜欢谈论自己感兴趣的话题。 2. 会说本民族或本地区的语言,基本会说普通话。少数民族聚居地区幼儿会用普通话进行日常会话。 3. 能基本完整地讲述自己的所见所闻和经历的事情。 4. 讲述比较连贯。	1. 愿意与他人讨论问题,敢在众人面前说话。 2. 会说本民族或本地区的语言和普通话,发音正确清晰。少数民族聚居地区幼儿基本会说普通话。 3. 能有序、连贯、清楚地讲述一件事情。 4. 讲述时能使用常见的形容词、同义词等,语言比较生动。

目标3　具有文明的语言习惯

3—4岁	4—5岁	5—6岁
1. 与别人讲话时知道眼睛要看着对方。 2. 说话自然,声音大小适中。 3. 能在成人的提醒下使用恰当的礼貌用语。	1. 别人对自己讲话时能回应。 2. 能根据场合调节自己说话声音的大小。 3. 能主动使用礼貌用语,不说脏话、粗话。	1. 别人讲话时能积极主动地回应。 2. 能根据谈话对象和需要,调整说话的语气。 3. 懂得按次序轮流讲话,不随意打断别人。 4. 能依据所处情境使用恰当的语言。如在别人难过时会用恰当的语言表示安慰。

（二）阅读与书写准备

目标1　喜欢听故事,看图书

3—4岁	4—5岁	5—6岁
1. 主动要求成人讲故事、读图书。 2. 喜欢跟读韵律感强的儿歌、童谣。 3. 爱护图书,不乱撕、乱扔。	1. 反复看自己喜欢的图书。 2. 喜欢把听过的故事或看过的图书讲给别人听。 3. 对生活中常见的标识、符号感兴趣,知道它们表示一定的意义。	1. 专注地阅读图书。 2. 喜欢与他人一起谈论图书和故事的有关内容。 3. 对图书和生活情境中的文字符号感兴趣,知道文字表示一定的意义。

目标2　具有初步的阅读理解能力

3—4岁	4—5岁	5—6岁
1. 能听懂短小的儿歌或故事。 2. 会看画面,能根据画面说出图中有什么,发生了什么事等。 3. 能理解图书上的文字是和画面对应的,是用来表达画面意义的。	1. 能大体讲出所听故事的主要内容。 2. 能根据连续画面提供的信息,大致说出故事的情节。 3. 能随着作品的展开产生喜悦、担忧等相应的情绪反应,体会作品所表达的情绪情感。	1. 能说出所阅读的幼儿文学作品的主要内容。 2. 能根据故事的部分情节或图书画面的线索猜想故事情节的发展,或续编、创编故事。 3. 对看过的图书、听过的故事能说出自己的看法。 4. 能初步感受文学语言的美。

目标3　具有书面表达的愿望和初步技能

3—4岁	4—5岁	5—6岁
喜欢用涂涂画画表达一定的意思。	1. 愿意用图画和符号表达自己的愿望和想法。 2. 在成人提醒下,写写画画时姿势正确。	1. 愿意用图画和符号表现事物或故事。 2. 会正确书写自己的名字。 3. 写画时姿势正确。

(二) 幼儿园语言教育的内容

活动内容是实现活动目标的手段,是将目标转化为幼儿实际发展的中间环节,也是活动开展的重要依据。在这里我们重点分析专门的语言教育活动内容,主要分为四个相互联系的方面,包括:谈话活动、讲述活动、文学活动、早期阅读活动。其中,谈话活动主要包括围绕自己熟悉的人或事进行谈话和就某一熟悉的场景发表个人的观点和想法,如:小班谈话活动"老师本领大";讲述活动主要包括用简单明了的语言,把某一实物的特征、功用解说清楚,用恰当的语言讲述图片、视频中的主要人物、事件,用生动形象的语言讲述人物形态动作,如:中班讲述活动"小兔家的窗";文学活动主要包括欣赏儿童诗歌散文、仿编诗歌散文等,如:大班文学活动"秋天的雨";早期阅读活动主要包括前图书阅读、前识字、前书写,如:大班早期阅读活动"我的幸运一天"。

三、幼儿园语言教育的方法和途径

(一) 幼儿园语言教育的方法

幼儿园语言教育有其特殊的方法,主要包括:示范模仿法、视听讲做结合法、游戏法、表演法等。

1. 示范模仿法

示范模仿法是指教师通过自身的规范化语言,为幼儿树立语言学习的榜样,让幼儿始终在良好的语言环境中自然地进行模仿学习。当然,除了教师示范外,还可以采用录音、视频示范,有时也可以让语言发展能力较强的幼儿来示范,如在散文诗欣赏活动中,由已有散文诗经验的幼儿做示范会比教师示范更容易吸引小朋友注意力,进而激发小朋友学习散文诗的兴趣。在运用示范模仿法时要注意教师的示范语言一定要规范到位,把握好示范的时机和力度,不要因为过度示范限制了幼儿的思维。

2. 视听讲做结合法

视听讲做结合法是在语言教学活动中,教师同时采用视、听、讲、做结合的方法,依据"直观法"和"观察法"以及结合儿童语言学习的特殊性而提出的方法。所谓"视"是指教师提供具体形象的讲述对象,如实物、现象、图书、情境表演等,让儿童充分地观察。所谓"听"是指教师用语言描述、启发、引导、暗示等,让儿童充分地感知与领会。所谓"讲"是指儿童在感知理解的基础上,充分地表述个人的认识。所谓"做"是指教师给儿童提供一定的想象空间,通过儿童的参与或独立的操作活动,帮助儿童充分地构思,从而组织起更加丰富、连贯、完整、富有创造性的语言进行表述。将这四个方面有机结合,"视""听"的内容由教师提供,最终将转化为儿童的认识,主动地通过"讲"和"做"反映出来。如:小班语言活动"熊叔叔的生日派对",先通过观看一段庆祝生日视频,激发兴趣,提出话题:小朋友们平时怎么过生日。幼儿根据已有经验,充分表达;教师借助故事《熊叔叔的生日派对》,引导幼儿一起制作生日蛋糕,为大熊叔叔唱生日歌。

3. 游戏法

游戏法是指教师运用有规则的游戏,训练儿童正确发音,丰富词汇和学习句式,形成早期阅读技能的一种方法。可以提高幼儿的活动兴趣,集中注意力,促进大脑和感官的相互积极活动。练习发音的游戏、学习词汇的游戏、学习句子的游戏在我们的日常语言活动教学中很常见,如:小班发音游戏"三个木头人",教师先出示木头人和三座山的背景图,用语言讲述和实物展示创设游戏情境,介绍游戏规则玩法,借此巩固 s 和 sh 的发音,利用幼儿参与游戏的兴奋点,在玩游戏的过程中练习"三"和"山"的发音。

4. 表演法

表演法是指在教师的指导下,幼儿学习扮演文学作品中的人物,根据作品情节的发展,通过对话、动作、表情等创造性地再现文学作品,进而提高口语表达能力的一种方法。如:大班语言活动"孙悟空打妖怪",教师先播放《西游记》片头曲,激发幼儿的活动兴趣。然后引导幼儿朗读儿歌,感知情节和人物出场的顺序,引导幼儿分角色练习,进一步巩固诗歌内容。最后教师根据幼儿学习的特点进行分角色表演,给予幼儿一个自我展现的舞台,让幼儿在理解儿歌内容的基础上,充分锻炼语言表达能力,提高胆量。

(二) 幼儿园语言教育的途径

根据幼儿语言教育的目标、内容、方法和幼儿的年龄特点,可以通过不同的教育途径,有针对性地开展合适的语言教育活动。

1. 在幼儿园课程中开展专门的语言教育活动

专门的语言教育活动是幼儿语言教育的基本途径。教师根据幼儿语言教育的目标有目的、有计划、有组织地对幼儿进行语言教育活动,为幼儿提供语言充分互动的环境,使他们有机会对在日常生活语言交际中获得的语言素材进行提炼和深化,达到对语言规则的理解和有意识的运用。目前我们常用的专门的语言教育活动主要包括谈话、讲述、文学作品学习、早期阅读等方面内容,在幼儿园课程教材中,有专门的语言方面的活动,如:小班语言活动"我爱我的幼儿园",通过学说儿歌《我爱我的幼儿园》,发展幼儿的语言表达能力,尽快帮助幼儿适应幼儿园生活。

2. 在幼儿园日常生活和游戏中渗透的语言教育活动

日常生活和游戏为幼儿提供了大量的语言交往机会,使幼儿通过实践,练习、巩固、理解和运用语言。日常生活和游戏还为幼儿提供了各种事物和人际交往的丰富经验,为开展语言活动积累了素材。此外,还可以创设语言教育环境,鼓励支持幼儿与教师、同伴交谈,鼓励幼儿把生活中的所见所闻、所学所想通过自己的表达分享给身边的人,体验与他人分享的乐趣,让幼儿多听、多想、多练,在宽松真实的语言环境中积累语言经验。

3. 在幼儿园区角活动中发展幼儿的交往语言

区角活动是通过创设活动区角,如:角色区、建筑区、美工区等,给幼儿提供自主选择、自由交往、表达合作、探索发现的空间。教师可以利用图书角和语言角进行语言教育,如:创设"广播站",幼儿通过扮演小小广播员,播报各种信息,增加了词汇量,提高了语言表达能力。在活动区中投放具有互动性、趣味性、游戏性较强的语言材料,当幼儿在操作时遇到问题,可以让幼儿借助操作材料寻找答案,并把自己的发现告诉同伴,通过听、看、做,培养想说的欲望,逐渐达到"想说""敢说""会说"。

4. 其他领域教育活动中随机的语言教育

幼儿园教育活动是教师有目的、有计划地引导幼儿生动、活泼、主动活动的教育过程。就语言教育活动而言,幼儿园组织的各项教育活动都要关注并有意识地发展儿童的语言。当然我们的幼儿园除了语言教育活动外,还有许多其他领域的教育活动,这些教育活动虽然不是以语言为主要内容,但其中部分活动包含着大量的语言教育因素,如:幼儿在这些教育活动中可以提出问题和解答问题,能完整连贯地讲述所观察到的事物和现象,能用语言表述对音乐、美术作品的感受,不断地学习新词新句,尝试用语言与同伴或周围成人交往。因此,教师可以在这些教育活动中对幼儿进行适当的语言教育。

第二课 幼儿园谈话活动

一、幼儿园谈话活动概述

《纲要》指出,幼儿园要创造一个自由、宽松的语言交往环境,支持、鼓励、吸引幼儿与教师、同伴交谈,体验语言交流的乐趣。幼儿园开展谈话活动,鼓励幼儿大胆地与他人交谈,帮助幼儿学习倾听他人谈话,学习与他人交流的方式、规则,用语言表达自己的意见和看法,进而培养人际交往能力。

(一)谈话活动的含义和内容

谈话,是帮助幼儿学习在一定范围内运用语言与他人进行交流的活动。幼儿谈话活动是教师启发引导幼儿围绕一定的话题,以交谈为主要形式进行的语言教育活动,是幼儿教育中颇具特色的一种组织活动形式,在幼儿语言教育中占据着重要的地位。根据谈话活动在幼儿园实际开展的情况,幼儿谈话活动可以按照日常谈话和集体谈话两大类型来设计和实践。不同年龄段谈话活动的内容不同。

1. 小班谈话活动的内容

(1)日常谈话

①多给幼儿提供倾听和交谈的机会,如:经常和幼儿一起讨论他感兴趣的话题。②与幼儿交谈时,尽量使用幼儿能听得懂的语言,鼓励幼儿在熟悉的人面前多多说话表达,大方地与人打招呼。③引导幼儿在别人对自己说话时能倾听并做出回应。④成人尽量注意提醒幼儿,在交谈时使用恰当的礼貌用语。

(2)集体谈话

①鼓励幼儿表达自己的需要和想法,可以允许幼儿配以手势动作辅助表达。②成人要提醒幼儿在集体中谈话的礼仪,如:尽量说话自然,声音大小适中,和别人讲话时知道眼睛要看着对方等。

2. 中班谈话活动的内容

(1)日常谈话

①鼓励幼儿把自己感兴趣的话题,讲给别人听。②为幼儿创设用普通话交流的环境,引导幼儿在谈话时,尽量说普通话。③提醒幼儿注意交谈礼仪,如:能根据场合调节自己说话声音的大小,能主动使用礼貌用语,不说脏话、粗话。

(2)集体谈话

①在群体中能有意识地听与自己有关的信息。②成人对幼儿说话时要注意语气、语调,尽量将不同的心情用不同的语气、语调表现出来。③提醒幼儿在集体谈话时,别人对自己讲话时能给予回应。

3. 大班谈话活动的内容

(1)日常谈话

①利用日常生活的空隙时间,鼓励幼儿与他人讨论问题。②结合情境提醒幼儿一些必要的交流礼节,如:对长辈说话要有礼貌,客人来访时要打招呼,得到别人的帮助时要说谢谢。③鼓励幼儿在日常交谈时除了用本民族或本地区的语言,还要说普通话且发音正确清晰。

(2)集体谈话

①提供机会,鼓励幼儿在众人面前说话。②在集体中能注意听老师或其他人讲话,遇到听不懂或者有疑问时能主动提问。③根据幼儿的理解水平,有意识地使用一些反映因果、假设、条件等关系的句子。

④提醒幼儿遵守集体谈话的语言规则,如:轮流讲话,不随意打断别人讲话等。

(二) 幼儿园谈话活动的设计结构

幼儿园谈话活动的设计可以按照以下基本环节进行。

1. 创设谈话情境,引出谈话话题

这是谈话活动的第一步,其目的在于激发幼儿的活动兴趣,引出谈话和讨论话题,为谈话做好准备。因此,这个步骤的时间不宜过长,3—5分钟即可。要创设适当、良好的谈话情境,教师要做到以下几点:(1)营造一个宽松、自由的谈话氛围。为了调动幼儿参与谈话活动的积极性,在活动开始教师就要保证提供的气氛轻松、自然,有助于幼儿的情绪稳定,将注意力迅速集中到谈话活动上来。(2)创设生动、有趣的谈话情境。一般来说,谈话活动的情境创设有以下几种方式:第一,用实物或直观教具创设情境。通过挂图、墙饰、区角布置或各种不同的实物创设语言情境,让幼儿尽快地融入到情境中,跟随着教师的提问进行思考,如:谈话活动"我的家乡",活动开始时,教师引导幼儿观察班级环境创设家乡的各种照片。在开展谈话活动"快乐的五一长假"时,教师用幼儿带来的五一假期旅游纪念品来引出假期生活这一谈话主题。第二,以语言创设谈话情境。教师通过一些简单的问题,帮助幼儿进入谈话的情境,积极地进行思考。如:在组织"我的玩具"这一活动时,教师提出以下问题:你玩过哪些玩具,最喜欢哪一种,为什么?利用幼儿已有的关于玩具的记忆,引起幼儿的情感共鸣。第三,以游戏的形式进行创设。运用游戏的形式创设的谈话情境,很容易调动幼儿的积极性和兴趣,为下一步奠定良好的基础。如:谈话活动"地铁早高峰",幼儿通过扮演角色,上下地铁,展开对话,以游戏的方式展开谈话活动。

2. 引导幼儿围绕话题进行交谈

提出话题后,教师要为幼儿创设一个自由发言、自由交谈的机会,让他们有足够的时间、空间将自己的体会、想法与他人分享。教师在指导这个过程时要注意:(1)给幼儿充分的自由讲述内心的真实感受。教师要指导幼儿围绕话题大胆地与同伴交谈,交谈的内容和对象应是自由的。(2)注意自由交谈中的个体差异。坚持"交谈对象自由选择"的原则,可以事先将言语能力较弱和能力较强的幼儿安排在一起,让能力强的幼儿带动能力弱的幼儿一起练习。教师还要重点倾听能力较弱幼儿的谈话,提醒其他幼儿在说完自己的感受后要注意倾听这些幼儿的话语,经常给予鼓励以增强他们的自信心。

3. 引导幼儿逐步拓展谈话范围

在经过上一个围绕话题交谈的阶段后,教师要注意引导幼儿拓展谈话的范围,帮助幼儿运用新的谈话经验,进一步提高谈话水平。幼儿在谈话活动中学到的新经验在日常生活中不断加以练习和实践。在谈话活动结束前,教师要向幼儿提出任务和要求:将学到的新经验运用到与同伴、与父母的交往中。此外教师要注意观察幼儿在日常的交往中,是否主动运用新经验,并进行及时的评议,对做得好的幼儿给予表扬、鼓励,对做得不好的儿童要给予提醒、帮助,使幼儿能真正地将学到的经验运用到实践中。如:谈话活动"我的玩具",最后教师可以用迁移方法拓展话题,"贫困地区小朋友有玩具玩吗?""我们应该怎样帮助他们?"

二、幼儿园日常谈话活动的设计与指导

日常谈话是谈话活动的一种重要形式,日常谈话受时间、空间、对象、年龄等因素的制约较小,活动开展较方便。教师可以利用一日生活的各个环节,如:早晨入园、晨间活动、盥洗、活动过渡环节、离园等,与幼儿就某个话题进行交谈。在交谈的过程中,让幼儿逐渐学会运用语言,同时促进幼儿认知、思维能力的发展。如:周一早晨入园时,教师可以与班级内相对内向的幼儿简单谈话,问问幼儿的周末是怎么度过的,鼓励幼儿大胆表达,培养这类幼儿主动、大胆与别人交流交往的能力;在等待用午餐的间隙,允许幼儿与同伴交流自己喜欢吃的食物;在户外散步时,引导幼儿观察幼儿园的环境、设施等的变化,鼓励幼儿进行讨论;还可以在日常生活中随机进行谈话活动,如:幼儿比较感兴趣的话题"假如我会飞",鼓励幼儿围绕话题,热烈交流。动画片《小猪佩奇》深受幼儿喜爱,所以在一日生活的空余时间允许幼儿交谈,当然教师也可以围绕动画片角色、情节等方面,引导幼儿的交流和分享。

三、幼儿园集体谈话活动的设计与指导

这里我们介绍的集体谈话活动主要是指教师制定一定的计划和教育活动方案,依据事先确定的话题,有目的、有计划地组织幼儿进行交谈的活动。和日常谈话活动相比,集体谈话活动是以集体教学活动的形式进行,交流的形式可以是教师和幼儿的交流,也可以是幼儿与幼儿之间的交流。

集体谈话活动要做到让幼儿有兴趣参与谈话,并且能够进行有效的交谈。要选择有趣且有新鲜感或者幼儿熟悉有经验基础的话题,还要考虑不同年龄班幼儿的特点,如:小班可以是关于具体的实物,中班可以增加人物的内容,大班可以增加描述现象的内容。关于集体谈话活动的设计和组织,类似于前面提到的谈话活动的基本结构,即首先创设谈话情境,激发幼儿交谈兴趣,其次引导幼儿围绕话题交谈,最后拓展谈话范围,深层次引导幼儿围绕话题交谈。如:中班谈话活动"我的好朋友",活动开始教师以一些问题来唤起幼儿的记忆,调动幼儿的经验:我们每个人都有好朋友,你们有好朋友吗? 你的好朋友是谁? 他长什么样子? 穿什么衣服? 请小朋友说给别人听,幼儿积极参与,围绕问题进行大胆的交流。接下来教师引导幼儿围绕话题,要求幼儿主动向同伴介绍自己好朋友,清楚地表达好朋友的模样和穿着,会用普通话与同伴交谈。教师巡回参与幼儿的谈话,有兴趣地倾听、了解幼儿说话的内容,对个别不知如何谈论好朋友模样的幼儿,教师提些小问题加以引导。最后集体谈"好朋友",请几名幼儿向全班作介绍,要求幼儿清楚地说出好朋友的特点,对个别说不清楚的幼儿,教师给予提示、补充,再让其重复说一遍,帮助他们提高语言表达能力。接着教师用提问的方式拓展谈话范围,如:"你的好朋友有哪些优点?""你为什么要找他做好朋友?"教师用谈话引导幼儿的思路。幼儿根据教师提供的谈话经验,说出自己好朋友的优点。需要注意的是,在语言上教师要规范,帮助幼儿掌握表达的技巧,提高幼儿的语言表达能力。

案例(附光盘视频)

大班谈话活动: 新年来到了

活动来源

新年临近,有的孩子说起了新年的话题。因此,教师抓住班级内孩子们的兴趣,开展关于新年的谈话活动。通过活动,让孩子们感受到过年的快乐,过年的有趣,知道旧的一年即将过去,新的一年就要来到,自己又长大一岁,能用语言表达自己对别人的祝福,也有助于让孩子产生对我们国家传统节日的兴趣。因此,设计了"新年来到了"这一谈话活动。

活动目标

1. 知道旧的一年即将过去,新的一年就要来到,自己又长大一岁了。

2. 讨论人们怎么迎接新年,自己打算怎么迎接新年。

3. 能用语言表达自己对别人的祝福。

活动准备

1. 当年和新年挂历各一本。

2. 和家人一起收集各民族人民过新年的资料以及去年小朋友过新年的一些照片。

活动过程

1. 谈话:说一说大街上的变化,猜猜为什么。

2. 出示挂历,引发幼儿关于新年来到了的讨论。

(1) 引导幼儿翻看当年挂历,知道在这一年中,时间一天天、一月月地过去,小朋友一天天、一月月地长大,一年就要过去了。

(2) 提问:新年到了,我们都要长大一岁了。你们现在是几岁? 在新的一年里是几岁?

(3) 提问:到了新年,还有谁也要长大一岁?

3. 运用资料,介绍过新年的不同方式。

(1) 活动前已经和父母一起收集了一些世界上各个国家或者民族的人民过新年的资料。

(2) 说说我们中国人是怎样过新年的。

小结：新年到了，世界上各个国家或民族的人民都有自己不同的庆祝新年的方式。

4. 回忆与展望。

(1) 师幼共同回忆过新年的场景。（幼儿看老照片并自由讨论）

(2) 师幼围绕迎新年话题进行交流：今年打算怎么迎新年呢？你想把新年祝福送给谁？在幼儿园可以进行什么庆祝活动？

小结：小朋友有这么多的好主意，接下来让我们一起行动起来，把新年最美好的祝愿送给别人；把我们的幼儿园、活动室打扮得漂漂亮亮的。

活动延伸：

邀请爸爸妈妈、爷爷奶奶到幼儿园来，举行一个盛大的庆祝新年活动。

活动评析：

幼儿对本节活动课程很感兴趣。在"新年来到了"活动中，抓住了幼儿天天盼望新年的到来，迫切想了解人们怎样欢庆新年的心理，充分挖掘了新年欢庆活动的多样化，让幼儿体验了新年的快乐，进入新年欢庆的气氛，扩展了他们的知识范围。

本次主题是从幼儿的兴趣点出发的一个活动，在整个活动过程中，教师先是通过谈话说一说大街上的变化，猜猜为什么，再出示挂历，引发幼儿关于"新年来到了"的讨论。然后运用让幼儿和爸爸妈妈一起收集的一些世界上各个国家或者民族的人民是怎样过新年的资料，鼓励幼儿来介绍过新年的不同方式。接下来和幼儿通过看照片的形式，回忆讨论去年的时候是怎么过新年的，进而引出今年过新年的想法。使幼儿深刻地了解年的来历和传统的风俗习惯，通过活动，提前使幼儿感受到了过年的快乐。

（活动源自：唐山市滦县古城幼儿园　甄凤超）

小·组实训活动

1. 分组分工

分组：将学生按5—6人一组进行分组，选出组长，设计组名。

分工：将组员按活动任务要求分工（活动任务：设计方案、制作课件、制作教具、试讲、配班）。

2. 自选或自定内容（幼儿园语言领域谈话教育活动）

(1) 日常谈话活动（我的家乡、我最喜欢的节日）。

(2) 集体谈话活动（假如我会飞，我的家人）。

3. 实践要求（可先在教法实训室试讲，再分析录播视频）

(1) 精心设计活动方案（详案）。

(2) 认真准备课件、教具。

(3) 试讲人要熟练掌握内容，其他人要演好幼儿角色。

第三课　幼儿园讲述活动

一、幼儿园讲述活动概述

《指南》语言领域"愿意讲话并能清楚地表达"这一目标提出了幼儿讲述学习与发展的愿景。

(一)讲述的含义和内容

讲述首先是一种独白语言,需要讲述者独立构思和表达对某一内容的完整认识。幼儿讲述活动是一种有目的、有计划地培养幼儿语言表述能力的语言教育活动,它是幼儿教育中颇具特色的一种组织活动形式,在幼儿语言教育中占据着重要的地位。从内容上来分,讲述活动可以分为叙事性讲述、描述性讲述、说明性讲述、议论性讲述四种类型。从凭借物类型上来分,讲述活动可以分为看图讲述、实物讲述和情景表演讲述。考虑到幼儿园实际教学开展情况,本部分幼儿讲述活动可以按照看图讲述、实物讲述和情景表演讲述三种类型来设计和实践。不同年龄段幼儿讲述活动的内容不同。

1. 小班讲述活动的内容

(1)看图讲述

①鼓励幼儿运用视、听等多种感官相结合的方式,观察图片中内容并进行讲述。②提供一些内容简单,幼儿能够明显找到特点的图片,供幼儿讲述。③教师在日常组织教学活动中注意教给幼儿观察图片的方法和技巧。

(2)实物讲述

①在讲述之前,教师尽量保证让幼儿认识所讲的实物,如:讲述活动"月季花",教师要让幼儿先认识月季花,并知道它的特征,知道花的各个部分,保证幼儿的讲述能够让听者听得完整清楚。②讲述提供的实物尽量是幼儿能够基本理解的内容、简单的特征、鲜明的实物。

(3)情景表演讲述

①教师在平时设计活动时,有意识地培养幼儿的记忆力、注意力和观察力,为幼儿进行情景表演讲述做准备。②情景表演讲述的题材尽量是内容简单、特征鲜明的情景,方便幼儿理解。

2. 中班讲述活动的内容

(1)看图讲述

①教师提供的图片素材,可以相对来说有一定的关联性,鼓励幼儿观察细节,进而把握事物之间的联系,并能够用语言进行细致的描述。②多创造机会,让幼儿在集体面前进行看图讲述活动,并鼓励幼儿尽量做到声音响亮,句式完整。

(2)实物讲述

①教师提供讲述的实物,尽量保证是幼儿生活中常见的实物,且能够认识了解,保证幼儿在讲述时有话说。②鼓励幼儿对实物能够先进行认真仔细的观察,在此基础上能说出讲述实物的主要特征。

(3)情景表演讲述

①幼儿能够理解情景表演题材中情景展示的事件顺序。②鼓励提示幼儿能够认真观看别人的情景表演,倾听别人的讲述内容,发现异同,并从中学习好的讲述方法。③教师要组织相关活动,指导幼儿感受人物内心的情绪情感的变化和心理动态发展,鼓励幼儿准确地讲述出来。

3. 大班讲述活动的内容

(1)看图讲述

①鼓励幼儿认真仔细观察图片,理解图片中蕴含的主要人物关系和思想倾向。②通过图片中角色的动作、心理、对话,鼓励幼儿想象合理情节,提高幼儿逻辑思维及连贯、完整讲述的能力。

(2)实物讲述

①在实物讲述中通过认识实物,注重幼儿描述、倾听能力的培养。②多利用生活中真实的物品、玩具、教具和自然景物等,让幼儿把握实物的特征并进行讲述。

(3)情景表演讲述

①通过真人表演、木偶表演等形式,向幼儿展示可供讲述的内容。②通过让幼儿观察情景表演,理解情景中蕴含的主要人物关系和思想倾向。③能结合情景,创造性地进行合理联想,清楚完整地表达自己的所见,使听众明白主要表达的内容意思。比如:幼儿在游戏活动中,教师拍摄下他们的活动场景,引导幼儿回忆某一有趣经历,与同伴分享自己的活动体验。更加直观地再现了活动情景,提高幼儿的观察力,为讲述活动也提供了丰富的内容。

(二) 幼儿园讲述活动的设计结构

幼儿园讲述活动的设计可以按照以下基本环节进行。

1. 充分感知与理解讲述对象

根据所要讲述内容的特点,幼儿需要先感知理解讲述对象,然后才展开讲述。当然,感知理解讲述对象,一般情况下主要是通过观察的途径进行。这里所说的观察,大部分是通过视觉汲取信息。如较多的看图讲述、实物讲述、情境表演讲述,都是先让幼儿仔细观察图片、实物、情景表演来感知理解讲述对象。这主要是通过视觉通道,但不排斥从其他感觉通道去获得认识,如听觉、触觉、味觉、嗅觉等。

教师在这一步骤中重点是指导幼儿观察、感知、理解讲述对象,以便为讲述打好基础。教师要依据讲述类型的特点引导幼儿去感知、理解讲述对象。另外,也可以依据凭借物的特点引导幼儿感知、理解讲述对象。每一次活动的目标要求是不一样的,有时要求幼儿学习有中心、有重点地讲,有时要求有顺序地讲。教师的任务是根据活动的具体工作要求,指导幼儿充分具体观察。

2. 运用已有经验自由讲述

在幼儿感知理解讲述对象的基础上,教师指导幼儿运用已有的经验进行讲述。这一步骤中,教师尽量放手让幼儿自由讲述,给他们充分的机会,实践并运用已有的经验讲述。可以是集体讲述,如中班讲述活动"我最喜欢吃的蔬菜",教师在设计活动时,可以让幼儿根据已有经验,向同伴介绍自己喜欢吃的蔬菜的名称、种类,教师对内容不做具体规定;也可以采用小组讲述,一般情况下每个小组 5 名幼儿,保证每位幼儿都有讲述的机会,围绕同样的话题,轮流进行讲述;最后,还可以采用个别交流讲述,可以让幼儿与相邻同伴结对轮流讲述,也可以让幼儿对想象角色进行讲述。

3. 引进新的讲述经验

通过前两个层次的铺垫,教师可以根据本次活动目标要求,帮助幼儿学习新的讲述经验。有了开始的鼓励,幼儿可以信心百倍地自由讲述。最初,可以让幼儿随意讲述,不必注重主题,让幼儿按照想象组织语言,任意述说。最终引导幼儿注意讲述主题,围绕主题进行想象。因此,讲述的积极性是教师组织讲述活动的重点。

此外,教师可以采用以下几种方式引进新的讲述经验:(1)教师亲自示范新的讲述经验。如:大班讲述活动"过河",在幼儿观察图片初步讲述后,教师介绍自己的观察,将小象没讲话却想出了自己的办法过了河内容,构成有情节的故事并讲述出来。(2)教师通过提示引进新的讲述经验。如:中班讲述活动"打瞌睡的房子",在幼儿选图自由讲述后,教师提问:还可以用选图讲出什么故事,分享给大家。(3)教师与幼儿一起讨论新的讲述思路。如:组织讲述"我最喜欢吃的蔬菜"活动时,教师说:"刚才我们班的乐乐小朋友讲得很好,他在讲述自己喜欢吃的蔬菜时先讲了什么? 对,名称,然后呢? 接下来又说了什么……"教师通过边问边答的方式和幼儿一起讨论分析,帮助幼儿理清讲述顺序,进而引进新的讲述经验。

4. 巩固迁移新的讲述经验

在引进了新的讲述经验后,教师要提供给幼儿实际操练新经验的机会,以便于幼儿能够更好地掌握这些经验。可以采用以下几种方法巩固和迁移新的讲述经验:(1)变内容。如:在幼儿学会讲述一种蔬菜的顺序后,教师可以让幼儿用同样的思路,讲述另外一种蔬菜,进而帮助幼儿掌握所学的新的讲述经验。(2)变思路。如:学习讲述"月季花"的思路后,可以允许幼儿开设一个小型花展,向其他班级、家长介绍月季花,在此需要注意的是,教师要要求幼儿创造性地运用新的讲述经验,尽量避免盲目模仿和重复别人的话。(3)变形式。由静到动,如:大班讲述活动"猴子捞月",可以以幼儿集体表演故事《猴子捞月》结束。通过在活动中习得讲述经验,操练、实践,并在下次活动中加以运用,不断积累,提升讲述能力。

二、幼儿园看图讲述活动的设计与指导

看图讲述是幼儿园语言教育活动的重要形式,它通过色彩鲜艳的画面以及富有情趣的情节和内容来吸引幼儿的注意,具有很强的直观性和形象性,非常适合幼儿的认知发展特点。看图讲可以分成三种:(1)单张图片讲述。这是最简单的一种形式。图片一般人物较少,人物形象突出,强调人物的动作,背景简

单，一般在小班开展，以回答方式进行，在讲述时主要说出：图片上有什么？在什么地方？在干什么？等等。主要培养小班幼儿说完整句的能力；(2)多张图片讲述。主要在中、大班进行。幼儿按顺序将多张图片的内容、图片与图片之间的联系用完整、连贯的语句表达出来。它不仅要求幼儿讲述图片上所描绘的对象及特征，还要将图片的细节、非显著特征描述出来；(3)排图讲述。这种讲述首先要求儿童将无序的图片按照自己的想法排出顺序，讲清理由，然后再讲述图片的主要内容。由于它要求幼儿具备一定的抽象思维能力，一般在中、大班进行。排图讲述图片数量为2—6张。

要提高看图讲述的效果，首先要激发幼儿看图讲述的积极性、主动性；其次，要培养幼儿掌握看图讲述的基本能力，要达到这个目的就必须在看图讲述活动过程中引导幼儿与图片材料互动、与同伴互动、与老师互动，即必须让幼儿多向互动，而不是单纯停留在师幼互动层面上。通过观察图片，幼儿需要将一张或几张图片的主要内容准确、完整地表达出来。如：在中班看图讲述活动"兔子搬家"中，教师就主要围绕"兔子在雨天搬家该想什么办法避免淋雨"这一点来提问，并要求幼儿学会正确使用动词"抱、背、顶、抬"等描述搬家的情节。教师没有提与画面内容无关的问题，如时间、地点等。

案例（附光盘视频）

大班看图讲述活动：鼹鼠的皮鞋车

活动来源：

《鼹鼠的皮鞋车》是选自幼儿园课程指导中班下册《汽车》主题中的一个语言讲述活动。这是一个展现废物利用的故事。在我们的现实生活中随处可见许多废旧的物品，如何把这些废旧物品再进行加工创作，变成丰富的物质资源，也体现了《纲要》中语言与艺术领域的整合。新《纲要》中指出"语言能力是在运用的过程中发展起来的，发展幼儿语言的关键是创设一个使他们想说、敢说、有机会说，并得到积极应答的环境。"因此，在本次活动设计中，教师注重为幼儿创设一个自由的、宽松的语言环境。活动中，通过PPT，让幼儿边听边看猜测接下来的故事情节。从幼儿的兴趣出发，为幼儿留有思考的余地和空间，发展其想象力和语言表达能力。根据故事中的寓意和教育意义，通过讨论教育幼儿有些破旧的东西还可以利用，激发幼儿"变废为宝"的创新意识。

活动目标：

1. 能仔细观察画面，并能用清楚的语言表达自己的想法。
2. 学习词汇"蹦蹦跳跳、溜溜达达、又脏又臭、里里外外、干干净净、又光又亮"。
3. 萌发"变废为宝"的创新意识。

活动准备：

《鼹鼠的皮鞋车》动画光盘；皮鞋一只；手工材料

活动过程：

一、画面导入

1. 出示皮鞋图片。

师：小朋友们你们看这是什么？草地上躺着一只没人要的破皮鞋，如果你看到这只没人要的破皮鞋，你会怎么做呢？

2. 看动画，理解故事内容。

(1) 播放小兔经过的动画。

先播放无声动画。师：小兔经过这儿是怎么做的？猜一猜小兔说了些什么？再播放有声动画，教师带领幼儿跟随有声动画配音，学习词汇"蹦蹦跳跳"。

(2) 播放小松鼠经过的动画。

先播放无声动画。师：小松鼠经过这儿是怎么做的？猜一猜小松鼠说了些什么？再播放有声动画，教师带领幼儿跟随有声动画配音，学习词汇"溜溜达达"。

（3）播放小鼹鼠经过的动画。

先播放无声动画。师：小松鼠经过这儿看到这只又脏又臭的破皮鞋，它是什么表情？猜一猜小鼹鼠说了些什么？再播放有声动画，教师带领幼儿跟随有声动画配音，学习词汇"又脏又臭"。

（4）播放小鼹鼠打扮破皮鞋的动画。

师：小鼹鼠是怎样打扮这只破皮鞋的？把它变成了什么？我们一起来看一看。播放有声动画，教师带领幼儿跟随有声动画配音，学习词汇"里里外外、干干净净、又光又亮"。

（5）播放皮鞋车做好的动画。

师：小鼹鼠会开着它的皮鞋车去哪儿呢？我们一起来看一看。教师小结：我们要向小鼹鼠学习做一个懂得分享的小朋友。我们一起给这个故事起个好听的名字吧！

二、讲述故事

播放动画，教师讲故事，幼儿欣赏。师：我们一起来完整地欣赏一下故事吧！

三、变废为宝

师：如果你看到一只破皮鞋，你想把它变成什么呢？看，老师这儿真的有一只破皮鞋，我们能把它变成什么呢？小朋友们真棒，我们一起给自己鼓鼓掌吧！

活动延伸：

引导幼儿把故事讲给自己的爸爸妈妈听，鼓励幼儿发现生活中可以废物再利用的物品。

活动评析：

本次活动教师选择的内容比较富有童趣，契合幼儿的生活经验，能够激起幼儿的活动兴趣。《鼹鼠的皮鞋车》是一个讲述废物利用的故事，虽然看似简单，却有一定的教育意义。教师充分挖掘教材的内涵，把故事中的寓意和教育意义在无形中传递给幼儿，利用多媒体，提高幼儿讲述的兴趣。PPT 课件的利用使故事中动物更加具体形象，选择的图片及动物形象的神态符合角色的心理变化，幼儿在观察的时候很容易地就能猜测到角色的心理，对于角色心情的体验也有帮助作用，且课件具有一定的动画效果，幼儿讲述的兴趣很高。从教学策略方面看，出示自制的皮鞋车，既能抓住教育时机，适时引导和参与。所采用的手段和方法注重幼儿的动脑能力、参与性和尝试，充分调动幼儿参与活动的主动性和积极性。既给幼儿留有较大的想象创造空间，又能帮助幼儿建立"变废为宝"的创新意识。

（活动源自：唐山幼儿师范高等专科学校附属幼儿园　孙林怡）

三、幼儿园实物讲述活动的设计与指导

实物讲述是利用具体的实物作为凭借物，来帮助幼儿进行讲述的一种活动形式，具有真实可感，取材方便的特点。这里的实物可以包括真实的物品、教具、玩具、日常生活用品和自然景观等。要注意在指导幼儿进行实物讲述活动时，最重要的是要弄清楚实物讲述更侧重于描述、倾听等言语方面的目标，而不是把时间浪费在认识这种实物上面。如小班实物讲述活动"我的小饼干"，教师在让幼儿感知饼干的基础上，根据已有的知识经验进行讲述，不需要花费大量的时间让幼儿去认识饼干，从而冲淡语言方面的目标要求。此外，这种实物讲述的活动在小班、中班和大班三个年龄班都可以开展。

四、幼儿园情景表演讲述活动的设计与指导

情景讲述是在某种情景表演后（如童话剧、木偶、玩具表演），在教师的帮助下，幼儿将表演中的角色的动作、神态、语言、情节等内容连贯地表达出来的讲述活动。为了能使幼儿很好地进行讲述，应让幼儿在表演中要集中注意力，并且要在表演完后马上把内容讲述出来。一般在小班后期或中班早期开展。如情景

表演讲述活动"老鼠嫁女""下雨的时候"等。

案例

大班情景表演讲述活动：买东西

活动目标：

1. 感知香蕉、杏子、梨子的明显特征，并能用简单的汉语进行描述，能清楚地说出商店里的其他物品。

2. 学习常用商品的汉语发音。巩固运用"我(你)想买……"的句式，学习"你想买×××""我想买×××"等句式。

3. 了解逛商店的一些规则，知道买东西时，要用礼貌用语，买东西要付钱。

4. 积极用汉语交流自己的愿望，能熟练运用一些数量词，在情景中体验用汉语表达的快乐。

活动准备：

1. 创设水果店环境，准备各种代用券。2. 事先请个别汉语表达好的幼儿排练情景对话：超市购物。

活动过程：

一、教师和幼儿表演

情景对话：买水果。星期六，古丽和妈妈想在超市里买些水果去看望奶奶。妈妈："请问苹果多少钱一公斤？"售货员："5块钱。"妈妈："我买一公斤。"售货员："这是你的苹果，请慢走。"

二、幼儿分组表演买水果

1. 将幼儿分成买水果和卖水果的两组，教师给每个买水果的幼儿发一张代用券，告诉幼儿可用这张券到商店去买水果。

2. 卖水果的一组要问："你想买什么？你买的水果是什么颜色的？"要求幼儿拿到水果后说："谢谢。"

3. 买水果的要问："×××多少钱？我想买×××。"

4. 两组调换角色进行游戏。

三、游戏后小结

1. 教师："你们买了什么水果？"幼儿回答："我买了×××水果。"

2. 将买来的水果放在包装袋里。

四、玩买东西的游戏

1. 教师说出水果的特征，要求幼儿说出水果名称并说："我要买×××。"

2. 买其他商品。要求幼儿在游戏活动中积极运用"我要买×××""×××多少钱?"等句式，并能准确说出数量词。

3. 幼儿围绕游戏内容说说逛超市时买了什么。

活动延伸

幼儿继续在区角活动中开展逛超市游戏。

(改编自 http://new.060s.com/article/2013/07/31/784490.htm)

小组实训活动

1. 分组分工

(1)分组：将学生按5—6人一组进行分组，选出组长，设计组名。

(2)分工：将组员按活动任务要求分工(活动任务：设计方案、制作课件、制作教具、试讲、配班)。

2. 自选或自定内容(幼儿园语言领域讲述活动)

(1) 看图讲述(送小鸟回家、三只蚂蚁)。

(2) 实物讲述(我的小饼干、彩虹色的花)。

(3) 情景表演讲述(熊先生生病了、做好事)。

3. 实训要求(可先在教法实训室试讲,再分析录播视频)

(1) 精心设计活动方案(详案)。

(2) 认真准备课件、教具。

(3) 试讲人要熟练掌握内容,其他人要演好幼儿角色。

第四课 幼儿园文学活动

一、幼儿园文学活动概述

3—6岁幼儿正处于人格形成和发展的敏感阶段,在语言能力方面具有较大潜力,早期的文学活动对幼儿语言能力的培养至关重要。幼儿文学教育历来是幼儿喜闻乐见的一种学习活动,有巨大的教育潜能。

(一) 文学活动的含义和内容

文学活动是人类的一种高级的特殊精神活动,是人所从事的文学创作、接受、研究等活动的总称。幼儿文学活动是从一个具体的文学作品教学入手,围绕着这个作品展开一系列相关活动的语言教育活动类型。它帮助幼儿理解文学作品所展示的丰富而有趣的生活,体会语言艺术的美,为幼儿提供全面的语言学习机会。不同年龄段文学活动的内容不同。

1. 小班文学活动的内容

(1) 文学欣赏

①成人要创造条件,经常和幼儿一起看图书、讲故事。②在欣赏文学作品讲故事时,尽量把故事中人物高兴或者悲伤的心情用不同的语气语调展现出来。③选择短小易懂的儿歌或故事,讲给幼儿听。

(2) 文学创造

①鼓励幼儿把听过看过的儿歌、童谣或者故事进行简单复述。②为幼儿创造说话表达的机会,鼓励幼儿模仿文学作品中人物的对话,体验语言的乐趣。

2. 中班文学活动的内容

(1) 文学欣赏

①提供儿歌、童谣、故事、诗歌等不同题材的儿童文学作品,让幼儿自主选择和阅读。②鼓励引导幼儿以自己的经验为基础,理解图书的内容。③成人可以和幼儿一起讨论文学作品中的故事情节,引导幼儿有条理地说出故事的大致内容。

(2) 文学创造

①鼓励幼儿自主阅读,并与他人讨论自己在阅读中的发现和体会。②幼儿可以用故事表演、绘画等不同的方式表达自己阅读文学作品后的想法。③鼓励幼儿体会文学作品中表达的喜怒哀乐的情绪情感。

3. 大班文学活动的内容

(1) 文学欣赏

①提供数量充足、符合幼儿年龄特点、富有童趣的文学作品。②当幼儿在阅读过程中遇到感兴趣的问题时,成人能够和幼儿一起查阅文学资料,让幼儿体会阅读获取信息的乐趣。

(2) 文学创造

①鼓励幼儿依据画面线索讲述故事,大胆猜测、想象故事情节的发展,改编故事部分情节或者续编故事结尾。②鼓励和支持幼儿自编故事,并为自编的故事配上图画,制成图画书。③有意识地引导幼儿欣赏或者模仿文学作品的语言节奏和韵律。④给幼儿读书时,通过表情、动作和抑扬顿挫的声音传达书中的情绪情感,让幼儿体会作品的感染力和表现力。

(二)幼儿园文学活动的设计结构

幼儿园文学活动的设计可以按照以下基本环节进行。

1. 学习文学作品内容

这是幼儿园文学活动首要的环节。教师要根据作品的难易程度、所带班级幼儿的实际发展的水平和活动环境与材料利用的便利与否,来采取不同的形式进行教学。教师要将学习的重心放到幼儿的理解上,强调幼儿对作品的理解和思考,引导幼儿结合已有经验进行深入思考。如:中班文学活动"萝卜回来了",教师可以先引导性的提问"萝卜是植物,怎么会自己回来呢?难道它长脚了吗?""这是谁的萝卜呢?"然后给幼儿留下一段思考的时间,引导幼儿积极主动地思考,鼓励幼儿说出自己的想法。

2. 理解体验作品经验

在学习作品内容的基础上,进一步引导幼儿去理解作品、体验作品也是很有必要的,尤其是让幼儿通过亲身感受去体验作品中所展示的人物的情感历程和心理世界。教师可以围绕作品内容设计和组织几个相关的活动,如:观察走访、观看动画片,组织认识自然和社会的活动,采用绘画、纸工等艺术创作手法,引导幼儿讨论、表达和表现文学作品内容。不管采取何种方式,都必须紧紧围绕着作品内容引导儿童理解与思考。

3. 迁移作品经验

在帮助幼儿深入理解作品的基础上,教师还可以进一步引导幼儿迁移作品的经验。因为文学作品向幼儿展示的是建立在他们生活经验基础上让他们感到既熟悉又新奇有趣的间接经验。因此,需要进一步组织与作品重点内容有关的操作、游戏、角色扮演等活动,向幼儿提供一个将文学作品讲演迁移到生活中与幼儿生活经验和体验有机结合的机会。如:在散文《秋天真美丽》的教育活动中,幼儿学习了"秋天,秋天,真美丽。天高了,地宽了,秋风姐姐快乐得到处跑。秋风姐姐对着大树吹口气,大树摇啊摇。一会儿抖落一只金蝴蝶,一会儿抖落一只红蝴蝶,一会儿抖落一只花蝴蝶。妈妈说:'大树落叶了,送给小树作肥料,盼它快长高。'秋风姐姐对着小河吹口气,小河笑啊笑,一会儿抖动披着的纱巾,一会儿掀起一个浪花花,一会儿抱着白鹅摇啊摇。妈妈说:'小河高兴了,它养的鲜鱼、螃蟹肥又壮,宝宝吃了有营养。'"这一作品内容,教师可以引导幼儿用散文诗中"秋风姐姐"的口吻,大胆猜测秋风姐姐还会对谁吹口气,它会怎么样,引导幼儿观察周围环境的变化,用绘画的方式迁移作品的经验,幼儿能画出花草树木、动物、人们在秋天的许多活动,加深了对作品的理解,为深入学习打下基础。

4. 创造性想象和语言表述

教师可以进一步创设条件,让幼儿扩展自己的想象,并创造性地用语言表达自己的认识与想象。创造性想象和语言表述仍然立足于原有已学的文学作品内容的基础上进行,在这一层次活动中,教师可以让幼儿学习续编故事,也可以让幼儿仿编诗歌,还可以让幼儿围绕文学作品内容想象讲述。主要可以从三个方面着手培养:(1)指导幼儿通过复述、朗诵、表演、用音乐或美术手段等艺术再现文学作品。(2)指导幼儿学习仿编文学作品。如:中班诗歌《家》的部分原文是:"蓝蓝的天空是小鸟的家,密密的树林是蘑菇的家,绿绿的草地是小兔的家,清清的河水是水草的家。"幼儿换了一些词后,仿编成"蓝蓝的天空是太阳的家,密密的树林是狐狸的家,绿绿的草地是小羊的家。"通过仿编理解诗歌形式与内容的关系。(3)指导幼儿创编文学作品。如:大班文学活动"恐龙的故事",教师根据幼儿已认知的恐龙知识经验,以爱为主题,按照故事的核心要素:情节的合理性、完整性分组来展开想象创编《恐龙·爱的故事》。

二、幼儿园文学欣赏活动的设计与指导

文学欣赏活动是对作品再现的生活及作家在作品中表现的审美认识进行创造和再评价的过程,是一种能动的反映活动。通过文学欣赏,让幼儿通过想象将作品的语言材料转换成他们头脑中的视觉、听觉的表象(画面)的过程。

文学作品欣赏是文学欣赏活动展开的第一步,可以选用成人口述作品、利用图书或图片、录音、录像和情景表演等方式将作品呈现在幼儿面前;还可以借助一些手段,适应幼儿的视觉、听觉、动觉同时与作品发生作用,对作品进行动态加工。如:作品欣赏与活动教具或动作参与相结合、作品欣赏与音乐活动结合、作品欣赏与角色表演结合、作品欣赏与歌舞结合方式;再者,可以通过形象性的解释帮助儿童理解作品内容,尤其是在大班,成人可以利用形象的语言,解释一些难度较大的作品,通过解释,帮助幼儿产生作品形象,对文学语言的凝炼、含蓄、拟人、隐喻、象征等表现手法有更多的感受,有助于幼儿与文学词语建立审美的关系;最后,注意采用开放性的提问方式,并注意多种提问方式有机结合。

案例

中班文学欣赏活动：萝卜回来了

活动目标：

1. 初步理解故事的内容。
2. 学习描述小动物心理活动的语句。
3. 体验相互关心、与人分享的美好情感。

活动准备：

1. 知识准备:幼儿认识故事中所涉及的动物以及食物。
2. 物质准备:雪天背景图一幅,大萝卜图片一张,故事录音,小白兔、小猴、小鹿、小熊角色图片一张,脚印组合成的箭头、打×的嘴巴图片各四个;幼儿关心他人、与人分享的生活情景图片。

活动过程：

一、激趣导入,引发疑问

出示背景,展开谈话:"这是什么季节?""雪地里有什么?""这么冷的天,小兔子出来找东西吃,它看见萝卜会怎么样?"

二、完整欣赏故事,初步理解故事内容

提问:"故事里有哪些小动物?""小动物有没有把萝卜吃掉?""它们是怎么做的?"教师根据幼儿的回答出示相应角色图。

三、分段欣赏故事,结合图片进一步理解故事内容,学习心理描述语句

分段讲故事,并提问:"萝卜是从哪里来的?""小兔子拔萝卜送给谁? 它是怎么想的? 怎么做的?""接下来又发生什么有趣的事情?"(小猴、小鹿、小熊同上)

教师根据幼儿回答,按顺序摆放角色图和箭头和打×的嘴巴图片,并鼓励幼儿用生动的语言模仿小动物的心理描述语句。

组织幼儿观察"送萝卜"路线图,再次用故事中描述动物心理活动的语言来集体介绍送萝卜的过程。

四、完整欣赏故事,体验故事情感,迁移故事主题

提问:"萝卜是谁第一个发现的? 最后又回到了谁的手里? 小动物为什么不吃萝卜?""你喜欢故事中的小动物吗? 为什么?"

通过孩子的讨论回答,教师小结:"小动物们知道要关心朋友,有好东西要和朋友分享。"并顺势介绍故事名称。

迁移故事主题,提问:"你的好朋友是谁?""你是怎么来关心他的?""好朋友又是怎么关心你的?"等,鼓励幼儿讲述自己生活经验,教师可以播放幼儿生活中相互帮忙的情境图片,帮助孩子讲述。

小结:关心,愿意与人分享,这才是真正的好朋友。

活动延伸:

鼓励幼儿在生活中主动关心他人,做愿意分享、乐于助人的好宝宝。

(改编自http://new.060s.com/article/2013/07/10/778106.htm)

三、幼儿园文学创造活动的设计与指导

根据幼儿的水平,将幼儿对文学形象自外向内的文学再加工过程中的表达活动和自内向外的文学制作实践,都归并为文学再创造活动。幼儿文学创造活动的主要形式和设计与实施的方法有以下三种。

(一) 复述和朗诵

复述和朗诵是建立在感受体验基础上的艺术创造活动,是在大脑中产生的作品意象的表达或表现。如:诗歌《春雨》篇幅不长,语言结构为"××说,下吧下吧,我要……"相对较工整,方便幼儿进行复述。出声的复述和朗诵,一方面是幼儿对作品语言的语音、语调、音量、语气、韵律、节奏的玩味,另一方面,玩味必须受语义的控制。出声操练语言的过程,是寻找特定音响与文学内涵相契合的过程。由于经常性的欣赏和朗诵讲述的双重练习,幼儿就会对各语言层次如语音、语感、语义、语法、修辞以及各语言单位如词、词组、句子和篇章结构等所具有的特征产生较强的直觉敏感性。我们可以采用多种方法帮助幼儿学习复述的技能,如有变化地反复欣赏同一个作品;参与和作品有关的系列活动,如:绘画、手工制作、参观、观察、歌舞、劳动等;积累不同语境中的表达经验;成人抑扬顿挫、声情并茂的语言榜样;在音乐伴奏声中学习朗诵;在日常生活中自由分散地利用玩具和道具练习复述和朗诵,互相评议,互相模仿,进而提高复述和朗诵的主动性积极性和自信心。

(二) 表演

一般情况下,表演是由复述自然转入。从复述到表演,从语言静态到动态的表达,创造性极强。在幼儿园实践中,我们发现幼儿非常喜欢作品的表演活动,所以作为教育者,我们可以利用幼儿能够复述的作品,组织他们进行表演。表演可以分层次进行,具体包括:(1)情境性对话;(2)根据现有作品或自创作品进行出声或不出声的表演(哑剧);(3)主要人物形象的立体动态塑造;(4)作品段落的表演;(5)作品完整形象的表演。在表演的过程中注意强调让幼儿在塑造形象的实践过程中提高各方面技能和随时随地内化表演模式。

(三) 创编

创编是语言活动中的一种基本活动形式,通常建立在幼儿理解故事并积累大量知识经验的基础上,是对幼儿具有积极意义的创造性活动。幼儿文学作品的创编可以分为以下三种类型:(1)对欣赏的作品内容进行编构和仿编;(2)根据语义内容转换成描述和叙述性语言;(3)凭借想象独立编构完整的文学作品。

不同年龄阶段的幼儿由于其身心发展水平的不同,表现出不同的创编特点。如:小班幼儿的创编活动主要集中在复述、人物增加、动作表演上,通过这些活动,幼儿开始敢于表达,如:简单地说出某个小动物的名称,或者用幼稚的动作学学小猫、小狗,成为他们创造性的萌芽;中班幼儿有了丰富的生活经验,言语表达能力有所提高,能围绕情节进行创编,创造性想法增多,同时个体差异性明显;大班幼儿不

仅积极表达自己的想法,并且对别人的想法进行评论,创编更多的与其生活相联系的情节,如:有一位小朋友平时早上见到老师都会给老师行个礼,很有礼貌。在创编故事"小熊回家后怎样请求妈妈为它做蛋糕"情节时,她先说"爸爸妈妈,我回来了",然后再提出要蛋糕的要求,同时创编的内容更丰富,更富有想象力。作为教师要根据幼儿的年龄特点进行指导,使创编活动更好地促进幼儿创造潜能和创造性人格的发展。

案例(附光盘视频)

大班文学创造活动: 果酱小房子

活动来源:

语言是人类最重要的交际工具,语言的运用和发展都离不开一定的情境。幼儿时期是语言发展的最佳时期。而让幼儿"有话可说"就是语言教学活动的关键。语言能力是在运用的过程中发展起来的,发展幼儿语言的关键是创设一个能使他们想说、敢说、喜欢说、有机会说并能得到积极应答的环境。《果酱小房子》生动地讲述了这样一个故事:熊哥哥提着一桶蜂蜜经过树林时,无意间发现了一座红色果酱小房子,把别人的果酱吃完了后心里不安就用自己的蜂蜜把房子涂成黄色的。故事中所述之事是幼儿能够理解和接受的。熊哥哥、房子这两种事物都是幼儿非常熟悉和喜爱的。叙述过程中情节的发展符合幼儿的智力发展,符合大班幼儿语言获得的水准。在这个活动之前,已经围绕"房子"展开了一系列活动,对房子的结构、外形特征等有了一定的认识和了解。且幼儿通过搭建、泥塑、绘画等形式了解了房子。幼儿对各种各样的房子很感兴趣。当让幼儿说说见过的房子时,调动了幼儿的积极思维,学习积极性很快被调动起来,因此,语言活动"果酱小房子"应运而生。

活动目标:

1. 理解作品故事情节,初步懂得遇到事情能够自己去面对。
2. 喜欢并尝试有创意地续编故事结尾。
3. 感受故事中房子变化的趣味。

活动准备:

1. 电脑课件(幻灯片)。
2. 小熊图片、故事图片。无色、红色、黄色的房子图片各一张。

活动过程:

一、谈话导入,激发兴趣

1. 谈话活动:说说有趣的房子。
2. 观察熊哥哥,猜测讲述。熊哥哥经过树林的时候,也发现了一栋有趣的房子,我们一起去看看吧。

二、理解故事

1. 出示图片背景,边插问边讲述故事前半部分。

提问:小房子里的香味可能是什么?(设置悬念,保持幼儿听故事的兴趣)

2. 通过提问,帮助幼儿理解故事前半部分内容。

教师利用自己的语气、语调变化,加上肢体语言以及教具讲故事,吸引幼儿的兴趣。

提问:(1)熊哥哥的手上是什么东西黏糊糊的?(检测幼儿对故事的理解情况)(2)熊哥哥吃到了这么好吃的果酱为什么还要不安呢? 它会怎么办?(3)讲故事:(熊哥哥想)从把人家辛辛苦苦涂上的果酱吃了到准备把自己手里的蜂蜜往墙上刷。小房子涂成漂亮的黄色,散发出蜂蜜的香味。(抽掉无色的房子)

提问:熊哥哥自己很喜欢吃蜂蜜,它舍得把蜂蜜涂在墙上吗?那它为什么还要把蜂蜜涂在墙上呢?

3. 教师小结。

通过一问一答,幼儿能够更加清楚地理解房子为什么变颜色。

提问:这个有趣的房子与我们平时的房子有什么不同?这座房子还有一个地方也很有趣,原来这座房子是什么颜色的,现在呢?它怎么会变的?

4. 讲述活动。

创设一个情境:主人回来了,看到自己的房子已经变了颜色,很想知道这是怎么一回事?小朋友们你们能告诉他吗?

完整倾听故事前半部分,教师讲述、演示图片。

三、幼儿自主涂色,续编故事

1. 幼儿自主涂色,要求先完成的幼儿跟旁边的朋友说说,你涂的是什么酱?会把谁引来?

2. 师幼续编故事。

师:熊弟弟看到房子的颜色变黄了,觉得很奇怪,于是走进小树林,远远地看见一幢黄色小房子,闻一闻,呀!蜂蜜,这可是熊弟弟最喜欢的好东西,熊弟弟忍不住了,在房子上舔呀舔,不一会,熊弟弟把蜂蜜舔完了,熊弟弟想:让我也给房子变一变吧。你想想它会把房子变成什么颜色?教师说:我涂上了绿绿的青菜酱。教师请刷了绿绿的青菜酱的幼儿继续讲故事;请涂粉红色的幼儿续编。

活动延伸:

鼓励幼儿到语言区继续创编故事。

活动评析:

本次活动的选材《果酱小房子》生动地讲述了一个故事,故事中所述之事是幼儿能够理解和接受的,熊哥哥、房子,这两种事物都是幼儿非常熟悉和喜爱的。活动环节中续编故事的发展符合幼儿的智力发展,符合大班幼儿语言获得的水准。此次活动充分体现了教师的主导作用,同时也将幼儿的主体作用得到了很好的发挥。在让幼儿获得知识技能的同时,教师的教学技能也得到了进一步的提升,是一次教与学双赢的活动。如果能够准备真实的教具让幼儿亲自去操作,效果应该会更好。

(活动源自:上海市虹口区友谊路幼儿园　吴佳瑛)

🔍 小组实训活动

1. 分组分工

(1) 分组:将学生按5—6人一组进行分组,选出组长,设计组名。

(2) 分工:将组员按活动任务要求分工(活动任务:设计方案、制作课件、制作教具、试讲、配班)。

2. 自选或自定内容(幼儿园语言领域文学活动)

(1) 文学欣赏活动(七彩下雨天、克利的微笑)。

(2) 文学创造活动(快乐的小屋、故事火车)。

3. 实训要求(可先在教法实训室试讲,再分析录播视频)

(1) 精心设计活动方案(详案)。

(2) 认真准备课件、教具。

(3) 试讲人要熟练掌握内容,其他人要演好幼儿角色。

第五课　幼儿园早期阅读活动

一、幼儿园早期阅读活动概述

当今社会是一个高速发展的信息化时代,快速获取信息的能力和高效的学习能力在很大程度上决定了一个人的发展,而阅读能力作为以上两种能力的基础,被认为具有极高的价值。因此作为教育者,有必要科学、具体地指导帮助受教育者形成阅读能力。《纲要》明确指出要"培养幼儿对生活中常见的简单标记和文字符号的兴趣;利用图书、绘画和其他多种方式,引发幼儿对书籍、阅读和书写的兴趣,培养前阅读和前书写技能"。由此可见,幼儿园早期阅读教育活动对幼儿养成良好的阅读习惯,提升独立思考、口语表达和思维发展等能力起到重要的作用,同时为幼儿的后续发展和学习奠定坚实的基础。

(一) 早期阅读的含义和内容

早期阅读是儿童一岁半以后即开始的阅读,主要由成人将儿童读物中的内容读给儿童听,儿童识字后,进入自己的阅读。从内容上说,早期阅读活动可以为幼儿提供一种学习阅读的环境,并使他们获得三个方面的阅读经验,即前图书阅读经验、前识字经验和前书写经验。因此,幼儿早期阅读活动可以按照前图书阅读经验、前识字经验、前书写经验三种类型来设计和实践。幼儿的早期阅读活动是指教师根据教育目标,有计划、有目的地对 3—6 岁幼儿提供适当的视觉材料(包括图书、图片、标志、文字等),培养幼儿学习书面语言,培养良好的阅读习惯和阅读态度的活动。不同年龄班早期阅读活动的内容不同。

1. 小班早期阅读的内容

(1) 前图书阅读经验

①自己主动阅读图书,知道正确阅读的基本方法,能够逐页翻书,从头看到尾,采用看、指、说相结合的方式阅读图书。②阅读时不乱跑,不乱叫;爱护图书,轻拿轻放、不乱扔、不乱撕、不乱涂乱画,有序收放图书。③能运用生活中的语言简单地讲解图书内容。

(2) 前识字经验

①能够在阅读时表现出对文字的兴趣,尝试跟读。②能够关注生活中简单的文字符号,并在教师和家长的帮助下认读与生活相关的最简单的汉字。

(3) 前书写经验

①可以在活动中随意涂涂画画,感受文字符号的功能,培养书写的兴趣。②通过把虚线画出的图形轮廓连成实线等游戏活动,练习基本笔画。

2. 中班早期阅读的内容

(1) 前图书阅读经验

①在知道正确的阅读图书方法的基础上,能做到在阅读图书时仔细观察画面的人物情节,能够把单页多幅图画书的主要内容讲述出来。②能够在成人的帮助下,对阅读的故事情节发展有初步的预知能力。③懂得爱护图书,初步了解图书的制作过程,有兴趣模仿制作图书。

(2) 前识字经验

①在成人的帮助下,能够初步了解汉字简单的认读规律,并积极主动地认读汉字。②在阅读过程中初步了解汉字的由来和简单的汉字认读的规律,并有主动探索汉字的愿望。③向幼儿介绍医院、公共汽车站、地铁站等生活中常见标识,知道标识可以代表具体事物。

(3) 前书写经验

①准备供幼儿随时取放的纸、笔等材料,也可以利用沙地、树枝等材料,满足幼儿自由绘画的需要,在

写写画画过程中体验文字符号的功能,培养书写兴趣。②提醒幼儿在写画时保持正确的书写姿势。③鼓励幼儿将自己感兴趣的事情或者故事画下来并讲给别人听。

3. 大班早期阅读的内容

(1) 前图书阅读经验

①教师和家长要经常和幼儿一起阅读,引导幼儿以自己的经验为基础理解故事内容。②和幼儿一起讨论或者回忆阅读过的图画书的故事情节,争取让幼儿有条理地说出故事的大概内容。

(2) 前识字经验

①积极学认常见的汉字,并能注意在生活中学习和运用书面语言。②成人可以把幼儿讲过的事情用文字记录下来,并念给幼儿听,使幼儿知道说的话可以用文字记录下来,从中体会文字的用途。③知道图书画面与文字的对应关系,在集体阅读和自主阅读活动时,幼儿能够有兴趣阅读图书中的简单文字。

(3) 前书写经验

①掌握基本的书写姿势,通过把虚线画出的图形轮廓连成实线等游戏,促进手眼协调,同时帮助幼儿学习由上至下、由左至右的运笔技能。②鼓励幼儿学习书写自己的名字。③鼓励幼儿用书写的形式记录、续编以及仿编故事。

(二) 幼儿早期阅读活动的设计结构

幼儿园早期阅读活动的设计可以按照以下基本环节进行:

1. 阅读前准备性活动

在正式阅读活动开始前,教师可以让幼儿熟悉一下图书内容,进而获得与所要阅读图书内容一致的相关知识经验,对所要阅读的内容有简单的了解。尤其是当阅读的内容对于幼儿来说非常陌生的时候,此环节很重要,让幼儿先阅读图书,为正式阅读打好基础。如:阅读活动"植物的叶子",考虑到幼儿的已有认知水平,教师让幼儿从头到尾翻看图书一遍,允许幼儿边看边讲述图书内容,为下一环节做准备。

2. 幼儿正式阅读

这是正式阅读的第一个阶段,教师在简单介绍完图书名称、封面内容后,开始让幼儿自由阅读,结合上一个环境的了解,再度对同一内容进行理解。允许幼儿自主选择阅读讲述方式,可以小声地边翻阅图书边讲述内容,也可以翻阅完后讲述。在这个阶段,教师可以采用提问的方式引导幼儿思考,使幼儿能够带着问题思考、阅读。如:阅读活动"植物的叶子",教师展示新书《植物的叶子》,引导幼儿观察封面上的叶子的形状,如像针、手掌,调动幼儿积极性,鼓励幼儿自主阅读发现更多叶子的奥秘。

3. 师幼共同阅读

幼儿对于图书的主要内容已经有了相应的了解,此环节师幼一起阅读,了解和理解图书的大致内容,要注意调动幼儿的多种感官,通过视觉、听觉、动作、语言等多种形式理解图书内容。围绕阅读重点开展活动,尤其是针对小班和中班上学期的幼儿来说,阅读活动的重点、难点突破显得尤为重要。在对内容有了深入理解后,教师要鼓励幼儿把主要内容总结、归纳出来。如:阅读活动"植物的叶子",教师利用了植物叶子的实物和视频,帮助幼儿理解内容,幼儿知道叶子有很多种类,对于植物具有重要作用。

4. 幼儿讲述阅读的主要内容

此阶段是幼儿将所理解的图书内容以口头语言的形式表达出来,可以在小组内自由讲述,也可以在同伴间合作讲述,还可以在集体中讲述。教师要鼓励幼儿围绕阅读图书的重点,生动详细地讲述主要情节。如:阅读活动"植物的叶子",幼儿能够根据图书画面,介绍植物的叶子、外形、名称。

二、 幼儿园前图书阅读活动的设计与指导

作为早期儿童语言学习与发展的一个重要核心经验,前图书阅读核心经验是幼儿在终身学习中成为一个成功的阅读者所必备的。一个有着良好阅读能力的幼儿,会表现出对阅读的浓厚兴趣和正确的阅读行为,能在成人指导下阅读或独立阅读的过程中了解图画书的基本内容,同时学会阅读的基本方

法;能通过多种方式初步表达对所阅读的图画书内容的理解,形成和表达自己的看法。在图画书阅读中,幼儿可以形成有意义阅读的兴趣和习惯以及阅读理解能力,为进入小学正式学习书面语言做好准备。

在教学活动中,教师可以围绕"良好阅读习惯和行为的养成""阅读内容的理解和阅读策略的形成"和"阅读内容的表达与评判"三个方面开展前图书阅读活动。如:中班早期阅读活动"长颈鹿好长",围绕《长颈鹿好长》这本特别的科学知识类图画书,教师提炼出一个直接导向幼儿阅读理解核心经验的重要问题:"长颈鹿的长,长在哪里?"中班幼儿在小组合作阅读中围绕教师提出的问题,仔细观察图画书的关键信息,发现了长颈鹿不仅脖子长、腿长,舌头和尾巴与其他动物相比也是比较长的。在教师提问的讨论环节中,教师和幼儿利用该图画书可以从下往上翻将画面连接起来的特点,将长颈鹿的"长"展现在黑板上,从而帮助幼儿进一步认识到长颈鹿外形上的"长"具有功能上的作用。

案例(附光盘视频)

大班前图书阅读活动: 蚂蚁和西瓜

活动来源:

蚂蚁是一种可爱的小动物,也是在生活中处于弱势地位的孩子们的象征,蚂蚁和孩子之间总有着某些相似之处。绘本《蚂蚁和西瓜》的故事简单有趣,一群小蚂蚁运用各种方式运西瓜:用小铲子铲西瓜、搭爬梯子运西瓜、咬紧牙齿拖西瓜……拟人化的动态和勤劳、聪明、团结合作的精神深深吸引并感染着幼儿。根据大班幼儿能理解故事情节、具有较强的表达表现能力等特点,结合绘本的特点,设计了本次活动。

活动目标:

1. 理解小蚂蚁遇到难题不退缩,迎难而上,积极想办法去解决的过程。

2. 萌发阅读兴趣,掌握阅读技巧,养成仔细阅读的习惯。

3. 体验团结就是力量,萌发合作意识。

活动准备:

《蚂蚁和西瓜》PPT;绘本每人一本;儿歌《蚂蚁搬豆》。

活动过程:

一、出示蚂蚁图片,导入故事

师:孩子们,今天,老师给你们请来了一位新朋友。(出示蚂蚁图片,师生共跳《蚂蚁搬豆》)

师:小蚂蚁给大家带来好听的故事《蚂蚁和西瓜》。

二、引导阅读,接触故事

播放 PPT,教师讲述。

1. 播放第 1 至 10 页 PPT,引出《蚂蚁和西瓜》这本书。

2. 让幼儿带着问题自主阅读,教师适当指导。

三、自主阅读,感知故事

1. 教师设疑,幼儿自主阅读。

师:小蚂蚁们想出别的搬西瓜的办法来了吗? 西瓜被成功搬回家了吗?

幼儿到图书角,在舒缓的乐曲中自主阅读,教师强调阅读规则并巡回指导。

2. 交流分享。

四、加深阅读,感悟故事

1. 幼儿自主发言,讲述小蚂蚁又用了什么办法搬运西瓜。

师:蚂蚁们最终能取得成功的原因是什么?

总结原因:(1)蚂蚁们遇到难题不退缩、不放弃,而是迎难而上,积极想办法去解决。(2)蚂蚁们齐心协力、团结合作才取得了成功,我们要向他们学习。

活动延伸：

引导幼儿回家和爸爸妈妈一起分享故事。

活动评析：

《纲要》中指出教育要从幼儿身边选取他们最感兴趣的故事，本次活动，我们发现幼儿能够沉浸在书中蚂蚁和西瓜故事情节的这种简单的快乐中，同时，通过幼儿的表现，能发现他们会被蚂蚁们的勤劳、乐天、聪明和团结合作的精神而感染。通过教师设计的环节：首先是通过蚂蚁图片导入故事，其次是引导幼儿阅读接触故事，再次是让幼儿自主阅读感知故事，最后教师和幼儿一起加深阅读，进一步感悟故事。可以发现通过活动开展，有效地培养了幼儿细微的观察能力和仔细阅读的习惯。

（活动源自：唐山市滦县新城幼儿园　赵方圆）

三、幼儿园前识字活动的设计与指导

幼儿园有计划、有组织的早期阅读活动，可以帮助幼儿学习获得前识字经验，提高幼儿对文字的敏感程度。需要特别说明的是，在各年龄班早期阅读活动中，前识字的活动提供有关文字信息，但是绝不应当要求幼儿机械记忆和认读那些文字，这也是教师应该特别注意的问题。

幼儿园早期阅读活动向幼儿提供的前识字经验包括下面具体内容：(1)知道文字有具体的意义，可以念出声音来，可以把文字、口语与概念对应起来。例如：认识"王涵"两个字，知道王涵是一位小朋友的名字；看到"水"字知道读"shuǐ"，并知道什么是水。(2)理解文字功能、作用的经验。比如将想说的话写成文字的信，可以寄到别人手中，再转换成口头语言，别人明白了写信人的具体意思。(3)粗晓文字来源的经验。初步了解文字是怎样产生的，文字是如何演变成今天的样子的。(4)知道文字是一种符号并与其他符号系统可转换的经验。如认识各种公共场合的图形标志，知道这种标志代表一定的意思，可用语言文字表现出来。(5)知道文字和语言的多样性经验。认识到世界上有各种各样的语言和文字，同样一句话，可以用不同的语言文字来表达。不同的语言文字又可以互译。(6)了解识字规律的经验。在前识字学习中让幼儿明白文字有一定的构成规律，掌握这些规则，就可以更好地识字。例如：教师可以有意识地收集和整理一些具有强烈视觉特征的汉字，如全部是方形组成的"口日田"或者都由木字组成的"木林森"等，或者是一些十分相似的汉字如"大太木"和"水冰永"等，请幼儿来"找茬"。在日常生活中，有意识地请幼儿观察身边"相似"或者相同的字，例如：看看能不能在街上或超市里找到自己名字里的字等。幼儿会对识字感兴趣，也有利于他们自己探索认识一些常见的字。

四、幼儿园前书写活动的设计与指导

幼儿前书写教育活动是在教师的组织和引导下，有目的、有计划地培养幼儿的前书写能力以及与书写有关的态度、情感、行为等，促进幼儿前书写经验积累的学习活动。它的内涵是相当广泛的，强调的是幼儿书写经验的获得，是对幼儿书写兴趣的激发，而绝不是让幼儿像学生一样真正地写字。

早期阅读前书写中有两种关键经验：一种是通过故事情境激发幼儿书写兴趣从而开展创意书写，鼓励幼儿多样的书写形式(图画和汉字)；另一种是通过熟悉规范的书写格式，了解书写的规则，从而进行模仿或创意书写。具体可以包括：(1)认识汉字的独特书写风格，例如能将汉字书写区别于其他的文字；(2)知道汉字的基本结构，如懂得汉字可以分成上下、左右结构等；(3)了解书写的初步规则，学习按照规则写字，尝试用有趣的方式练习基本的笔画；(4)知道书写汉字的工具，知道使用铅笔、钢笔、圆珠笔、毛笔书写时的不同要求；(5)学会用正确的书写姿势写字，包括坐姿、握笔姿势等等。

案例

大班前书写活动：寄给蛤蟆的信

活动目标：

1. 当朋友遇到困难时能够帮忙想办法。

2. 了解写信常识,尝试给自己的朋友写信。

活动准备：

1.《寄给蛤蟆的信》图画书；2.教学课件(PPT)；3.汉字卡片：快乐、难过、高兴、伤心；4.一个大信封(上面写好收件人邮编、地址、姓名和发件人姓名、地址、邮编),一封信(大一点,可以图夹文的方式)；5.空信封、各式信纸人手一份；6.水笔；7.各种常见汉字卡片若干,如我、你、朋友、幼儿园等(可以方便孩子选择、粘贴到自己的信上)

活动过程：

一、认识信封,导入故事

(出示大信封)这是什么？上面有什么？你收到过信吗？谁写给你的？写的什么内容？

有一只蛤蟆,他从来没收到过信,所以他并不快乐。(出示第2面)

二、欣赏理解,学说对话

1. 出示第3—5面：谁来了？他们说了什么？蛤蟆是怎么说的？青蛙又是怎么回答的？

(出示汉字卡片"难过")你有难过的时候吗？当碰到不开心的事时,我们会难过,这是一种心情。你还有不一样的心情吗？(根据孩子的回答,分别出示汉字卡片"高兴""伤心"等)

当看到蛤蟆难过时,青蛙采用了陪伴他的办法。当你的朋友不快乐时,你们会用什么办法？

2. 出示第6面：青蛙回家了,他是把蛤蟆扔下不管了吗？猜猜他会去干什么？

如果你是青蛙,你会怎么做,才能让蛤蟆快乐起来呢？

3. 出示第7—11面：青蛙做了一件什么事？猜猜他会写些什么？

(出示信)这就是青蛙写给蛤蟆的信,你能看得懂吗？青蛙对蛤蟆说了什么？收到这样的信,蛤蟆的心情会怎样？

小结：原来,当朋友不快乐时,写信跟他说些开心的事情、好听的话,他的难过就逃走了。

三、尝试写信,大胆表现

最想写信给谁？怎么写？先说什么？再说什么？最后写什么？(结合信上的内容,了解信的基本结构)

信写在哪里？有各种各样的信纸,可以选择自己和收信的朋友都喜欢的信纸。(欣赏各种信纸)

给朋友写封信。可以像青蛙写给蛤蟆的信一样,这里还有好多字,可以选择合适的字粘贴到信上。信写好了,可以将信封也写好。如果不知道朋友的地址,也可以回家让爸爸妈妈帮忙完成。

四、欣赏故事,想象表达

出示第12面—结尾：蛤蟆会收到青蛙的信吗？蛤蟆收到信后,感觉怎么样？猜猜朋友收到你的信,会感觉怎样？

小结：与朋友、家人互相写一封信,说说心里话,可以让大家都快乐起来！写信真好！

活动延伸：

引导幼儿用自己喜欢的方式,给自己的爸爸妈妈写一封信。

(改编自http://new.060s.com/article/2014/12/02/935276.htm)

小·组实训活动

1. 分组分工

(1) 分组：将学生按5—6人一组进行分组,选出组长,设计组名。

(2) 分工：将组员按活动任务要求分工(活动任务：设计方案、制作课件、制作教具、试讲、配班)。

2. 自选或自定内容(幼儿园语言领域早期阅读活动)

(1) 前图书阅读活动(啪啦啪啦砰、小鸡和小鸭)。

(2) 前识字活动(有趣的象形字)。

(3) 前书写活动(可爱的笔画宝宝)。

3. 实训要求(可先在教法实训室试讲,再分析录播视频)

(1) 精心设计活动方案(详案)。

(2) 认真准备课件、教具。

(3) 试讲人要熟练掌握内容,其他人要演好幼儿角色。

本单元国家幼儿园教师资格证历年真题练习

一、单选题

1. (2012年上半年保教)儿童学习语言的关键期是(   )。

A. 0—1岁　　　　　　B. 1—3岁　　　　　　C. 3—6岁　　　　　　D. 5—6岁

2. (2013年上半年保教)冬冬边玩魔方边自己小声嘀咕："转一下这面试试,再转这面呢?"这种语言被称为(   )。

A. 角色语言　　　　　　　　　　　　B. 对话语言

C. 内部语言　　　　　　　　　　　　D. 自我中心语言

3. (2013年下半年保教)下列属于幼儿园语言教育目标的是(   )。

A. 能认读拼音字母　　　　　　　　　B. 能清楚地说出自己想说的事

C. 能认读一定量的汉字　　　　　　　D. 能正确书写常用汉字

4. (2014年上半年保教)幼儿难以理解反话的含义,是因为幼儿理解事物具有(   )。

A. 双关性　　　　　B. 表面性　　　　　C. 形象性　　　　　D. 绝对性

5. (2014年下半年保教)1.5—2岁左右儿童使用的句子主要是(   )

A. 单词句　　　　　B. 电报句　　　　　C. 完整句　　　　　D. 复合句

6. (2015年下半年保教)一名从未见过飞机的幼儿,看到蓝天上飞过的一架飞机说"看,一只很大的鸟!"从语言发展的角度来看,这一现象反映的特点是(   )。

A. 过度规范化　　　　　　　　　　　B. 扩展不足

C. 过度泛化　　　　　　　　　　　　D. 电报句式

7. (2016年上半年保教)1岁半的儿童想给妈妈吃饼干时,会说："妈妈""饼""吃",并把饼干递过去,这表明该阶段儿童语言发展的一个主要特点是(   )。

A. 电报句　　　　　B. 完整句　　　　　C. 单词句　　　　　D. 简单句

8. (2016年上半年保教)教师在幼儿书写准备的指导中,不恰当的做法是(   )。

A. 用图画和符号表达自己的愿望和想法　　B. 书写自己的名字

C. 养成正确的写画姿势　　　　　　　　　D. 学习书写常见汉字

9. (2016 年下半年保教)2—6 岁的儿童掌握的词汇数量迅速增加的先后顺序通常是(　　)。

　　A. 动词,名词,形容词　　　　　　　　　　B. 动词,形容词,名词

　　C. 名词,动词,形容词　　　　　　　　　　D. 形容词,动词,名词

10. (2017 年下半年保教)一般条件下,哪个年龄段的幼儿能结合情境理解一些表示因果、假设等关系的相对复杂的句子(　　)。

　　A. 托班　　　　　　　　B. 小班　　　　　　　　C. 中班　　　　　　　　D. 大班

二、简答题

　　(2012 年下半年保教)简述《幼儿园教育指导纲要(试行)》中语言教育的指导要点。

第三单元
幼儿园社会领域活动的设计和实训

引入案例

大班社会活动：爱的密码

　　活动开始，教师首先通过一个密码笔记本引出活动主题。老师拿着笔记本说，过生日时妈妈送了这个给我，可我一直没能输对密码(3位数字)，谁能帮帮老师？幼儿踊跃尝试。原来密码是520，打开后发现里边还有一个粉红色的心形贺卡，上面写着"女儿，我爱你"，表达了妈妈对女儿的爱。接着教师引导幼儿在猜猜、说说、做做的活动过程中，了解学习一些爱的表达方式，如：微笑、握手、拥抱、鲜花、贺卡、红旗等。通过这些活动的学习和体验，幼儿初步表达了对同伴、家长和国家的爱。

　　现在的孩子几乎都是"小皇帝、小公主"，他们更多地是理所当然地接受"爱"，却极少听孩子们表达"爱"，也不善于用合适的方式表达"爱"。爱是相互的，应该让孩子学会爱、表达爱，从而提高幼儿人际交往水平，最终促进幼儿社会性发展。那么幼儿的社会性发展包括哪些内容？又该怎样通过活动来促进幼儿社会性发展呢？让我们进入本单元的学习。

第一课　幼儿园社会教育概述

一、幼儿社会教育的概念

　　幼儿社会教育是研究幼儿社会性发展的现象、规律及其教育和训练的一门科学，是以发展儿童的社会性为主要目标，以增进儿童的社会认知、激发社会情感、引导社会行为技能为主要内容的教育。

二、幼儿园社会教育的目标和内容

(一) 幼儿园社会教育的目标

　　目标是行动的出发点和导向。《纲要》明确提出了幼儿园社会领域的教育目标，我们将其作为社会领域的总目标：能主动地参与各项活动，有自信心，乐意与人交往，学习互助、合作和分享，有同情心；理解并遵守日常生活中基本的社会行为规则；能努力做好力所能及的事，不怕困难，有初步的责任感；爱父母长辈、老师和同伴，爱集体、爱家乡、爱祖国。《指南》中社会领域主要包括人际交往和社会适应两个子领域，并从不同年龄阶段的角度对各子领域的具体目标进行展开分析。

资料链接

表 2-3-1　《指南》社会领域目标

（一）人际交往

目标 1　愿意与人交往

3—4 岁	4—5 岁	5—6 岁
1. 愿意和小朋友一起游戏。 2. 愿意与熟悉的长辈一起活动。	1. 喜欢和小朋友一起游戏，有经常一起玩的小伙伴。 2. 喜欢和长辈交谈，有事愿意告诉长辈。	1. 有自己的好朋友，也喜欢结交新朋友。 2. 有问题愿意向别人请教。 3. 有高兴的或有趣的事愿意与大家分享。

目标 2　能与同伴友好相处

3—4 岁	4—5 岁	5—6 岁
1. 想加入同伴的游戏时，能友好地提出请求。 2. 在成人指导下，不争抢、不独霸玩具。 3. 与同伴发生冲突时，能听从成人的劝解。	1. 会运用介绍自己、交换玩具等简单技巧加入同伴游戏。 2. 对大家都喜欢的东西能轮流、分享。 3. 与同伴发生冲突时，能在他人帮助下和平解决。 4. 活动时愿意接受同伴的意见和建议。 5. 不欺负弱小。	1. 能想办法吸引同伴和自己一起游戏。 2. 活动时能与同伴分工合作，遇到困难能一起克服。 3. 与同伴发生冲突时能自己协商解决。 4. 知道别人的想法有时和自己不一样，能倾听和接受别人的意见，不能接受时会说明理由。 5. 不欺负别人，也不允许别人欺负自己。

目标 3　具有自尊、自信、自主的表现

3—4 岁	4—5 岁	5—6 岁
1. 能根据自己的兴趣选择游戏或其他活动。 2. 为自己的好行为或活动成果感到高兴。 3. 自己能做的事情愿意自己做。 4. 喜欢承担一些小任务。	1. 能按自己的想法进行游戏或其他活动。 2. 知道自己的一些优点和长处，并对此感到满意。 3. 自己的事情尽量自己做，不愿意依赖别人。 4. 敢于尝试有一定难度的活动和任务。	1. 能主动发起活动或在活动中出主意、想办法。 2. 做了好事或取得了成功后还想做得更好。 3. 自己的事情自己做，不会的愿意学。 4. 主动承担任务，遇到困难能够坚持而不轻易求助。 5. 与别人的看法不同时，敢于坚持自己的意见并说出理由。

目标 4　关心尊重他人

3—4 岁	4—5 岁	5—6 岁
1. 长辈讲话时能认真听，并能听从长辈的要求。 2. 身边的人生病或不开心时表示同情。 3. 在提醒下能做到不打扰别人。	1. 会用礼貌的方式向长辈表达自己的要求和想法。 2. 能注意到别人的情绪，并有关心、体贴的表现。 3. 知道父母的职业，能体会到父母为养育自己所付出的辛劳。	1. 能有礼貌地与人交往。 2. 能关注别人的情绪和需要，并能给予力所能及的帮助。 3. 尊重为大家提供服务的人，珍惜他们的劳动成果。 4. 接纳、尊重与自己的生活方式或习惯不同的人。

（二）社会适应

目标 1　喜欢并适应群体生活

3—4 岁	4—5 岁	5—6 岁
1. 对群体活动有兴趣。 2. 对幼儿园的生活好奇，喜欢上幼儿园。	1. 愿意并主动参加群体活动。 2. 愿意与家长一起参加社区的一些群体活动。	1. 在群体活动中积极、快乐。 2. 对小学生活有好奇和向往。

目标 2　遵守基本的行为规范

3—4 岁	4—5 岁	5—6 岁
1. 在提醒下，能遵守游戏和公共场所的规则。 2. 知道不经允许不能拿别人的东西，借别人的东西要归还。 3. 在成人提醒下，爱护玩具和其他物品。	1. 感受规则的意义，并能基本遵守规则。 2. 不私自拿不属于自己的东西。 3. 知道说谎是不对的。 4. 知道接受了的任务要努力完成。 5. 在提醒下，能节约粮食、水电等。	1. 理解规则的意义，能与同伴协商制定游戏和活动规则。 2. 爱惜物品，用别人的东西时也知道爱护。 3. 做了错事敢于承认，不说谎。 4. 能认真负责地完成自己所接受的任务。 5. 爱护身边的环境，注意节约资源。

目标 3　具有初步的归属感

3—4 岁	4—5 岁	5—6 岁
1. 知道和自己一起生活的家庭成员及与自己的关系，体会到自己是家庭的一员。 2. 能感受到家庭生活的温暖，爱父母，亲近与信赖长辈。 3. 能说出自己家所在街道、小区（乡镇、村）的名称。 4. 认识国旗，知道国歌。	1. 喜欢自己所在的幼儿园和班级，积极参加集体活动。 2. 能说出自己家所在地的省、市、县（区）名称，知道当地有代表性的物产或景观。 3. 知道自己是中国人。 4. 奏国歌、升国旗时能自动站好。	1. 愿意为集体做事，为集体的成绩感到高兴。 2. 能感受到家乡的发展变化并为此感到高兴。 3. 知道自己的民族，知道中国是一个多民族的大家庭，各民族之间要互相尊重，团结友爱。 4. 知道国家一些重大成就，爱祖国，为自己是中国人感到自豪。

（二）幼儿园社会教育的内容

目标是选择内容的依据，内容是目标实现的重要保证。幼儿园社会教育的内容可以分为四个相互联系的方面，包括：自我意识、人际交往、社会认知、归属感。其中，自我意识主要包括对物质自我、心理自我和社会自我的认知、体验和调控，如：小班自我教育活动"镜子里的我"；人际交往主要包括对亲子交往、师幼交往、同伴交往、与其他社会成员交往，如：大班人际交往活动"玩具分享日"；社会认知主要包括对社会环境、社会机构和社会规范的认知和体验，如：中班社会认知活动"参观消防大队"；归属感主要包括对家庭、幼儿园、家乡、国家乃至世界的归属感培养，如：大班归属感活动"我爱滦州"。

三、　幼儿园社会教育的方法和途径

（一）幼儿园社会教育的方法

幼儿园社会教育有其特殊的方法，主要包括：情境讨论法、社会认知冲突训练法、价值澄清法、角色扮演法等。

1. 情景讨论法

情景讨论法是指教师先提供或创设的一种或多种社会情境,然后启发和组织幼儿对情境中所出现的社会性问题与现象大胆发表自己的看法,并与老师、同伴交换观点和认识的一种方法。具体操作步骤主要包括:(1)创设一定的社会教育情境;(2)提供宽松自由的交谈氛围;(3)恰当提问拓展幼儿讨论的深度;(4)阐明和运用正确的观点和认识。如:中班人际交往活动"不被欺负有办法",先观看幼儿画报视频(《不被欺负有办法》),然后让幼儿自由表达,接着提问"怎样才能不被欺负"拓展讨论深度,最后阐明正确观点——学会自我保护,并组织幼儿情境运用。

2. 社会认知冲突训练法

社会认知冲突训练法是指在活动中先使幼儿发生认知上的冲突,然后通过多种方式让幼儿寻找解决冲突的正确办法,最终付诸实践。如:大班社会认知活动"花瓶打碎了",先通过观看情景表演(幼儿帮妈妈收拾房间不小心打碎了花瓶),引发幼儿认知冲突:他做的是对还是错?该不该告诉妈妈?然后组织幼儿讨论解决冲突的正确办法,最后付诸实践(承认错误)。

3. 价值澄清法

价值澄清法是指通过幼儿内部心理活动进行价值选择、价值确定,然后付诸外部行动的一种方法。如:大班社会活动"我是文明小乘客",提出问题引导幼儿进行价值排队:公共汽车上的三个人中你最不喜欢哪一个? A. 上车时拼命拥挤;B. 在车上大声说话;C. 不给老人让座。

4. 角色扮演法

角色扮演法是指模仿现实生活中的某种情境,让幼儿扮演其中的社会角色,使幼儿表现出与该角色一致的、符合角色规范的社会行为,从而促进社会性发展的一种方法。如:中班社会认知活动"安全过马路",通过模仿过马路情境让幼儿扮演行人、司机、交警等,在活动中按照交通规则安全过马路。

(二)幼儿园社会教育的途径

根据幼儿社会教育的目标、内容、方法和幼儿的年龄特点,可以通过不同的教育途径,有针对性地开展适合的社会教育活动。

1. 在幼儿园社会领域活动中开展正规的社会性教育活动

正规的社会领域教育活动是幼儿社会教育的基本途径。幼儿园应有目的、有计划、有组织地对幼儿进行社会性教育活动。如对于新入园的幼儿,必须进行社会适应性教育,可开展小班社会活动"我上幼儿园了",通过参观、体验、游戏等方法,精心设计入园适应性教育活动,帮助幼儿适应幼儿园生活。

2. 在幼儿园日常生活中进行良好行为习惯的养成教育

日常生活中蕴含着很多社会教育因素,如入园问好,可以渗透幼儿文明礼仪教育。养成教育既是幼儿园社会性教育的目标又是幼儿园社会教育的途径,它是以社会公德、言谈举止、待人接物等规范为主要内容,旨在促使幼儿养成自觉遵守社会公德和行为规范的道德品质和行为习惯。养成教育应该在幼儿日常生活中随机进行,如:进餐时,可以对幼儿进行爱惜粮食、用餐礼仪的教育,还可以介绍各种饮食文化。

3. 在幼儿园区角和游戏活动中延伸社会性教育

区角活动是通过创设活动区角,如:角色游戏区、建筑区、美工区等,给幼儿提供自主选择、自由交往、表达合作、探索发现的机会和空间。教师可以通过区角创设材料投放来满足儿童发展需要实现社会教育目标。例如:创设"娃娃医院",让幼儿通过角色扮演了解医院这种社会机构,体验医生护士职业,了解看病程序,掌握就医技能等。

游戏是幼儿园基本的活动方式。游戏可以促进幼儿社会交往能力的发展和协调,使其社会角色意识和社会角色规范得到强化。例如:户外体育游戏"渔网运球",幼儿要四人合作拽起渔网四角,然后顺利将网中足球运到指定位置,在活动过程中培养幼儿与同伴的合作交往能力。

4. 在家—园—社区合作共育中提高幼儿社会教育的成效

幼儿园、家庭、社区是幼儿接触最多的社会文化环境,应开发整合园内外社会教育资源,在家—园—社区合作共育中提高幼儿社会教育的成效。幼儿园可以通过家长会、家长开放日等活动,提高家长对幼儿社会教育的认识,引导他们配合幼儿园社会教育。家长要做好幼儿社会行为的榜样,并通过家庭日常生活、参观游览等活动,丰富幼儿社会认知,培养幼儿社会行为习惯。幼儿园和家长应当组织幼儿走向社区,拓展幼儿社会交往空间,增强幼儿对周围环境的认识,促使幼儿融入社会。例如:大班社会活动"我爱滦州",可以通过家—园—社区合作,组织幼儿通过参观体验等活动,了解家乡热爱家乡。

第二课 幼儿园自我教育活动

一、幼儿园自我教育活动概述

自我意识是幼儿社会性发展的基础,积极的自我意识是幼儿心理健康和健全人格形成的核心内容。幼儿的自我意识是通过主客体的相互作用和人际间的社会交往逐渐建立和发展的。《纲要》指出,幼儿园要为每个幼儿提供表现自己长处和获得成功的机会,引导幼儿认识自己,增强其自尊心和自信心。幼儿园通过开展自我教育活动,引导幼儿认识自己、增进自信心;帮助幼儿了解和表达自己的情绪情感;指导幼儿调控自己的行为。

(一) 自我的含义和内容

自我也称为自我意识,是对自己存在的觉察,即自己认识自己的一切。从内容上说,自我包括认识自己的物质情况、心理特征和自己与他人的关系;从形式上说自我是由知、情、意三方面统一构成的高级反映形式。因此,幼儿自我教育活动可以按照自我认识、自我体验、自我调控三种类型来设计。

幼儿自我教育是指教师根据教育目标,通过有目的、有计划、有组织地向幼儿施加多方面的教育影响,发展幼儿的自我认知、自我体验和自我控制能力,促使幼儿学会自我管理和自我服务的教育活动。不同年级幼儿自我教育的内容有所不同。

1. 小班自我教育的内容

(1) 自我认识:①认识自己身体主要部位的基本特征和主要功能,能说出自己的姓名、年龄和性别,意识到自己与别人的不同。②知道和自己一起生活的家庭成员与自己的关系,体会到自己是家庭的一员。

(2) 自我体验:①感受到父母对自己的关爱,懂得感恩。②了解自己的情绪反应。③能在集体面前大胆讲话,既不害羞,又能说得清楚。④感受自己独立做事的快乐与满足,体验自尊和自信。

(3) 自我控制:①明白自己有些事情暂时不会做,可以求助,但不提出无理要求,更不哭闹,也不发脾气。学习向他人寻求帮助的方式和方法,自己遇到困难或麻烦时,会主动有礼貌地请求别人的帮助。②初步懂得应该做自己力所能及的事情,不依赖别人,逐步学会自己吃饭、喝水、脱衣、睡觉、刷牙、洗脸、如厕等,具有初步的生活自理能力。③学会向老师或同伴表达自己的需要和情感。④知道人都会有高兴、生气、悲伤等情绪反应,是正常现象,学会用合理的方式表达出来。

2. 中班自我教育的内容

(1) 自我认识:①意识到自己与别人有不同的兴趣、爱好和想法,能够大胆地用语言表达自己的想法和感受。②学会客观评价自己和他人,知道每个人都有优点和缺点,可以互相学习。

(2) 自我体验:①愿意承担教师安排的任务,初步形成责任感。②对自己有认同感,有一定的自尊心和自信心。③留意、关注自己和别人的情绪,能主动关心和安慰别人,有同情心。

(3) 自我控制:①能主动表达自己的想法和感受,并在成人的引导下,学会控制自己的情绪和行为,不影响或妨碍同伴的活动。②学做值日生,认真完成各项任务,对自己的行为负责,愿意承担责任。③学会自主安排活动内容和选择同伴,能按自己的想法进行游戏或其他活动。④遇到困难不放弃,努力寻找解决的方法,并有一定的坚持性。

3. 大班自我教育的内容

(1) 自我认识:①认识自己的能力和特长,勇于承认自己的缺点,能努力去改变。②学会评价自己和他人的行为,能分辨某些行为的对与错,做错事能承认,并愿意改正。

(2) 自我体验:①尝试实现自己的想法、愿望和活动计划,体验成功的快乐,有成就感。②敢于在大家面前表现自己,有自信心。③面对挫折不气馁,努力寻求改变。④做了好事或取得了成功后还想做得更好。⑤明确自己的任务,做事认真,有始有终,有责任感。

(3) 自我调节:①初步学会明辨是非,懂得应当学习好榜样,远离不良行为。②尝试独立完成任务,遇到困难能够坚持,而不轻易求助。③学习控制自己的欲望和情绪,遇到不顺心的事或挫折,能安慰自己,调节自己的心态,控制自己的行为。④初步明白自己的成长与成人为之付出的劳动密切相关,能够为班集体和父母做一些力所能及的事,如擦桌椅、扫地、整理房间等。⑤能主动发起活动或在活动中出主意、想办法。

(二) 幼儿园自我教育活动的设计环节

幼儿园自我教育活动的设计可以按照以下基本环节进行。

1. 运用多种形式引出活动

此环节属于活动导入部分,教师可使用实物、故事、游戏等多种方式引出活动内容,激发幼儿学习兴趣。例如:中班社会活动“我长大了”,可以通过观察小时候的衣服、玩具等引入。

2. 引导幼儿认识自我

活动进行中,教师应运用讨论、体验等多种方法帮助幼儿了解自我,形成对自我的正确认知。例如:中班社会活动“我长大了”,可以通过试穿小时候的衣服、和现在的衣服对比,来感知自己身体的变化。

3. 组织幼儿表现自我

在幼儿认识自我的基础上,教师应提供机会让幼儿表现自我、加深自我认识、培养自信心进而提高自我调控能力。例如,中班社会活动“我长大了”,可以组织“自我展示”让幼儿做力所能及的事(吃饭、穿衣、整理书包、帮助别人等),让幼儿体验自己能力的增强。

二、幼儿园自我认识教育活动的设计与指导

自我认识是主体我对客体我的认知和评价,主要包括个体的自我概念和自我评价。自我概念是对自己的身心特征的认识,如:我叫王子涵,我5岁了,我喜欢玩布娃娃等。幼儿园可以通过一系列活动帮助幼儿认识自己。先要认识自己的生理状况,如:身高、体重、相貌、衣着、年龄等,可以开展活动“镜子里的我”,让幼儿站在镜子前观察自己,描述自己的生理特征,从而认识自己。然后要认知自己的心理特征,如:兴趣、爱好、能力、性格等,可以开展活动“我喜欢……”“才艺展示会”等,组织幼儿通过谈话、展示等活动了解自己。还要认知自己与他人的关系,如:亲子关系、师幼关系、同伴关系等,可以开展活动“妈妈我爱你”“我的好朋友”等,通过活动了解自己的人际关系,自己在集体中的位置与作用等。自我评价是指个体对自己生理、心理及外部行为做出的一种判断,恰当的自我评价有利于个体形成正确的自我意识,有利于个体积极地调节自身的行为。由于幼儿认识发展水平的限制,他们的自我意识发展水平比较低,他们对自我的评价,许多内容是来自于家长和教师。因此,在教学活动中,教师不要过多的介入,应多引导幼儿对自己进行独立的评价。幼儿园还应该组织各种活动,让幼儿在活动中尝试自我评价,提升自我认识水平。如:“优点大展览”,通过平时观察记录的展示,引导幼儿发现自己的优点,增强自信心。

案例

小班自我认识教育活动: 好听的名字

活动目标:

1. 知道每个人都有名字。

2. 能在集体前做简单自我介绍。

　　3. 喜欢自己的名字。

活动准备：

一只布袋木偶小狗、幼儿姓名卡片、幼儿照片墙。

活动过程：

1. 教师手持布袋木偶小狗向小朋友问好，介绍自己的名字叫小花狗。

2. 闻幼儿猜名字。

(1) 教师以小花狗口吻告诉幼儿，我的鼻子很灵，只要闻一闻就能猜出你叫什么名字。

(2) 小花狗闻闻幼儿，猜对几个幼儿的名字，请幼儿大胆介绍自己名字，拍手鼓励。

(3) 小花狗故意说错幼儿名字，请幼儿响亮说出自己名字，并请全体幼儿教它。

3. 说名字送卡片。

(1) 鼓励幼儿对小花狗说出自己名字，小花狗找出姓名卡片送给幼儿。

(2) 引导幼儿对集体说出自己名字，将姓名卡片贴到自己照片下边。

(3) 夸小朋友能干知道自己名字，小花狗很高兴，亲亲小朋友。

活动延伸：

回家问问爸爸妈妈自己名字的意义，来园后告诉老师。

(活动选自：张明红《学前儿童社会教育》.华东师范大学出版社,p127)

三、幼儿园自我体验教育活动的设计和指导

　　自我体验，是指个体对自己的态度和情绪体验。幼儿自我情绪体验的内容很丰富，主要包括：自信心、自尊心、羞耻心、自豪感、责任感、挫折感、内疚感等，这些都是幼儿成长不可或缺的社会性品质。在教学活动中，教师要开展多种多样的自我体验活动，促进幼儿自我体验的发展，如："我的小手真灵巧""我最棒""夸夸我自己"等活动来培养幼儿自信心、自尊心；如："我是妈妈的小帮手""我自己来""今天我值日"等活动培养幼儿成就感、自豪感。还可以通过故事表演、角色游戏等让幼儿体验挫折感、羞耻心等，如："故事表演——邋遢大王"，让幼儿在角色中体验不讲卫生带来的挫折感和羞耻感。

四、幼儿园自我控制教育活动的设计和指导

　　自我调控是指个体对自己思想、情感和行为的调节与控制，包括延缓满足和自我调节。幼儿园自我控制教育活动主要分为两大类：一类是自我情绪调节教育活动；另一类是自我行为控制教育活动。

　　1. 自我情绪调节教育活动指导

　　自我情绪调节教育活动，主要是在幼儿自我体验的基础上，让幼儿了解自己的各种情绪，懂得表达自己的情绪，并了解不良的情绪产生的原因，能够在教师引导下学会自我调整或适当的发泄。教师平时要多关注幼儿的日常生活，了解幼儿各种情绪表现，并据此确定教学内容和活动方式，设计教学活动方案。教师可以设计一系列活动，帮助幼儿学会自我控制，如：中班自我调控活动"开心快乐每一天"，引导幼儿学会调控自我情绪的一些方法。在教学活动的实施中要注意以下几点：首先，要让幼儿了解情绪产生的原因。其次，要注意与幼儿的生活实际相结合，注重幼儿亲身的情绪体验，可以通过谈话回忆情绪体验，也可以通过创设情境让自己体验。

　　2. 自我行为控制教育活动指导

　　自我行为控制活动，主要包括促进幼儿发展积极的言行和制止不良言行方面的教育活动，一是发起作用，如：坚持每天上幼儿园，与老师和同伴见面自觉打招呼，遵守班级常规等都是自我发起与支配的结果；二是制止作用，就是自己根据当时的情境，抑制自己的言语与行为，如：不抢小朋友的玩具，不乱扔垃圾，不

随便哭闹等都是自我抑制的结果。教师可以开展各种活动引导幼儿学会自我行为控制,例如:大班自我调控活动"我应该",引导幼儿学会调控自我行为。

案例

中班自我控制活动: 开心快乐每一天

活动目标:

1. 了解不同情绪对人身体健康的影响,初步知道调节自己的情绪。

2. 在有趣的活动中掌握一些缓解、转移不良情绪的方法。

3. 愿意与同伴分享自己的快乐,获得愉快的体验。

活动准备:

表情图片若干、头饰。笑脸幻灯片、情景表演。自制快乐喇叭、"消气俱乐部"门牌。

活动过程:

一、认识表情娃娃,了解生气原因和危害

1. 出示笑脸娃娃,引导幼儿观察,猜猜笑脸娃娃为什么高兴? 小朋友们在生活和学习中,还经历过哪些愉快的事? 说一说,让大家和你一起分享。

2. 出示生气娃娃,引导幼儿观察,说说娃娃怎么了? 为什么生气? 想办法帮助她。

引导讨论:在生活中有过不高兴或生气的事情吗? 当你遇到烦恼的事情时,你会怎么让自己变得快乐? 你们觉得生气发脾气好吗? 为什么? 发脾气、生气能解决问题吗? 那怎么办呢? 不同的情绪会给你身边的人带来什么感受呢? 小朋友们不但要自己保持高兴、愉快的心情,还要想办法让别人感到快乐,开心。

总结:愉快、平静等良好的情绪是有利人的身心健康的。随便发脾气、生气是不好的行为习惯,经常发脾气、生气,时间长了会不爱吃饭,不爱运动,不爱和小朋友交往,会影响身体健康,会失去朋友。老师希望小朋友每天开开心心!

二、情景表演:小狐狸的消气俱乐部

1. 引入:生活中有很多事情是可以通过其他方法来解决的。森林里的小动物生气了,他们用了什么办法来消气?

2. 教师和幼儿表演:

(1) 小熊赛跑比赛输了很生气,小狐狸让他听听音乐跳跳舞。

(2) 肥鹅小姐生气了因为别人总说她胖,小狐狸让她跑圈跳绳,解气还减肥。

三、总结讨论

1. 你们觉得消气商店好吗? 为什么? 小狐狸都用哪些办法帮助了小动物。你觉得小狐狸的办法好吗? 如果你是小狐狸你还会用哪些方法来帮助小动物消气。

2. 以后你要是生气了,会用什么办法让自己消气呢? 可以唱唱歌、跳跳舞、听听音乐、散散步或者大声地叫一叫、哭一哭,这样你就能消气,使自己快乐起来了。

四、游戏巩固:快乐喇叭

1. 教师出示快乐喇叭,讲述使用方法。

2. 鼓励幼儿对喇叭大声喊出心中愉快或难过的事情来宣泄情绪、分享心情。

活动延伸:

1. 教师播放幼儿的笑脸PPT分享快乐。

2. 建立区角"消气俱乐部",引导幼儿学习宣泄和调控情绪。

(本活动改编自《幼儿园优质课活动案例》视频)

小·组实训活动

1. 分组分工

(1) 分组：将学生按5—6人一组进行分组，选出组长，设计组名。

(2) 分工：将组员按照活动任务要求分工。

（活动任务：设计方案、制作课件、制作教具、试讲、配班）

2. 自选或自定内容（幼儿园社会领域人际交往活动）

(1) 自我认识活动（镜子里的我、我长大了）。

(2) 自我体验活动（今天我值日、我的小手真能干）。

(3) 自我调控活动（我不任性、我应该）。

3. 实训要求（可先在教法实训室试讲，再分析录播视频）

(1) 精心设计活动方案（详案）。

(2) 认真准备课件、教具。

(3) 试讲人要熟练掌握内容，其他人要演好幼儿角色。

第三课 幼儿园人际交往教育活动

一、幼儿园人际交往教育活动概述

（一）人际交往的含义和内容

人际交往是个体通过一定的语言、文字或肢体语言、动作、表情等表达手段将某种信息传递给其他个体的过程。对于幼儿来说，人际交往是指幼儿在学习生活中与他人的接触和交往。《指南》中的社会领域重点涉及人际交往，指出对幼儿进行人际交往教育，有利于幼儿学习与家长、教师、同伴及其他社会成员进行交往，从而帮助幼儿更好地适应社会健康成长。因此，幼儿园要开展各种人际交往教育活动，促进幼儿人际交往能力的发展。对于幼儿来说，他的交往对象主要是家长、教师、同伴及其他社会成员，因此幼儿人际交往的内容主要包括四个方面。

1. 亲子交往

亲子交往主要指子女与父母间的人际交往活动。亲子交往是幼儿的第一种人际交往，亲子交往的质量和水平直接影响着幼儿以后人际交往的发展。早期的亲子交往主要指婴儿和主要照顾人之间的依恋关系，幼儿依恋模式分成三种类型：安全型依恋、回避型依恋和矛盾型依恋。广义的亲子交往是指父母和子女的相互作用方式，主要是父母的教养态度与方式。父母的教养态度和方式通常分为三种类型：民主型、专制型和放任型。民主型的父母对孩子是慈祥的、诚恳的，善于与孩子交流，尊重孩子的需要，同时对孩子有一定的控制，常对孩子提出明确而又合理的要求。父母与子女的关系融洽，孩子的独立性、主动性、自我控制、自信心等方面发展良好。专制型的父母给孩子的温暖、培养、理解较少，对孩子有过多的干预和禁止，对子女态度简单粗暴，不尊重孩子的需要，不允许孩子反对父母的决定和规则。这类家庭中培养的孩子或是变得顺从、缺乏生气、创造性受到压抑，不喜欢同伴交往、忧虑、退缩；或是变得自我中心和胆大妄为，在家长面前和背后言行不一。放任型的父母或是对孩子关怀过度，百依百顺，宠爱娇惯；或是不关心孩子、缺乏交谈、忽视孩子的要求。这类家庭培养的孩子往往形成好吃懒做、生活自理能力差、蛮横胡闹、自私自利、害怕困难、缺乏独立性等不良品质。不同的父母教养态度和方式对幼儿的影响是不同的。研究表明,民主型的教养态度和方式最有利于幼儿个性发展。

2. 师幼交往

师幼交往是指幼儿园教师与婴幼儿在保教过程中进行的人际交往活动。师幼交往不但影响教育教学活动的过程和效果,还会通过幼儿之间情感交流和行为交往对幼儿自我意识、情绪情感等社会性方面的发展产生重大影响。师幼关系有多种类型,我国学者李红把师幼关系分为三种类型:亲密型、紧张型、淡漠型。亲密型师幼关系的教师对幼儿悉心照料,耐心教导,经常表扬鼓励幼儿,与幼儿身体或目光接触较多,从而形成亲密融洽的师幼关系。紧张型师幼关系的教师对行为习惯不良的幼儿表现得不够耐心、态度生硬,从而造成师幼之间感情疏远,甚至紧张对立,从而形成紧张型师幼关系。有些教师习惯用批评和责备去矫正孩子的过错行为,而忽视情感上的交流,进而形成淡漠型师幼关系。《纲要》明确指出:"教师应成为幼儿学习活动的支持者、合作者、引导者",应当建立民主、平等、和谐、合作、互动的师幼关系。

3. 同伴交往

同伴交往是以同伴为交往对象的活动。同伴交往对幼儿的发展有着重要作用,它可以帮助幼儿适应社会生活,促进幼儿的心理健康发展。在同伴交往中,每个幼儿都有着自己不同的特点和表现,通常分为四种常见的类型:受欢迎型幼儿、被忽视型幼儿、被拒绝型幼儿和一般型幼儿。受欢迎型的幼儿一般性格外向、喜欢交往;行为表现积极友好,在交往中很受同伴欢迎。被忽视型的幼儿一般体质弱、力气小;性格内向、胆小,不爱说话而且孤独感比较重,交往中容易被同伴忽视。被拒绝型的幼儿一般体质强、力气大;脾气暴躁、容易冲动;喜欢交往但却不善于交往,经常打乱游戏伤害同伴,交往中经常被同伴拒绝。一般型的幼儿以上各方面均属中等情况。

4. 与其他社会成员的交往

幼儿的交往对象除了家长、教师和同伴之外,还包括社会上的其他成员,例如:亲戚、社会各行各业工作人员(营业员、售票员、医生等等)。幼儿需要学习与这些社会成员的交往,从而更好地适应社会生活。

(二)幼儿人际交往教育活动的设计结构

幼儿园可以依据以上目标和内容开展人际交往教育活动,具体活动设计可以参考以下环节。

1. 创设人际交往情境

通过创设人际交往情境,可以激发幼儿学习兴趣,将其引入人际交往教育活动。情境创设的方式可以灵活多样,如:观看动画片、听故事、看图片、做游戏、猜谜语等。例如:中班人际交往活动"不被欺负有办法",教师通过让幼儿观看动画片《不被欺负有办法》来创设人际交往情境。小班人际交往活动"一对好朋友",教师是通过讲故事《小鸡和小鸭》来创设情境引入活动的。大班人际交往活动"合作力量大",老师是通过让幼儿做游戏"小球出来啦"来创设情境的。这些灵活多样、生动有趣的情境创设让幼儿在轻松愉快的气氛中进入了人际交往教育活动。

2. 学习人际交往技巧

幼儿人际交往的技巧有很多,主要包括:加入活动、解决冲突、分享合作、团结互助等等。这些技巧的学习是幼儿人际交往能力的基础。幼儿学习人际交往技巧的方式主要有以下三种。

(1)幼儿观察和模仿

幼儿善于模仿学习,可以根据班杜拉的社会学习原理,引导幼儿通过观察和模仿学习人际交往的技巧。例如:幼儿不会加入游戏,可以让幼儿站在一旁先观察一下,看别人是怎样加入游戏的。受欢迎型的儿童一般会礼貌而又响亮地对大家说:能带我一起玩吗? 等大家同意后再加入游戏。等他们看清别人的做法之后,我们再鼓励他们模仿受欢迎型儿童的行为加入游戏。这样幼儿就能学会加入游戏的技巧了。

(2)幼儿体验和尝试

幼儿好奇心强,喜欢体验和尝试,而且通过体验获得经验会印象更加深刻。教师可以让幼儿在活动中体验和尝试,从而学习人际交往的技巧。例如:大班人际交往活动"合作力量大",老师可以通过让幼儿分组尝试探索把瓶中小球拉出来,在不断尝试中幼儿能体验到互相争抢会失败,只有大家合作才能完成任务。

（3）教师讲解和示范

幼儿学习人际交往技巧离不开教师的帮助和引导,教师可以通过自身讲解和示范来引导幼儿学习技巧。例如:小班人际交往活动"小猴打电话",教师可以自身讲解和示范打电话时怎样说更有礼貌,让幼儿明了之后再练习巩固,从而掌握打电话技巧。

3. 运用人际交往技巧

运用人际交往技巧是人际交往教育活动的关键环节,幼儿能否掌握技巧就表现在能否运用。所以,教师必须提供人际交往的机会和条件,让幼儿知道和尝试在不同场合与不同人的交往中运用人际交往技巧。具体可以使用以下方法。

（1）情境讨论法

在幼儿学习技巧之后,教师可以通过图片等创设具体人际交往情境,引导幼儿通过讨论,分析具体情境下该如何进行人际交往。如:公交车上有老人很辛苦地站着,我们该怎么办?

（2）角色扮演法

教师也可以通过引导幼儿进行角色扮演来运用人际交往的技巧。例如:如果你是故事中的小朋友,你会怎么做?

（3）游戏巩固法

游戏是幼儿园最基本的活动形式,教师也可以通过让幼儿参与各种游戏来巩固人际交往的技巧。例如:通过进行超市区角游戏活动,幼儿可以运用与售货员交往的技巧。

二、幼儿园亲子交往教育活动

幼儿园应引导家长在家庭生活中多亲近和关心幼儿,经常和他们一起游戏或活动,也可以在幼儿园组织丰富多彩的亲子交往教育活动,从而帮助家长和幼儿建立亲密的亲子关系。例如:小班亲子活动"品父爱,我为爸爸颁奖";小班亲子活动"我的好妈妈"。

案例

小班亲子活动：品父爱，我为爸爸颁奖

活动目标：

1. 知道父亲节是所有爸爸们的节日,体验和爸爸在一起的愉快感觉。

2. 能用画贺卡、为爸爸颁奖的方式表达对爸爸的爱。

3. 增进对爸爸们的了解,产生对爸爸的自豪感,体会父爱。

4. 父亲们体会带孩子的不容易,产生主动承担父亲角色的责任感。

活动准备：

1. 经验准备

活动前,留意观察本班幼儿的家庭情况,了解父亲们照顾、教育幼儿的参与情况,收集一些父亲和幼儿一起的生活录像。

2. 物质准备

（品父爱,我为爸爸颁奖）课件,人手一份"我爱爸爸——小手拉大手"爱心卡制作材料,亲子游戏材料（厚的大地垫 4 张、皮球 4 个、尾巴 8 个）,奖状若干张。

活动过程：

一、谈话导入,让幼儿知道父亲节是所有爸爸们的节日

1. 师:孩子们,你们知道六月都有什么节日吗?

2. 小结:你们懂得真多,六一儿童节是你们小朋友的节日,这个周末还有一个特殊的节日,就是你们说的爸爸节,也叫父亲节,每年过完六一儿童节,再过些日子就是父亲节。

二、观看录像,体会爸爸的爱

1. 师:我们的爸爸都为我们做过什么呢?我们一起来看看!(放录像)

2. 师:刚才在录像中你们都看到了谁的爸爸,他在干什么?爸爸能干不?他们爱我们吗?

3. 小结:爸爸会陪我们玩,陪我们读书画画,送我们上下学等等,爸爸辛苦不?你们爱他们吗?

过渡语:一会儿我们把爸爸请到我们的活动室来,你们大声告诉他们:你们爱爸爸!

三、制作贺卡,表达自己对爸爸的爱

1. 请家长进课堂,简单介绍自己。

师:有请我们的父亲们入场!(放音乐)孩子们鼓掌欢迎我们的爸爸。幼儿大声告诉爸爸:"我爱你!"爸爸们简单介绍自己的名字、工作。

2. 制作"我爱爸爸——大手拉小手"亲子爱心卡。

师:介绍材料,亲子制作爱心卡(家长帮助孩子写上对爸爸的祝福的话)。

3. 幼儿把制作好的爱心卡送给爸爸(家长体会收到礼物的温暖亲情场面)。

四、亲子游戏,使幼儿产生对爸爸的自豪感、父亲们感受带孩子的辛苦

1. 引入。

师:各位爸爸,小朋友们爱你们是因为这浓浓的亲情。都说父爱如山,网络上如今有一种说法是"父亲永远像山一样,就搁那杵着,什么也不干!"(家长们哄然大笑)师追问:我们在座的父亲们是这样吗?(爸爸们异口同声地说不是)师:下面请父亲们证明自己是最棒的。(家长们的热情被激发起来了)

2. 介绍游戏内容、规则等。

师:游戏最终会评出最强大的勇士奖,由我们的宝贝们为自己的爸爸颁奖。

游戏一:名称"骑大马,揪尾巴"

玩法:幼儿腰上戴上尾巴,骑坐在爸爸的脖子上,爸爸用双手搂紧孩子的双腿,在场地内顺时针方向跑起来,幼儿去揪其他幼儿后面的尾巴。揪到者获胜,被揪到的淘汰。

游戏二:名称"小脚踩大脚,夹球走"

玩法:幼儿面向爸爸双脚踩在爸爸的脚上,爸爸用双手搂紧孩子的胳膊,在孩子和爸爸之间夹一个球,在场地内顺时针方向走起来,其间脚落地和球掉地者被淘汰,坚持到最后一人为获胜。

游戏三:名称"爸爸牌跷跷板"

玩法:爸爸仰卧在地垫上,双腿微曲立好,幼儿面对爸爸坐在爸爸的双脚上,爸爸用双手搂紧孩子的双手,使孩子趴卧在爸爸的小腿上,在1分钟内爸爸把幼儿掀起的次数最多者获胜。(亲子游戏开始,教师作为裁判进行观察统计)

五、颁奖典礼,让父亲们萌生承担父亲角色的责任感

1. 总结颁奖。

2. 谈谈获奖感言,激发爸爸们的责任感。

师:得到孩子颁发的奖状,有什么想说的?觉得带孩子累不累?平时带孩子多吗?那帮你们带孩子的长辈累不累?妻子累不累?你们准备怎么做?

3. 小结:在这个父亲节即将到来的日子里,我们在亲子活动中感受到了血浓于水的亲情,体会了不一样的父爱,我代表我们小二班三位老师祝你们父亲节快乐!

六、合影留念

活动延伸:

创设"我爱爸爸"主题墙,鼓励幼儿在生活中注意观察父亲为我们做的事,拍成照片来园和小朋友分享。

(活动选自《幼儿园小班社会领域活动指导》第92页,活动来源:北京市密云区第七幼儿园王莲)

三、幼儿园师幼交往教育活动的设计与指导

师幼交往与幼儿的其他交往不同,特殊之处在于蕴含着教育因素,正因为如此,教师容易把自己作为教育者去教育幼儿,于是师幼关系很难实现真正的平等。《纲要》指出要建立新型的师幼关系,因此幼儿园应加强师幼交往活动,密切师幼关系,促进幼儿发展。

四、幼儿园同伴交往教育活动的设计与指导

同伴交往在幼儿成长中有着其他成人交往无法替代的作用,因此备受重视。家长应鼓励幼儿参加小朋友的游戏,邀请小朋友到家里玩,让幼儿感受有朋友一起玩的快乐。幼儿园应多为幼儿提供自由交往和游戏的机会,鼓励他们自主选择、自由结伴开展活动。同时结合具体情境,指导幼儿学习交往的基本规则和技能。

案例(附光盘视频)

混班人际交往活动:大手拉小手

活动目标:

1. 在活动中体验并理解只有互相帮助、相亲相爱才能顺利完成任务。

2. 愿意主动大胆地向同伴介绍自己,能说出自己的姓名、年龄、最喜欢的活动及最爱吃的食物。

3. 体验做哥哥姐姐和弟弟妹妹,学会相互欣赏、相互照顾与配合。

活动准备:

1. 有与哥哥姐姐或弟弟妹妹交往的经验。

2. 成对手链(与幼儿人数相等),各种水果挂饰。

活动过程:

一、谈话法导入

1. 请出大班哥哥姐姐,问他们会不会照顾弟弟妹妹。

老师知道大班的你们会各种本领,那照顾弟弟妹妹会吗?第一次见面,要跟弟弟妹妹说什么?(打招呼介绍自己)我们还准备了小礼物要送给弟弟妹妹。

2. 请出小班弟弟妹妹。

3. 每个哥哥姐姐找到一个弟弟或妹妹,打招呼介绍自己并送给他小礼物(手链),手拉手一起入座。

二、活动展开部分

(一)游戏:一定找到你

1. 请幼儿离开座位上前,手拉手伴随音乐活动,转圈圈、拍手等。

2. 教师提醒幼儿按指令换个弟弟妹妹抱一抱,接着随音乐继续走一走。

3. 音乐结束,请大班幼儿找回自己的弟弟妹妹。

4. 教师检查后表扬鼓励。

(二)大小幼儿聊天

1. 互相介绍。

2. 哥哥姐姐问弟弟妹妹喜欢的活动和最喜欢吃的食物。

3. 上前介绍弟弟妹妹(姓名、喜好)。

（三）情境游戏：看电影

1. 老师发放电影票给哥哥姐姐,提醒他们照看好弟弟妹妹。

2. 坐车去电影院,提示如何照顾弟弟妹妹。

3. 进入电影院找座位,提醒哥哥姐姐照顾弟弟妹妹。

4. 看电影：《爸爸去哪儿》,分析讨论内容：谁哭了？怎么帮助他的？你们会怎样？

（四）游戏环节：我来保护你

1. 哥哥姐姐帮弟弟妹妹穿衣服。

2. 教师介绍规则

（1）教师、哥哥姐姐、弟弟妹妹分别扮演老鹰、鸟妈妈、鸟宝宝。

（2）游戏情境：鸟妈妈带鸟宝宝学飞；摘果子给他吃；老鹰来了,鸟妈妈带鸟宝宝迅速回家。

3. 进行游戏

（1）第一轮：按要求玩,提醒规则,总结问题。

（2）第二轮：换角色玩,分享体会,总结表现。

三、结束部分

总结："小朋友都做到了相亲相爱,玩得很开心,以后哥哥姐姐要学会照顾弟弟妹妹,以后我们还可以请弟弟妹妹一起来参加其他的活动。"

活动延伸：

哥哥姐姐与弟弟妹妹继续共同参与其他的活动,体验相亲相爱的快乐。

活动评析：

教师物质准备充分,除了充足的材料,还有不同场景的环境布置,完全跳出传统的课堂教学模式,贴近生活,情境丰富。活动过程中以让幼儿"体验、操作"为主,打破了传统以"坐着参与教学"为主的教学形式,做到了"做中学",幼儿活动的积极性高。活动主要优点：混龄教学一箭三雕,对于大哥哥姐姐,要有责任意识,学会照顾比自己小的孩子；对于弟弟妹妹,要尊重哥哥姐姐,配合哥哥姐姐开展活动；对于全体幼儿,不论什么年龄段,都要学会与他人友好相处,与自己的朋友相亲相爱。

（活动源自：河北省唐山初等教育学院附属幼儿园　宋玉）

小组实训活动

1. 分组分工

（1）分组：将学生按5—6人一组进行分组,选出组长,设计组名。

（2）分工：将组员按照活动任务要求分工。

（活动任务：设计方案、制作课件、制作教具、试讲、配班）

2. 自选或自定内容（幼儿园社会领域人际交往活动）

（1）亲子交往活动（母亲节、爸爸我爱你）。

（2）师幼交往活动（老师你辛苦了、我为老师……）。

（3）同伴交往活动（团结力量大、好朋友、玩具分享）。

3. 实训要求（可先在教法实训室试讲,再分析录播视频）

（1）精心设计活动方案（详案）。

（2）认真准备课件、教具。

（3）试讲人要熟练掌握内容,其他人要演好幼儿角色。

第四课 幼儿园社会认知教育活动

一、幼儿园社会认知教育活动概述

(一) 社会认知的含义和内容

社会认知是个体对他人、自我、社会关系、社会规则等社会客体与社会现象及其关系的感知和理解的心理活动。例如：妈妈领着幼儿过马路，其中"妈妈和幼儿"都是社会的个体，"过马路需要遵守的交通规则"是社会规则之一，妈妈能够按照规则过马路，说明妈妈对这一社会规则已有感知和理解并且能够运用，具备了这方面的社会认知。社会认知是幼儿适应社会生活的前提，幼儿园要通过开展各种社会认知活动来丰富幼儿的社会认知，为其社会适应打下良好基础。

社会认知的内容包含十分广泛，大致可分为以下五大方面。

1. 人际关系认知

人际关系是人与人交往关系的总称，包括：亲属关系、朋友关系、同学关系、师生关系、同事关系、雇佣关系等等。幼儿需要认知的人际关系主要包括：幼儿对父母长辈等亲属关系的认知；幼儿对同伴关系的认知；幼儿对师幼关系的认知；幼儿对与其他社会成员关系的认知。这些内容与幼儿园人际交往教育活动重复较多，在此不再涉及。

2. 社会环境认知

社会环境指人类生存和活动范围内的社会物质和精神条件的总和。社会环境包含内容很多，例如：各种建筑物、道路、工厂；人的风俗习惯、法律和语言等等。幼儿需要认知的社会环境主要有：对家庭的认知；对幼儿园的认知；对社会机构的认知；对家乡、国家与民族的认知。例如：幼儿参观过消防大队，会知道消防大队是一个负责抢救火灾的社会机构，里面有消防员叔叔、各种消防设备，能够扑灭火灾，保护人们的安全。

3. 社会角色认知

社会角色指与人们的某种社会地位、身份相一致的一套权利、义务的规范和习惯模式。幼儿对社会角色的认知是幼儿对各种社会角色(教师、医生、警察、售货员等)的权力和义务及所遵循的社会规范的认知。例如：幼儿见过医生，知道医生的工作就是给人看病，而看病就医需要遵循规定的程序。

4. 社会规范认知

社会规范是指社会成员在社会生活中为维护公共利益和维持社会秩序而必须遵守的行为准则。幼儿需要认知的社会规范主要包括：基本道德规范、文明礼貌行为规范、公共场所行为规范、群体活动规范、人际交往规范、谨慎规范等等。例如：幼儿学习公共场所行为规范，就会知道并做到在图书馆、车站等公共场所要保持安静、不乱扔垃圾、按规则排队等。

5. 重大社会事件认知

重大社会事件是指近期国家社会发生的一些重大事件和活动。幼儿作为社会成员，需要对重大事件有所了解。例如：幼儿通过活动了解北京冬奥会。

(二) 幼儿园社会认知教育活动的设计结构

依据幼儿社会认知的目标和内容，幼儿园可以通过开展各种社会认知教育活动来引导幼儿社会适应的发展。常见的幼儿园社会认知教育活动的设计主要由以下四个环节构成。

1. 运用多种方式引出主题

这是导入环节，老师可以运用多种方式引出主题，可以是直接告知幼儿，也可以组织幼儿参观某一社会环境，还可以通过观看图片、讲故事等方式来激发幼儿的兴趣。例如：中班社会认知活动"参观超市"，就是通过超市实地参观来引出活动主题的。

2. 引导幼儿感知认知对象

活动导入后,教师应引导幼儿对新的认知对象进行初步感知,形成对新的认知对象的初步印象。其中,观察是幼儿认知社会环境和社会规范的重要方式,因此,在社会环境和社会规范教育活动中,教师应善于利用观察的方法引导幼儿感知认知对象,例如:中班社会认知活动"参观超市",教师要引导幼儿充分观察超市,看看超市有哪些货品,如何摆放;有哪些人员,如何活动等等。

3. 组织幼儿自由表达,表现自己的认知体验

在幼儿对新的社会环境和社会规范有了初步的认识和了解之后,教师应提供机会和条件,让幼儿自由表达和交流自己对新的社会环境和社会规范的认知体验,进一步加深幼儿的认知。例如:中班社会认知活动"参观超市",参观活动结束后,教师可以组织幼儿讨论交流,说说自己在超市的见闻和感受,大家一起来分享自己对超市的认识。

4. 引导幼儿正确认知社会环境和社会规范

在鼓励幼儿讨论交流之后,教师就会了解幼儿的社会认知状况,知道他们有哪些收获又存在哪些问题。然后教师就可以因材施教,引导幼儿正确认知社会环境和社会规范。例如:中班社会认知活动"参观超市",幼儿在讨论中提出了问题:不买的东西要放在哪里,有的幼儿说随便放在哪里都行。这就需要教师引导正确社会认知,告诉幼儿不买的东西不能乱放,售货员收拾起来很麻烦,应该放在原处或者结账时交给收银员。

二、幼儿社会环境认知教育活动的设计与指导

社会环境认知是幼儿社会适应发展的基础。幼儿园教师可以依据幼儿年龄特点和发展需要,创设充满趣味性和参与性的幼儿园环境,可以利用家长资源组织亲子活动,还应该做好大班的幼小衔接工作。具体操作可以通过开展各种社会认知教育活动进行,例如:小班社会认知活动"参观食堂",通过带领幼儿参观幼儿园的食堂,激发幼儿喜欢吃各种食物,更好地适应幼儿园生活。中班社会认知活动"参观超市"。通过带领幼儿参观超市,引导幼儿了解超市这一常见的社会机构,观察并尝试简单的购物活动,从而更好地适应社会生活。

三、幼儿社会角色认知教育活动的设计与指导

幼儿对社会角色认知的发展主要通过角色扮演表现出来,各年龄阶段幼儿的角色扮演水平不同。小班幼儿的社会认知水平主要表现在对社会角色的外显行为上,例如:模仿妈妈给娃娃喂饭吃。中班幼儿开始认知社会角色之间的关系,他们的角色扮演中出现更多的角色互动行为,例如:有的幼儿扮演交警,有的幼儿扮演司机,交警会要求司机按照红绿灯行驶。大班幼儿对社会角色认知更加深刻,他们会展现角色一系列的复杂行为,例如:有的幼儿扮演医生,他会从问病人问题开始,然后用仪器为病人诊断,再给病人开药打针等等,甚至还会安慰病人不疼不怕等等。按照幼儿社会角色认知发展水平,教师可以组织相应活动来引导幼儿社会角色认知发展。

案例

中班社会认知活动：警察本领大

活动目标:

1. 了解警察这一职业的基本情况。

2. 初步学习警察技能,探索各种匍匐前进的方法。

3. 知道警察是维持秩序的职业,遇到危险时敢于求助警察并尊重警察。

活动重点: 了解警察这一职业的基本情况。

活动难点: 初步学习警察技能,探索各种匍匐前进的方法。

活动准备：

1. 经验准备：幼儿对警察充满了好奇之心，他们喜欢在游戏中扮演警察。
2. 物质准备：警车出警时的音频，警察工作图片，警察服装和手铐，地垫。

活动过程：

一、交流

1. 教师播放音频，吸引幼儿注意力的同时引出本次活动内容。
2. 谈话：你们见过警察吗？在哪里见过？看见他们在做什么呢？

二、观察

1. 教师出示关于警察工作的PPT。

今天老师给大家带来了一些关于警察工作的图片，看看有什么类型的警察，他们的工作都是什么？

2. 结合课件提问。

"警察穿的是什么？他们在做些什么？"引导幼儿从警察戴的帽子，穿的服装，戴的手套来观察，从他们指挥交通、巡查、抓坏人等方面了解并讲述他们的工作。"警察都使用什么东西？这些东西有哪些作用？"引导幼儿观察警察使用的各种用具，知道警察的职业属于特殊职业，所以他们的用具属于专用器具，不能当作玩具。

三、操作、讨论

1. 指导幼儿完成"警察的服装和用具"操作单，将警察工作时的服装和需要的用具圈出来。
2. 引导幼儿讨论警察的职业作用，了解他们工作的重要性。
3. 教师："请小朋友们互相说一说，如果没有警察行吗？我们的生活会怎么样？"

四、游戏：我是小警察

1. 出示匍匐前进的四种图片，请小朋友们练习。

教师："因为警察要保护我们大家，所以他们的身体要很强壮，他们经常训练，现在请小朋友们一起来看一看警察训练时的照片。"教师："这种姿势的名字叫匍匐前进，匍匐前进有四种，低姿、高姿、侧姿和仰姿。请小朋友们一起练习一下！"

2. 幼儿分组游戏，自主探究用匍匐前进的办法穿越障碍物。

活动延伸：

请幼儿回家后和爸爸妈妈一起收集更多关于警察的资料，明天带回来放到活动区。

活动评析：

教学过程思路清晰，始终围绕教学目标。把握重点，突出难点，教学环节设计安排清晰明了，过渡自然，幼儿参与性高。教师教态自然亲切，发挥了学生的主体作用。课前准备充分，充分利用多媒体教学，为幼儿创造了良好的学习情境，激发了幼儿的学习积极性。

（活动来自：《幼儿园中班社会领域活动指导》第76页，活动源自：辽宁省葫芦岛市建昌县新区幼儿园　李海银）

四、幼儿园社会规范认知教育活动的设计与指导

社会规范认知的培养是幼儿社会认知发展的一个重要方面。幼儿对社会规范的学习一般分为三个阶段：服从、模仿和理解。小班幼儿的社会规范认知基本处于服从水平，中班发展到模仿水平，大班幼儿可以达到理解水平，他们对社会规范有自己的看法，能主动遵守社会规范。教师可以通过开展各种社会规范认知活动来引导幼儿学习和掌握这些社会规范，从而更好地适应社会生活。例如：中班社会认知活动"小老鼠进城"，引导幼儿学习各种交通标志；大班社会认知活动"塑料袋"，帮助幼儿了解不同袋子，从而具备初步环保意识。

案例(附光盘视频)

中班社会领域活动:文明小乘客

活动目标:

1. 感受乘车规则的意义,萌发安全、文明乘车意识。
2. 在游戏中能够遵守基本的乘车规则。
3. 了解乘车中的文明行为与不文明行为。

活动准备:

1. 利用公共汽车道具把幼儿座椅排列起来,布置出公共汽车的场景。
2. 方向盘、鸣笛、刹车等音效,背景音乐;车辆行驶视频,生活乘车场景视频、迷宫游戏PPT。
3. 请一位老师扮演带孩子乘车的阿姨和老奶奶。

活动重点:

感受乘车规则的意义,萌发安全、文明乘车意识。

活动难点:

在游戏中能够遵守基本的乘车规则。

活动过程:

一、提问导入

创设去游乐园玩的情境,通过提问,调动孩子已有的乘车经验。

师:孩子们,今天我们要玩坐公共汽车去游乐园的游戏,你们知道乘坐公共汽车时应该注意什么吗?

二、乘车游戏

1. 在幼儿上公共汽车的环节,教师注意观察幼儿行为,发现问题,适当引导。

师:公交车来啦,(老师和配班老师打开前、后车门)请上车吧!(请所有幼儿参加游戏"坐汽车",知道从前门有序上车。)师:刚才大家是怎样上车的?(引导幼儿发现拥挤、上错车门、抢座位等不良现象)如:这样挤上来好吗?那我们应该怎样上车呢?——"上车排队不拥挤",等我们长高了,别忘记刷卡和投币。你刚才是从哪一个门上车的呢?师小结:"大汽车真漂亮,后门下,前门上,上车排队不拥挤,别忘刷卡和投币。"

2. 在情境游戏中感受基本乘车规则的意义,教师注意幼儿的行为,及时加以纠正。

师:怎样坐座位才更加安全呢?站着怎样才更安全呢?(扶好扶手)(幼儿上车,车上座位正好被坐满,播放开车视频引导幼儿进入游戏情境)师:大汽车,后门下,前门上,上车排队不拥挤,别忘刷卡和投币。扶好扶手要坐稳,手臂脑袋不外伸。"

3. 游戏中加入阿姨带孩子上车及孩子随便扔垃圾的情节,观察幼儿是否能主动发现车内乱扔垃圾的不良现象,随机引导。

师:刚才这位小朋友在干什么呢?这样做对吗?在车上随地扔垃圾好吗?我们应该怎样做?(车到站刹车。老师和孩子们将垃圾拾到垃圾桶里,乘车的阿姨和孩子表示感谢,下车。)

4. 继续游戏,堵车时观看视频,幼儿判断乘车行为的对错。

师:前面堵车了,我们的汽车要停下来休息一会儿,我们一起来观看电视小节目,如果看到文明乘车的,就为他们鼓掌好吗?(播放视频,教师可以引导幼儿说说自己的理由)好了,交警叔叔将道路疏通好了,我们的大汽车继续前进!

5. 游戏中加入老奶奶上车的情节,幼儿感受给老人让座的文明行为。

师:市政府站快到了,我们一会儿就要下车,换乘去游乐场的汽车,请小朋友们准备下车。(观察幼儿是否从后门有序下车,及时个别指导)去游乐园的车来了,请大家排队从前门上车。(最后上来一位老奶奶,老师扶着老奶奶,寻找座位。激发幼儿主动为老奶奶让座位。)师:孩子们真懂事,知道让座关心老奶奶,真棒!小朋友的年龄还小,来扶着老师,老师像妈妈一样保护你!师:游乐园站到了,老奶奶也要下车,我们应该怎样做呢?(老师和孩子们扶着老奶奶下车,和奶奶再见。幼儿有序地从后门下车。)

三、迷宫游戏

幼儿玩迷宫游戏,通过观察图片,了解乘车中文明与不文明行为,巩固乘车文明礼仪。

师:好啦,游乐园到了。我们一起玩游乐园的迷宫大闯关吧,迷宫中会出现一些图片,如果大家说对了,就能帮助"小脚丫"走出迷宫啦!

四、儿歌巩固

感受儿歌,鼓励幼儿乘公交车出行,争做文明的小乘客。

师:今天我们学做文明小乘客,老师还编了一首儿歌,大汽车真漂亮,后门下前门上,上车排队不拥挤,别忘刷卡或投币。扶好扶手要坐稳,手臂脑袋不外伸,讲究卫生爱清洁,做个文明的小乘客。师:坐公共汽车比走路快,又比打车省钱,所以人们越来越喜欢坐公共汽车啦!我们唐山还为人们增添了公交车(看图片),让人们出行更加方便;还有电能公交车,不排放尾气;和有趣的双层公交车,你们想坐公交车出行吗?一定要做一名文明的小乘客!小朋友还可以告诉更多的人,让大家都争做文明乘客。我们一起去领迷宫闯关的小奖章吧!(随音乐活动结束)

活动延伸:

1. 将公共汽车教具投放到角色游戏区角,让幼儿将自己的生活经验在游戏区角中大胆地表现出来,进一步巩固幼儿文明乘车的礼仪知识。

2. 鼓励家长在日常生活中多带幼儿感体验乘坐公共汽车,进一步丰富拓展幼儿文明乘车的生活经验。

(活动源自:河北省唐山第四幼儿园 康春艳)

🔍 小组实训活动

1. 分组分工

(1) 分组:将学生按5—6人一组进行分组,选出组长,设计组名。

(2) 分工:将组员按照活动任务要求分工。

(活动任务:设计方案、制作课件、制作教具、试讲、配班)

2. 自选或自定内容(幼儿园社会领域人际交往活动)

(1) 社会环境认知活动(幼儿园、医院、车站)。

(2) 社会角色认知活动(教师、军人、医生、演员)。

(3) 社会规范认知活动(文明礼貌、保持安静、节约、诚信)。

3. 实训要求(可先在教法实训室试讲,再分析录播视频)

(1) 精心设计活动方案(详案)。

(2) 认真准备课件、教具。

(3) 试讲人要熟练掌握内容,其他人要演好幼儿角色。

第五课 幼儿园归属感教育活动

归属感是儿童社会性发展的重要内容之一。幼儿归属感的发展有其自身的内容和发展需求,幼儿园要通过开展各种归属感教育活动,来有效促进幼儿归属感的发展。

一、幼儿归属感概述

(一) 归属感的含义和内容

当人们意识到自己并不是孤立的,许多人和自己有相似的地方,并且这些共同点将大家连结在一起,自己也成为其中一员时,人们便会产生一种安全感和一种亲切、自豪的情绪体验,这就是归属感。归属感,是指个人自觉被别人或团体认可与接纳时产生的亲切、自豪的情绪体验。归属感对个体的成长和发展具有重要的意义,幼儿获得归属感能使他具有安全感和舒适感、责任感、成就感和爱的情感。缺乏归属感则会对幼儿心理发展产生严重影响,使他自卑抑郁、缺乏兴趣爱好从而影响人际交往和社会适应的发展。

归属感包括对人、对事业、对家庭、对自然等的归属感。幼儿的归属感主要包括集体归属感、民族归属感和国家归属感。归属感的产生需要幼儿对自己所生长的社会环境有所感知。在《指南》中,幼儿的归属感包括以下几方面的内容:对于家庭、社区、班级、幼儿园、家乡、国家与民族的认知,以及对于这些群体的认同与自豪感。

幼儿归属感的发展具体表现为以下方面:(1)由近到远,即生活半径从家庭、社区、幼儿园再到家乡、国家、世界,越来越远。(2)由熟悉到陌生,即交往对象从亲人到陌生人,社会环境、社会规则等从熟悉到陌生。幼儿首先体会到自己是家庭中的一员,感受到父母的爱和爱自己的父母,亲近与信赖长辈,接着了解生活的社区,感受邻里和睦;入园后,能感受到同伴、老师、班级、幼儿园的温暖;然后,从知道和了解自己家乡的建筑特色、风俗习惯到了解本国的民族和文化,热爱家乡和祖国;最后,知道世界上虽然有不同的国家、不同的民族和不同的文化,但是世界是一个大家庭,对不同文化要接纳和相互借鉴、学习,和平是大家向往的。

幼儿的归属感是逐步发展的。3—4岁幼儿归属感的最重要对象是家庭,他们在情感上表现出对家庭的依恋,尤其是对于主要照料者的信赖与亲近,除此之外还应对社区、家乡与国家产生归属感做认知准备。4—5岁儿童归属感的主要表现是归属对象扩大至幼儿园和班级,对归属对象的认知上更为深入与全面。5—6岁儿童集体归属感的情绪体验更为深刻,他们愿意承担集体的责任和义务,开始关注集体的荣誉及自己在集体中的作用和地位,除此之外还产生了对于国家与民族的归属感,并对多元文化有了初步的体验与认知。

(二) 幼儿归属感教育活动的设计结构

家庭和幼儿园生活、同伴间的游戏、社区环境与文化、大众传媒等都会影响幼儿归属感的发展。要培养幼儿的归属感,幼儿园应与家庭、社区等合作,充分发挥各种教育资源的作用,促进幼儿归属感发展。家庭要注意亲切地对待幼儿,关心幼儿,让他感到长辈是可亲、可信赖的,家庭和幼儿园是温暖的。幼儿园要吸引和鼓励幼儿参加集体活动,萌发集体意识,还应该运用幼儿喜闻乐见和能够理解的方式激发幼儿爱家乡、爱祖国的情感。

幼儿归属感的培养应渗透在幼儿一日生活及各项活动之中。幼儿园一日生活中的各个环节、各种活动都蕴含着教育的价值,教师要善于把握每一个细节将归属感教育渗透于幼儿的生活中,还要充分利用幼儿园、班级中的各种活动,让幼儿体验到自己是集体中的一员,从而产生归属感。具体幼儿园归属感教育活动的设计结构可以参照以下三个环节。

1. 感知环节

归属感是建立在认知基础之上的情感体验,因此必须首先让幼儿对所要培养的归属感有所感知。感知的方式途径可以多种多样,包括:游戏引入、情景表演、观看视频等。例如:大班归属感教育活动"我爱我家乡"中,老师就通过设置"小导游"情境来引导幼儿观看家乡名胜古迹和传统风俗的视频,从而感知家乡风土人情,为家乡归属感产生做好铺垫。

2. 体验环节

归属感的形成除了以认知作为基础之外,还要通过行为体验来巩固。幼儿自身的行为体验越丰富越能引起幼儿的情感共鸣。例如:小班归属感教育活动"相亲相爱一家人"中,老师请来了怀孕的家长,引导幼儿摸摸妈妈的大肚子、听听二宝的胎心跳动、给未来弟弟妹妹准备一份小礼物等,让幼儿的活动中体验一家人的相亲相爱。

3. 内化环节

归属感的形成不是一两次活动的结果,它需要日积月累才能最终内化为幼儿的情感。所以教师需要开展持之以恒的活动,或者通过系统深入的活动延伸,将幼儿获得的初步归属感渗透到一日生活、家庭教育、社会影响中,引导幼儿逐步将其内化。例如:小班归属感教育活动"相亲相爱一家人"中,教师可以引导幼儿持续关注未来弟弟妹妹的生长过程。大班归属感教育活动"我爱我家乡"中,教师可以利用家庭资源,鼓励幼儿收集更多家乡的优秀特色资源来展示。

二、家庭归属感教育活动的设计和指导

家庭是幼儿从出生就开始居住的地方,幼儿对家庭中的各种人、事物都比较熟悉,但越熟悉越容易被忽视,如何引导幼儿深入了解家庭,从而培养幼儿对家庭的亲近感自豪感责任感,这是家庭归属感培养的关键所在。教师可以引导家长亲切地对待幼儿,关心幼儿,让他感到长辈是可亲、可近、可信赖的,家庭是温暖的,也可以通过和幼儿一起翻阅照片、讲幼儿成长的故事等,还可以借助母亲节、父亲节等活动,鼓励幼儿为父母做力所能及的事情,让幼儿对养育自己的人产生感激之情,从而培养幼儿对家庭的归属感。

三、幼儿园归属感教育活动的设计和指导

幼儿园归属感是幼儿归属感教育活动的重要内容,幼儿园归属感的发展水平会影响幼儿在园的生活和学习。要培养幼儿园归属感,首先家长应该帮助幼儿建立对幼儿园的积极情感。例如:幼儿回家后家长可以问问他:在幼儿园有什么快乐的事情?从而唤起幼儿的积极体验,让幼儿更加向往幼儿园生活。然后教师应通过开展各种活动来培养幼儿园归属感,让幼儿感知老师、班级、幼儿园的"好",从而喜欢老师、热爱班集体,对幼儿园产生归属感。例如:大班归属感教育活动"幼儿园的服务小能手",教师通过引导幼儿为集体做力所能及的事情,感受为集体做事的快乐。

案例

大班归属感教育活动: 幼儿园的服务小能手

活动目标:

1. 尝试与同伴分工合作完成志愿服务活动,遇到困难一起克服。
2. 能够认真地完成擦拭大型玩具的志愿服务活动。
3. 喜欢参加擦拭大型玩具的志愿服务活动,体验为他人、集体做事的快乐。

活动重点:

在分小组擦大型玩具的活动中,能够肩负起自己在小组中的责任,认真负责地完成。

活动难点:

遇到高的地方擦不到的问题,自己尝试解决。

活动准备:

1. 物质准备:《米米裤子脏了》视频,各种擦布、塑胶手套、大小不一的水盆、水桶、操场水龙头、水管。
2. 经验准备:有过打扫、清洁、做家务的日常经验。

活动过程:

一、播放《米米裤子脏了》的视频,引发志愿服务的主题

导语:孩子们,我们在玩大滑梯的时候,咱们班的米米发现了一个问题,咱们一起去看一看,到底怎么了。

1. 教师播放视频,幼儿观察视频中的内容。

2. 幼儿说一说,米米遇到了什么问题。

小组讨论:幼儿与同伴谈一谈自己的解决方法。重点提问:孩子们,视频中的米米怎么了? 面对这个问题,我们怎么做? 小结:我们可以为大型玩具"洗洗澡"让它变干净,这样玩滑梯游戏的时候衣服就不会脏了。

二、出示工具材料,为志愿者服务做准备

导语:小朋友们,我们一起看一看,今天我们都准备了哪些好的材料来为滑梯"洗洗澡"。

1. 看一看,共同认识劳动工具。

(1)幼儿观察师幼共同收集到的劳动工具。(2)同伴交流劳动工具的使用方法。

2. 说一说,劳动中如何保护自己。

(1)幼儿交流劳动中安全的注意事项。

(2)教师提升:高的地方够不到就要想办法,不要爬到顶端,这样会摔下来。

三、自由结合,志愿小队一起出发

导语:孩子们,我们已经会使用工具服务了,接下来我们就分成四个小队,请你和你的好朋友自由结合成一个小队。

1. 分一分,自由结合成志愿服务队。

(1)幼儿根据自己的意愿自由结合成小队。(2)每个小队中幼儿讨论自己要干的事情,分工明确。

2. 开始工作。

(1)为幼儿整理好自己的衣服,卷好袖口,拿好工具。

(2)幼儿来到户外场地,选择自己小队的大型滑梯。

3. 重点指导。

(1)幼儿遇到高的地方触碰不到,鼓励幼儿自己想办法解决。

(2)鼓励幼儿做事认真,和好朋友分工合作完成。

四、瞧一瞧,看一看,志愿服务小队成果齐分享

1. 师幼共同巡看志愿服务的质量。

2. 按标记,分类收放工具。幼儿将劳动工具分类装进桶中。

活动延伸:

本次活动后和幼儿共同商量,这样的志愿者服务我们是否还要继续? 我们小小志愿者还可以进行哪些活动? 经过讨论,将志愿者活动再丰富,将志愿服务精神传承下去,将志愿者活动延续下去。

活动评析:

本次活动是一次小志愿者做事情的活动。志愿服务是一种服务他人快乐自己的活动。从幼儿阶段接触小志愿者的服务和生活是孩子们成长所必需的,这样的教育活动可以成为系列的幼儿园的志愿活动,用我们的小手号召身边的成人,传递一种志愿、服务、绿色的生活方式。幼儿活动中服务的表情、动作都是快乐的自主的,他们洗抹布、擦玩具、洗皮球,从幼儿的脸上洋溢的笑容看不出辛苦与劳累,我们看到的是阳光与欢乐,上上下下,反反复复擦拭,他们心里美滋滋的,愿意、享受实践活动正是幼儿所需要的,做真事、做实事也是大班幼儿所需要的。

(活动选自《幼儿园大班社会领域活动指导》第99页,活动源自:北京市密云区第六幼儿园廖山川)

四、家乡归属感教育活动的设计和指导

家乡归属感教育指的是幼儿园对幼儿有意识地进行家乡归属感的教育,让幼儿了解到自己的家乡与别处不同的特色,在此基础上建立起幼儿对家乡的认识,由此培养幼儿对家乡的热爱和自豪感。教师可以和幼儿说一说或在地图上找一找自己家所在的省、市、县(区)名称;也和幼儿一起外出游玩,一起看有关的电视节目或画报等;和他们一起收集有关家乡的风景名胜、著名建筑、独特物产的图片等,在观看和欣赏的过程中激发幼儿的自豪感和热爱之情。

五、国家归属感教育活动的设计和指导

爱国情感是人的社会情感的重要方面,而爱国情感应该从小培养。幼儿园阶段的爱国主义教育就是国家归属感教育,教师可以利用电视节目或参加升旗等活动,向幼儿介绍国旗、国歌以及观看升旗、奏国歌的礼仪,也可以向幼儿介绍反映中国人聪明才智的发明和创造,激发幼儿的民族自豪感。

案例

中班社会活动： 我是中国人

活动目标：

1. 知道自己是中国人。
2. 了解国家一些重大成就,为自己是中国人感到自豪。

活动准备：

1. 经验准备：了解有关中国的地理知识,中国人的外貌特征。
2. 物质准备：一面镜子,挂图"我是中国人",汉语、英语录音各一段。

活动重点：

初步了解中国人与外国人在肤色、外貌以及饮食习惯等方面的不同,知道自己是中国人。

活动难点：

知道中国很大,中国人很聪明,萌发做中国人的自豪感。

活动过程：

一、引导幼儿认识自己的外貌特征

1. 请小朋友照镜子,说说自己的外貌特征,让幼儿知道我们都是黑头发、黑眼睛、黄皮肤的中国人,我们的国家是中华人民共和国。

2. 请幼儿看图片,观察外国娃娃的外貌特征,(有的是黄头发的,有的是黑头发;有的是蓝眼睛,有的是灰眼睛;有的是白皮肤,有的是黄皮肤,有的是黑皮肤……)说说他们和中国娃娃有什么不同。

3. 然后请幼儿从教学挂图画面上不同种族的娃娃中找出中国娃,并说出他们的特征来。

二、引导幼儿了解中国

1. 请幼儿看世界地图,找出中国在地图上的位置,并观察中国地图的轮廓。

2. 放两段录音,一段汉语,一段英语,请幼儿说说自己听到了什么。然后告诉幼儿我们说的语言是汉语普通话。

三、教师小结

帮助幼儿了解中国人在外貌形象、饮食习惯、语言文字等方面的特点,初步引发幼儿作为中国人的自豪感。

活动评析：

"爱国教育"一直是一个重要的教育内容,特别是对于年龄小的孩子来讲,应该将爱国主义渗透到日常教育中,贯穿于一日生活之中。这个活动生动有趣,通过对比观察,帮助幼儿初步感知不同人种外貌之间的差异,感受中国人外貌的明显特征。接着,教师向幼儿介绍了中国的基本情况,让幼儿感受中国的强大,增强民族自豪感。建议此活动继续延伸,充分利用家长和社区资源、为幼儿提供多种多样的操作探索活动,让幼儿在亲身感受和体验中萌发作为一名中国人的骄傲和自豪。

(活动选自:《幼儿园中班社会领域活动指导》第38页,活动源自：北京市密云区第五幼儿园齐冉冉)

小·组实训活动

1. 分组分工

(1) 分组：将学生按5—6人一组进行分组,选出组长,设计组名。

(2) 分工：将组员按照活动任务要求分工。

(活动任务：设计方案、制作课件、制作教具、试讲、配班)

2. 自选或自定内容(幼儿园归属感教育活动)

(1) 家庭归属感教育活动(我爱我家、相亲相爱一家人)。

(2) 幼儿园归属感教育活动(我爱我的幼儿园、幼儿园是我家)。

(3) 家乡归属感教育活动(我爱家乡、家乡最美)。

(4) 国家归属感教育活动(我是中国人、祖国真伟大)。

3. 实训要求(可先在教法实训室试讲,再分析录播视频)

(1) 精心设计活动方案(详案)。

(2) 认真准备课件、教具。

(3) 试讲人要熟练掌握内容,其他人要演好幼儿角色。

本单元国家幼儿园教师资格证历年真题练习

一、单选题

1. (2014年下半年保教)幼儿园促进幼儿社会性发展的主要途径是(　　)。

A. 人际交往　　　　B. 操作练习　　　　C. 教师讲解　　　　D. 集体教学

2. (2015年上半年保教)幼儿看见同伴欺负别人会生气,看见同伴帮助别人会赞同,这种体验是(　　)。

A. 理智感　　　　B. 道德感　　　　C. 美感　　　　D. 自主感

3. (2015年上半年保教)让脸上抹有红点的婴儿站在镜子前,观察其行为表现,这个实验测试的是婴儿哪方面的发展?(　　)

A. 自我意识　　　　B. 防御意识　　　　C. 性别意识　　　　D. 道德意识

4. (2015年上半年保教)个体认识到他人的心理状态,并由此对其相应行为作出因果性推测和解释的能力称为(　　)。

A. 元认知　　　　B. 道德认知　　　　C. 心理理论　　　　D. 认知理论

5. (2015年下半年保教)班杜拉的社会认知理论认为(　　)。

A. 儿童通过观察和模仿身边人的行为学会分享

B. 操作性条件反射是儿童学会分享最重要的学习形式

C. 儿童能够学会分享是因为儿童天性本善

D. 儿童学会分享是因为成人采取了有效的奖惩措施

6. (2017 年上半年保教)初入园的幼儿常常有哭闹、不安等不愉快的情绪,说明这些幼儿表现出了（   ）。

　　A. 回避型依恋　　　　　B. 抗拒性格　　　　　C. 分离焦虑　　　　　D. 黏液质气质

二、简答题

1. (2015 上半年保教)简述班杜拉社会学习理论的主要观点。

2. (2016 年下半年保教)简述幼儿社会学习的指导要点。

三、论述题

1. (2017 年上半年保教)试论述如何在一日生活中实现社会领域的教育目标。

幼儿园科学领域活动的设计和实训

分离混合物

一次科学活动中教师给幼儿提供了一盒混合物,包括花生、小米、纸屑等。老师给每组幼儿提供了分离的工具,包括筷子、勺子、筛篮、水盆等,然后让各组幼儿尝试分离混合物。有的小组先使用筷子一个一个把花生夹出来,再用手把纸屑一张一张拣出来,最后剩下小米;有的小组使用筛篮先把小米过滤出来,然后把花生和纸屑放到水盆里,纸屑漂浮出来,最后剩下花生。活动过程中,每组幼儿都在积极尝试各种方法分离混合物,并且与其他组分享、交流自己组的分离过程。

现在很多家长在培养孩子科学素质方面,往往误以为只有进科技馆、阅读科学书籍才能培养孩子的科学兴趣、启蒙孩子的科学意识,从而获取科学知识。幼儿的科学兴趣、科学意识和基本的科学探究能力到底从何而来呢?幼儿的科学教育到底包括哪些内容?又该通过哪些活动、内容和方法来提高幼儿的科学能力呢?让我们进入本单元的学习。

第一课 幼儿园科学教育概述

一、幼儿园科学教育的概念

幼儿园科学教育是教师引发、支持和引导幼儿对周围世界进行主动探究,以帮助他们形成科学情感和态度,掌握科学方法,获得有关周围物质世界及其关系的科学经验的过程。

二、幼儿园科学教育的目标和内容

(一)幼儿园科学教育的目标

目标是行动的出发点和导向。《纲要》明确提出了科学领域的教育目标,我们将其作为科学领域的总目标:(1)对周围的事物、现象感兴趣,有好奇心和求知欲;(2)能运用各种感官,动手动脑,探究问题;(3)能用适当的方式表达、交流探索的过程和结果;(4)能从生活和游戏中感受事物的数量关系并体验到数学的重要和有趣;(5)爱护动植物,关心周围环境,亲近大自然,珍惜自然资源,有初步的环保意识。《指南》中科学领域主要包括科学探究和数学认知两个子领域,并从不同年龄阶段的角度对各子领域的具体目标进行展开分析。

资料链接

表2-4-1 《指南》科学领域目标

(一) 科学探究

目标1 亲近自然,喜欢探究

3—4岁	4—5岁	5—6岁
1. 喜欢接触大自然,对周围的很多事物和现象感兴趣。 2. 经常问各种问题,或好奇地摆弄物品。	1. 喜欢接触新事物,经常问一些与新事物有关的问题。 2. 常常动手动脑探索物体和材料,并乐在其中。	1. 对自己感兴趣的问题总是刨根问底。 2. 能经常动手动脑寻找问题的答案。 3. 探索中有所发现时感到兴奋和满足。

目标2 具有初步的探究能力

3—4岁	4—5岁	5—6岁
1. 对感兴趣的事物能仔细观察,发现其明显特征。 2. 能用多种感官或动作去探索物体,关注动作所产生的结果。	1. 能对事物或现象进行观察比较,发现其相同与不同。 2. 能根据观察结果提出问题,并大胆猜测答案。 3. 能通过简单的调查收集信息。 4. 能用图画或其他符号进行记录。	1. 能通过观察、比较与分析,发现并描述不同种类物体的特征或某个事物前后的变化。 2. 能用一定的方法验证自己的猜测。 3. 在成人的帮助下能制定简单的调查计划并执行。 4. 能用数字、图画、图表或其他符号记录。 5. 探究中能与他人合作与交流。

目标3 在探究中认识周围事物和现象

3—4岁	4—5岁	5—6岁
1. 认识常见的动植物,能注意并发现周围的动植物是多种多样的。 2. 能感知和发现物体和材料的软硬、光滑和粗糙等特性。 3. 能感知和体验天气对自己生活和活动的影响。 4. 初步了解和体会动植物和人们生活的关系。	1. 能感知和发现动植物的生长变化及其基本条件。 2. 能感知和发现常见材料的溶解、传热等性质或用途。 3. 能感知和发现简单物理现象,如物体形态或位置变化等。 4. 能感知和发现不同季节的特点,体验季节对动植物和人的影响。 5. 初步感知常用科技产品与自己生活的关系,知道科技产品有利也有弊。	1. 能察觉到动植物的外形特征、习性与生存环境的适应关系。 2. 能发现常见物体的结构与功能之间的关系。 3. 能探索并发现常见的物理现象产生的条件或影响因素,如影子、沉浮等。 4. 感知并了解季节变化的周期性,知道变化的顺序。 5. 初步了解人们的生活与自然环境的密切关系,知道尊重和珍惜生命,保护环境。

（二）数学

目标 1　初步感知生活中数学的有用和有趣

3—4 岁	4—5 岁	5—6 岁
1. 感知和发现周围物体的形状是多种多样的，对不同的形状感兴趣。 2. 体验和发现生活中很多地方都用到数。	1. 在指导下，感知和体会有些事物可以用形状来描述。 2. 在指导下，感知和体会有些事物可以用数来描述，对环境中各种数字的含义有进一步探究的兴趣。	1. 能发现事物简单的排列规律，并尝试创造新的排列规律。 2. 能发现生活中许多问题都可以用数学的方法来解决，体验解决问题的乐趣。

目标 2　感知和理解数、量及数量关系

3—4 岁	4—5 岁	5—6 岁
1. 能感知和区分物体的大小、多少、高矮、长短等量方面的特点，并能用相应的词表示。 2. 能通过一一对应的方法比较两组物体的多少。 3. 能手口一致地点数 5 个以内的物体，并能说出总数。能按数取物。 4. 能用数词描述事物或动作。如我有 4 本图书。	1. 能感知和区分物体的粗细、厚薄、轻重等量方面的特点，并能用相应的词语描述。 2. 能通过数数比较两组物体的多少。 3. 能通过实际操作理解数与数之间的关系，如 5 比 4 多 1；2 和 3 合在一起是 5。 4. 会用数词描述事物的排列顺序和位置。	1. 初步理解量的相对性。 2. 借助实际情境和操作（如合并或拿取）理解"加"和"减"的实际意义。 3. 能通过实物操作或其他方法进行 10 以内的加减运算。 4. 能用简单的记录表、统计图等表示简单的数量关系。

目标 3　感知形状与空间关系

3—4 岁	4—5 岁	5—6 岁
1. 能注意物体较明显的形状特征，并能用自己的语言描述。 2. 能感知物体基本的空间位置与方位，理解上下、前后、里外等方位词。	1. 能感知物体的形体结构特征，画出或拼搭出该物体的造型。 2. 能感知和发现常见几何图形的基本特征，并能进行分类。 3. 能使用上下、前后、里外、中间、旁边等方位词描述物体的位置和运动方向。	1. 能用常见的几何形体有创意地拼搭和画出物体的造型。 2. 能按语言指示或根据简单示意图正确取放物品。 3. 能辨别自己的左右。

（二）幼儿科学教育的内容

　　目标是选择内容的依据，内容是目标实现的重要保证。《纲要》中对幼儿园科学教育提出了七条内容和要求：引导幼儿对身边常见事物和现象的特点、变化规律产生兴趣和探究的欲望，如：观察周边的动物和植物；为幼儿的探究活动创造宽松的环境，让每个幼儿都有机会参与尝试，支持、鼓励他们大胆提出问题，发表不同意见，学会尊重别人的观点和经验；提供丰富的可操作的材料，为每个幼儿都能运用多种感官、多种方式进行探索提供活动的条件；通过引导幼儿积极参加小组讨论、探索等方式，培养幼儿合作学习的意识和能力，学习用多种方式表现、交流、分享探索的过程和结果；引导幼儿对周围环境中的数、量、形、时间和空间等现象产生兴趣，建构初步的数概念，并学习用简单的数学方法解决生活和游戏中某些简单的问题;从生活或媒体中幼儿熟悉的科技成果入手,引导幼儿感受科学技术对生活的影响,培养他们对科学的兴趣和对科学家的崇敬;在幼儿生活经验的基础上,帮助幼儿了解自然、环境与人类生活的关系;从身边的小事入手,培养初步的环保意识和行为。

三、 幼儿园科学教育的方法和途径

(一) 幼儿园科学教育的方法

幼儿科学教育的方法主要包括观察法、实验操作法、测量法、科学实践法等。

1. 观察法

观察法是指儿童在教师或成人指导下,有目的地感知客观事物的过程和儿童自发的观察过程。运用观察法可以通过儿童与客体的相互作用,丰富儿童的感性经验,扩大儿童的眼界。

2. 实验操作法

实验操作法是指幼儿在教师指导下通过自己动手操作仪器和材料,以发现客观事物的变化及其关系的科学活动。实验操作法可以极大地满足幼儿的探究欲望,培养幼儿对科学的兴趣。

3. 测量法

测量法是指通过观察或者运用简单的测量工具,对物体进行简单的初级的测定。测量法又分为观察测量,如:通过眼睛、手、脚等感官来测量物体;自然测量,如:用一些自然物如木棍、绳子等作为量具对物体进行测量;正式量具测量,如:以通用的标准量具对物体进行测量,适合幼儿用的标准量具有尺子、天平、温度计、钟表、秤等。

4. 科学实践法

科学实践法是指幼儿参与一定的劳动实践或科学制作过程,从而获取科学经验的过程。

(二) 幼儿园科学教育的途径

根据幼儿科学教育的目标、内容、方法和幼儿的年龄特点,可以通过不同的教育途径,有针对性地开展适合幼儿的科学教育活动。

1. 在幼儿园科学领域活动中开展正规的科学教育活动

正规的科学领域教育活动是教师有目的、有计划地安排专门时间,提供活动环境和材料,并组织全体幼儿参与的一种专项科学活动。

2. 融合在其他领域里的科学教育活动

各个学科之间的知识是互相联系和相互渗透的,科学以外的其他领域教学活动(如语言、社会、艺术、健康等)都与科学教育活动有着一定的联系,在其他领域活动中渗透科学教育,能够巩固、加深、补充和促进幼儿科学概念的发展,能使幼儿科学学习活动更加全面、有效。

3. 幼儿园区角和游戏活动中的科学教育活动

区角活动是通过创设活动区角,如:角色游戏区、建筑区、美工区等,给幼儿提供自主选择、自由交往、表达合作、探索发现的机会和空间。教师可以通过区角创设材料投放来满足儿童发展需要,实现科学教育目标。

游戏是幼儿最喜爱的活动,也是幼儿科学教育的有效途径。采用游戏的方式能提高幼儿科学学习的兴趣,激发幼儿科学探究欲望,使他们能主动地学习,从而取得良好的学习效果;此外,在各种游戏之中,蕴含着大量的数、量、形、自然、科技产品等方面的知识,幼儿参与游戏,不仅可以积极主动地参与各种活动,同时也能思考、感受其中蕴含的科学现象,积累丰富的科学感性经验等。

4. 日常生活中的科学教育

在幼儿的日常生活中,帮助他们感知和了解某些自然现象,特别是与幼儿生活相近的,或者是能引起幼儿兴趣的自然现象,如日、月、星辰、风、雨、云、光、声、影子、山川、河流、冷热、四季特征和变化等。

第二课　幼儿园观察类活动

一、幼儿园观察类科学活动概述

(一)观察类科学活动定义

观察类科学活动是指幼儿教师提供事物或现象,引导幼儿运用多种感官,按照一定顺序和方法进行观察,获取事物的基本特征,激发幼儿的好奇心,培养幼儿的科学情感和态度的一类活动。

(二)观察类科学活动的分类

观察类科学活动一般可以分为一般性观察、比较性观察和长期系统性观察三种类型。一般性观察指幼儿有目的地运用多种感官对单一物体或现象进行的短时间的观察。比较性观察是指幼儿对两种或两种以上的物体或现象进行的比较观察。长期系统性的观察是指幼儿在较长一段时间里,有计划地观察某一物体或现象的发展变化,以了解事物之间的简单联系和因果关系。

二、观察类科学活动的实施过程

(一)呈现观察对象,提出观察任务

活动开始,老师应向幼儿呈现观察对象,并交代清楚此次观察活动的任务。观察对象的呈现应保证每个幼儿能够清晰、完整地观察。向幼儿交代观察任务时,语言要简单易懂,确保每个儿童能够明确观察任务。

(二)引导幼儿进行观察

1. 观察过程中,教师应引导幼儿进行观察,如告诉幼儿观察的顺序,引导幼儿发现观察对象的显著特征,或比较不同观察对象之间的区别,或总结观察对象的共同特征等。

2. 观察中的表达交流

在幼儿观察过程中,教师可以引导幼儿相互之间进行观察结果的表达与交流。表达与交流的方式可以采用语言表达和观察记录相结合的方式进行。如大班科学活动"多种多样的根"可以组织幼儿对不同的根的形状和作用进行记录,并引导幼儿之间进行分享和交流。

3. 观察结束时的总结

在观察结束时,教师应对幼儿观察到的现象进行归纳和总结,加深幼儿观察的印象,帮助幼儿形成相对系统的观察经验。

三、观察类科学活动的设计与指导

(一)一般性观察活动

通过一般性观察,幼儿可以观察事物或现象的外部特征,如:颜色、大小、形状、气味、软硬度等;观察事物或现象的内部结构或特征,如功能、作用等;观察动植物的生发过程;观察周围环境的变化等。

(二)比较性观察活动

比较性观察中,幼儿会对多种物体或现象进行观察,发现其相同点和不同点,为分类学习奠定基础。

这种观察是建立在一般性观察基础之上的。

通过比较性观察活动,幼儿可以获取多种能力,如通过找出物体的不同点和相同点,可以帮助幼儿练习比较、分类能力,同时通过多种物体之间的对比,也可以帮助幼儿发现不同事物之间的联系。

案例(附光盘视频)

小班数学活动: 一颗纽扣

活动目标:

1. 尝试按照纽扣的多个特征进行比较观察。
2. 初步懂得拾到东西要归还失主,感受物归原主的快乐。

活动准备:

1. 故事画面。
2. 人手一份与故事描述相同塑封的动物图像和可以匹配的纽扣。

活动过程:

一、了解故事名称

1. 介绍故事名称,找找自己身上的纽扣。
2. 说说自己身上有几颗纽扣,是不是相同。

二、按故事线索参与讨论

小老鼠发现了纽扣——

1. 看看说说纽扣什么样。(教师归纳:"这是一颗白色的、圆圆的纽扣,纽扣上还有两个小洞,它会是谁的衣服上掉下来的呢?")
2. 掉了纽扣的朋友一定很着急,该怎么办呢?

小老鼠去问小狗——

1. 小老鼠问小狗:"这颗纽扣是你掉的吗?"
2. 发现纽扣不是小狗的。

小老鼠去问小兔——

1. 小老鼠问小兔:"这颗白色纽扣是你掉的吗?"
2. 发现颜色相同,但是形状不同,不是小兔的。

小老鼠去问蟋蟀——

1. 小老鼠问蟋蟀:"这颗白色圆形的纽扣是你掉的吗?"
2. 发现虽然颜色和形状相同,但是大小不同,不是蟋蟀的。

小老鼠去问大象——

1. 小老鼠问大象:"这颗白色圆形大纽扣是你掉的吗?"
2. 虽然颜色、形状和大小相同,但是洞孔不同,不是大象的。

三、归纳提升,破解悬念

1. 动物们都愿意帮助小老鼠一起去找纽扣的失主。
2. 共同描述纽扣的特征:"白色、圆形、大大的,中间有两个小组洞。"
3. 大家正在寻找时,发现小老鼠妈妈的衣服上少了一颗纽扣。

四、操作尝试,迁移运用

1. 小老鼠想:我的朋友们都掉了纽扣,让我再来帮助他们找回纽扣吧。
2. 运用操作材料进行匹配。
3. 看看说说:动物们都找回自己的纽扣了吗?

活动评析:

小班幼儿对形状各异、大小不同的纽扣很感兴趣,而且小班幼儿开始注意事物的形状特征,通过引导可以让幼儿尝试用表示形状的词来描述事物。同时,小班幼儿能感知和区分物体的大小、多少等方面的特点,并能学习用相应的词表示。这次活动能让孩子在生动有趣的故事与操作中,感知物体的形状、大小、数量的不同,而且活动过程中,教师有意识地培养幼儿仔细观察、认真比较、大胆操作的好习惯。整个活动过程,教师比较重视发现幼儿的积极性和主动性,通过教师启发性的提问,引导幼儿进行形状、颜色、大小等方面的观察和比较,并鼓励幼儿大胆用语言表述自己的观点。

(三)长期系统性观察活动

长期系统性的观察是指幼儿在较长一段时间里,有计划地观察某一物体或现象的发展变化,以了解事物之间的简单联系和因果关系。这类活动需要幼儿长期跟踪观察某一事物或现象的变化,需要对每一个阶段的变化进行观察,并从中发现变化规律。

这类观察活动能够培养幼儿的耐心和恒心,锻炼幼儿的观察和记录能力,帮助幼儿发现和探索事物发展的规律,培养幼儿长期、持续观察的良好习惯。

小组实训活动

1. 分组分工
(1)分组:将学生按5—6人一组进行分组,选出组长,设计组名。
(2)分工:将组员按照活动任务要求分工。
(活动任务:设计方案、制作课件、制作教具、试讲、配班)
2. 自选或自定内容(幼儿园科学领域观察类活动)
可选内容:一般性观察类活动(可爱的小白兔、认识草莓)
　　　　　比较性观察类活动(多种多样的鱼、漂亮的花)
　　　　　长期系统性观察类活动(小蝌蚪去哪儿了、小树长大了)
3. 实训要求(可先在教法实训室试讲,再分析录播视频)
(1)精心设计活动方案(详案)。
(2)认真准备课件、教具。
(3)试讲人要熟练掌握内容,其他人要演好幼儿角色。

第三课　幼儿园实验类活动

一、幼儿园实验类活动概述

(一)实验类活动定义

实验类幼儿科学教育活动是指幼儿在教师指导下通过自己动手操作材料与仪器等,进行尝试、观察等,以发现客观事物之间的变化及其关系的科学活动。

(二)实验类活动组织与指导的注意事项

1. 鼓励幼儿自主尝试,允许幼儿"犯错"。
2. 提供科学、充足的实验材料。

3. 引导幼儿进行科学实验的分享与交流。

(三) 实验类活动的设计与实施

1. 激发幼儿探究欲望,提出或引导幼儿发现问题。
2. 介绍实验材料,让幼儿尝试操作。
3. 鼓励幼儿进行多种方法的尝试,适时指导,允许幼儿出错。
4. 实验结束进行总结。

(四) 实验类活动的种类

1. 集体实验类活动

集体活动中,幼儿教师为幼儿提供统一的实验材料,全体幼儿在统一的时间段内,进行实验探索,发现实验结果,这种集体的实验类活动方便老师组织,便于幼儿之间的相互学习,但集体活动的时间有限,不利于幼儿自由探索和操作,容易导致幼儿探索过程过于紧张。

2. 区角实验类活动

在幼儿园区角开设科学活动区,引导幼儿进行实验类活动,可以激发幼儿的探索欲望,培养幼儿自己动手进行探究的良好习惯。

案例

中班实验类活动: 奇妙的小水滴

活动目标:
1. 通过实验比较水滴滴在不同纸上的变化。
2. 认识生活中各种纸的不同作用。

活动准备:
1. 不同的纸(卡纸、餐巾纸、宣纸、塑料包装纸)每人各一张。
2. 水杯、滴管每人一个,彩色笔、录音机等。
3. 统计表。

活动过程:
一、创设情境、导入
幼儿随音乐《大雨和小雨》进入活动室。
师:小朋友,听,下雨啦! 让我们一起唱这首歌吧! (师幼齐唱)
1. 提出问题,设置疑问。
师:小朋友猜一猜,下雨天如果我们头顶纸到活动室,雨水滴在纸上会是什么样子?
2. 承上启下,引出任务。
师:我们一起来做一个实验,看哪种纸吸水? 哪种纸不吸水? 教师出示卡纸、餐巾纸、宣纸、塑料包装纸,师幼共认。
二、猜想与探索
1. 交代任务,进行猜想。
教师出示统计表,把刚认完的各种纸的实物贴在表内。幼儿6人一组,分5个小组进行讨论。(幼儿出现初步的合作,教师及时捕捉并鼓励)教师巡视并询问每个幼儿的猜想:你猜哪种纸吸水? 哪种纸不吸水?
2. 交流、分享。
引导幼儿做标记。幼儿按组去黑板的统计表中用彩笔做标记。师:你认为哪种纸吸水就在哪种纸下面的栏中做标记。幼儿都画完后,教师提出质疑:小朋友在每种纸上都做了标记,到底哪种纸吸水呢? 自主探索,观察小水滴滴在各种纸上的现象。

教师发水杯、滴管、各种纸每人一张。师:卡纸吸水吗?幼儿动手操作,师幼共试。用滴管在水杯吸水后滴在卡纸上,教师巡视,对操作正确的幼儿及时鼓励,指导纠正有困难的幼儿。

师:塑料包装纸吸水吗?它吸得多不多呢?让我们也来动手试一试。幼儿动手操作,教师巡视指导。交流分享,在表中标记,教师重新出示统计表,幼儿分组用彩笔在表中作标记。(大部分幼儿在卡纸、宣纸、餐巾纸栏中作了标记,也有几个幼儿在塑料包装纸栏中作了标记)师:我们再动手做一做,塑料包装纸吸水吗?幼儿再动手试一试,验证塑料包装纸不吸水。

三、教师总结

师:水滴滴在不同的纸上,现象就不同。有的纸吸水;有的纸不吸水;有的纸吸水多;有的纸吸水少。不同的液体滴在这几种纸上,图案也不一样,我们回家可以用彩色水滴去试一试。

四、自主创作,用水滴滴画

师:我们通过动手尝试,发现宣纸是吸水的,看老师在干什么?教师拿滴管把水滴滴在宣纸上,形成一个个图案,让幼儿观察,引起幼儿动手操作的兴趣。幼儿动手操作,每个幼儿一张宣纸。

教师巡视,对滴出图案的幼儿及时给予鼓励,指导有困难的幼儿。

活动延伸:

教师把幼儿用水滴滴的画贴在美工区内展示。

(资料来源:节选自甘明,买哲,贝娟主编.幼儿科学教育与活动指导.北京:首都师范大学出版社,2017. P96.)

小组实训活动

1. 分组分工

(1) 分组:将学生按5—6人一组进行分组,选出组长,设计组名。

(2) 分工:将组员按照活动任务要求分工。

(活动任务:设计方案、制作课件、制作教具、试讲、配班)

2. 自选或自定内容(幼儿园科学领域实验类活动)

可选内容:集中实验类活动(颜色变变变)。

区角实验类活动(空气在哪里)。

3. 实训要求(可先在教法实训室试讲,再分析录播视频)

(1) 精心设计活动方案(详案)。

(2) 认真准备课件、教具。

(3) 试讲人要熟练掌握内容,其他人要演好幼儿角色。

第四课　幼儿园技术制作类活动

一、幼儿园技术制作类活动概述

(一)技术制作类活动定义

所谓制作需要幼儿动手、动脑,运用一定的材料进行操作、练习、创造,所谓技术则需要幼儿掌握一定的方法和技巧,比如如何使用工具,如何选取材料,如何组合建构等。所以技术制作类活动是指运用一定的方法技巧,使用简单常见的工具,设计并开展小制作,学习在操作中发现问题,在设计创造中解决问题,学会对所见的和所做的事进行思考。

(二)技术制作类活动的教育价值

技术制作类活动是一项综合能力较强的活动,它不仅对幼儿科学思维有启蒙作用,同时对幼儿的身心发展、审美发展等方面也具有一定的教育意义。

在幼儿操作工具制作过程中,不仅锻炼了手、腕、胳膊等部分的运动灵活性,同时也锻炼了幼儿的手眼协调能力。

同时,幼儿在技术制作类活动过程中,能够根据材料进行独立制作,对幼儿的智力发育有促进,一方面帮助幼儿提高注意力,另一方面制作的过程本身也是幼儿对自我的一种激励和一种控制。

从美育角度教,幼儿在技术制作过程中,会考虑美感,从创作到制作过程中都会体现美的元素,所以这对幼儿的发现美、创造美的能力也是一种提升。

(三)技术制作类活动的分类

技术制作类的科学教育活动一般分为四种类型:观察——操作;运用——操作;学习——制作;设计——制作。

1. 观察——操作

这类活动主要是让幼儿通过观察、感受日常生活当中常见的技术产品(如家用电器、科技产品、消防救灾器具等),培养幼儿关注科技的兴趣。这类活动一般需要教师提供产品的实物或图片等,向幼儿讲解演示产品的使用,随后让幼儿进行观察、尝试并完成操作。

2. 运用——操作

这类活动主要是让幼儿学习使用并操作工具,并尝试运用工具来解决一些生活中的常见问题。这些工具一般都是生活中常见的,如剪刀、药箱等。这类活动幼儿教师可以进行启发、示范,幼儿通过观察、尝试、练习等,最终掌握正确的使用方法。

3. 学习——制作

这类活动需要幼儿在学习、观摩的基础上进行制作简单的物品。如降落伞、传声筒等。这类活动通常需要幼儿教师进行讲解、演示制作过程,幼儿学习、尝试,最终制作出相应的物品。这类活动开始,强调幼儿制作能力的锻炼。

4. 设计——制作

这类活动需要幼儿在前面学习——制作的基础上,进行创造和设计。这类活动通常在教师的支持和帮助下,由幼儿自主设计、自己动手动脑,完成制作的过程。

案例

中班科学活动: 能站起来的小动物

活动目标:
1. 学习使用剪、折、粘、贴多种技能,探究平面纸制品立体化的方法。
2. 能根据自己的创想进行尝试。

活动准备:
1. 材料准备:幼儿画好的各种动物多个,各种材质的纸(皱纹纸、瓦楞纸、电光纸、彩色复印纸、软泡沫纸、宣纸、纸盒纸、牛奶袋纸),大森林的立体背景,胶棒,剪刀,胶条等。
2. 经验准备:在教室环境中摆放几种立体物,相框等。

活动过程:
1. 引导幼儿讨论:怎样让小动物"站"起来。

师：看黄老师带了什么？（出示做好的大森林）

师：在这个大森林里，小动物很想站起来看一看外面的景色，如果用托盘里的这些纸材料，你能有什么办法让动物站起来？

师：小朋友方法真多，一会儿你们可以用不同的纸来试一试，想办法让小动物们站起来，然后把站起来的动物摆在大森林中。看看谁做的和其他小朋友不一样，用的方法最多。

2. 探究让小动物"站"起来的多种方法。

幼儿独立操作，教师提供多种材质的纸张，观察幼儿使用的方法，给予不同程度的帮助。

3. 分享：让小动物"站"起来的不同方法。

（1）向同伴介绍自己的方法。

（2）引导幼儿讨论："大家都用了什么方法？哪些方法是一样的？"

活动延伸：

将幼儿制作好的"大森林"摆放到建构区，鼓励幼儿继续制作可以立起来的动植物。

（资料来源：改编自北京师范大学实验幼儿园　王莹.选自北京市海淀区教师进修学校主编.实践·研究·反思：幼儿园优秀教育活动案例与评析.北京：北京师范大学出版社，2010.P159）

二、技术制作类活动的设计与指导

（一）技术制作类活动的目标

根据技术制作类活动的分类可以看出，技术制作类活动设计与实施过程中要注意难易度的把握，注意关注幼儿年龄特点，在此基础上进行目标的制订。夏力在其主编的书中，把技术制作类科学教育活动的具体目标制订如下[①]：

资料链接

表 2-4-2

教学内容	适用年龄	具体目标	举例
感受技术产品	0—2岁及以上	运用多种感官感知技术产品的特征和用途	使用学步车、照镜子、玩玩具
体会操作乐趣	2—3岁及以上	提出他们可能办到的事情，在家长与教师的帮助下操作与体验	骑三轮车、玩大型玩具、玩纸、泥塑
掌握简单工具的使用	3—4岁及以上	能正确使用简单的测量工具、生活工具和自制工具	学习用推、按、拧等不同方法使用手电筒
按程序进行操作或制作	4—5岁及以上	能利用各种材料和设备按规定步骤制作简单物品	学习按步骤正确小制作
设计并开展科技小制作	5—6岁及以上	行动表明有自己的想法，能用交谈、图像、图样、模型等手段来设计并操作，同时能简单说明理由	学习选择合适的材料自行设计并制作

① 夏力主编.学前儿童科学教育活动指导.上海：复旦大学出版社，2005.p74

（二）技术制作类活动过程

科学制作类的活动过程一般包括：教师演示或者操作材料引起幼儿兴趣；介绍科学制作的方法和步骤；幼儿操作，教师适时指导；展示科学制作的成果，教师总结。如：中班科学活动"风车转起来"，老师先呈现风车，然后介绍风车制作的材料和方法，让幼儿进行操作，尝试制作风车，最后展示风车制作的成果，教师总结。

案例

中班科学活动：风车转转转

活动目标：

1. 根据自己的猜想选择纸张制作简易风车，并体验制作的乐趣。
2. 通过玩风车验证什么样的纸更适宜做风车。

活动准备：

1. 材料准备：搜集幼儿猜想做风车的材料：纸张（报纸、宣纸、瓦楞纸、手工纸、挂历纸、皱纹纸、锡纸）、吸管、安全钉若干、幼儿个人猜想记录、集体记录表。

2. 经验准备：幼儿有玩风车的经验，并知道制作风车的方法，在玩的过程中提出了提问，对什么纸适合做风车有了疑问并做了猜想。

活动过程：

1. 说一说。

（1）结合墙饰引导幼儿回忆猜想制作风车的纸张。

师：小朋友们都猜想了哪些纸适合做风车？

幼：报纸、手揉纸、瓦楞纸、宣纸、图画纸。

（2）分享自己的猜想。

师：你是怎样猜想的？为什么？

幼：瓦楞纸结实，不会破。/手揉纸柔软，会转得快。/图画纸硬，会转得快。

师：怎样才能知道你的猜想是否成功呢？

2. 做一做（制作风车）。

幼儿根据自己的猜想选择纸张制作风车。

3. 玩一玩（感知风车的转动）。

让幼儿动手玩一玩自己亲手制作的小风车，让幼儿感觉、发现谁的风车转得更好。

4. 想一想（由分享个人验证结果引出集体验证表进行经验梳理）。

师：你的验证结果是什么？是哪里出了问题？（引导幼儿分析"为什么用瓦楞纸、皱纹纸制作的风车转不起来"）

师：你的风车转得很快啊，请你说一说你是用什么样的纸制作的？（引导幼儿总结什么纸适合做风车）

5. 评一评（集体验证结果，选出最适合做风车的纸）。

师：能转动的风车是哪些纸做的？哪些纸最适合做风车？

活动延伸：

将风车放到科学区，引导幼儿继续制作。

（资料来源：节选自北京师范大学实验幼儿园　王莹.选自北京市海淀区教师进修学校主编.实践·研究·反思.幼儿园优秀教育活动案例与评析.北京：北京师范大学出版社,2010.P135）

小·组实训活动

1. 分组分工
(1) 分组：将学生按5—6人一组进行分组,选出组长,设计组名。
(2) 分工：将组员按照活动任务要求分工。
(活动任务：设计方案、制作课件、制作教具、试讲、配班)
2. 自选或自定内容(幼儿园科学领域技术制作类活动)
可选内容：观察——操作类活动(我家的手机)
　　　　　运用——操作类活动(小小订书机)
　　　　　学习——制作(好玩的传声筒)
　　　　　设计——制作(自制望远镜)
3. 实训要求(可先在教法实训室试讲,再分析录播视频)
(1) 精心设计活动方案(详案)。
(2) 认真准备课件、教具。
(3) 试讲人要熟练掌握内容,其他人要演好幼儿角色。

第五课 幼儿园分类活动

一、幼儿园分类活动概述

(一) 分类活动定义

分类活动是幼儿数学教育的一项重要内容,分类能力也是幼儿学习数学的基础。幼儿园的分类活动就是指把具有共同特征或属性的一类事物与其他事物区分开来,如按照物体的颜色、大小、形状、用途、数量等方面进行区分。这种分类活动对锻炼幼儿的逻辑思维能力很有帮助。

(二) 幼儿常用的分类活动

1. 按物体的名称分类。2. 按物体的外部特征分类(如颜色、大小、形状、长短等)。3. 按物体量的差异分类。4. 按物体的用途分类。5. 按物体的材质分类。6. 按物体的数量分类。7. 按物体的其他特征分类。小班的幼儿可以进行前面三项的活动练习,中班和大班的幼儿可以进行后面四项的练习。

二、幼儿园学习分类活动的方法和途径

(一) 集中的数学教育活动

幼儿教师通过集中的教育活动,为幼儿提供多种物体,引导幼儿按物体的名称、物体等外部特征进行区分。引导过程中,教师应尽可能给幼儿充分的、足够的材料去观察和操作,让幼儿通过多种感官来认识、辨别物体之间的相同和不同。

（二）日常生活中的分类活动

日常生活当中，教师和家长可以利用多种活动帮助幼儿进行分类练习。如区分幼儿的衣服、鞋子等；区分幼儿的年龄、性别等；区分不同的花草树木等；区分不同的交通工具等。通过这些日常生活中的分类练习，帮助幼儿更好地理解分类的概念，帮助幼儿养成有意识观察、科学分类、有序规律的良好习惯。

案例

中班科学活动：给标志分类

活动目标：

1. 能按标志的不同特征进行分类，并用数字进行记录。

2. 探索用简单的图案为幼儿园的各个场所设计标志。

3. 能在集体面前大胆讲述。

活动准备：

1. 课前准备：教师带幼儿调查周围的标志，并请家长协助孩子调查马路上、商场里及生活中各种各样的标志。

2. 教具：1—10的数字卡片，各种标志（根据幼儿的调查情况准备）。

3. 学具：幼儿关于各种标志的统计表，白纸，笔。

活动过程：

1. 教师引导幼儿说出自己调查标志的结果。

(1) 教师："小朋友和爸爸妈妈调查了很多标志，谁来说说自己都看到了哪些标志？是什么样子？在什么地方会看见它？表示什么意思？"（禁止烟火、人行道、铁路、汽车站等标志）

(2) 幼儿每说出一种标志，教师就出示相应的标志。并让幼儿说一说表示什么意思，排列在黑板上。

(3) 幼儿相互交流自己对标志的认识。

2. 教师引导幼儿按标志表示的内容进行分类。

(1) 教师："这些标志中有的是表示交通的标志，有的是表示危险的标志，有的是表示规则的标志，有的是表示地点的标志。你能把同一类的标志放在一起吗？"

(2) 教师引导幼儿给标志分类。

3. 教师引导幼儿按标志的数量匹配数字。

(1) 教师："每种标志各有几个？请小朋友给它们找数字朋友。"

(2) 教师请个别幼儿上来匹配数字。

(3) 幼儿集体认读。

4. 教师引导幼儿为幼儿园设计各种标志。

(1) 教师："刚才老师带领小朋友参观了幼儿园，小朋友说说，你知道幼儿园有什么标志？"

(2) 教师："马路、商场、车站都有一些标志，国家、工厂、学校也有自己的标志，下面请小朋友来看一看它们的标志，小朋友们能不能为我们的幼儿园也设计一些标志呢？想一想为幼儿园设计什么内容的标志呢？"

(3) 幼儿在小组内与同伴进行相互表达与交流。教师可参与到幼儿的活动中去，以了解幼儿的认识经验和设计水平，便于开展好以下活动。

(4) 教师出示已经设计好的一张标志，如：爱护花草标志。教师重点要向幼儿讲述自己设计的标记所要表示的意义，引导幼儿设计和讲述。教师引导幼儿说说还可以设计哪些标志？（大型玩具、食堂、教室的区角等标志）幼儿说出后，教师可请个别能力较强的幼儿到前面进行设计，并讲讲自己的设计意图。

(5) 幼儿自己制作标志。

操作时，可互相讲讲自己为什么要设计这样的标志，它表示什么。

5. 教师引导幼儿给标志分类。

(1) 幼儿展示自己设计的标志,并介绍标志的含义。

教师:"你设计的标志属于哪一类? 是安全标志、规则标志还是地点标志?"

(2) 教师引导幼儿按照标志的不同进行分类,如:安全标志、规则标志、地点标志。

(3) 教师引导幼儿将表示同一内容但表现方式不同的标志摆放在一起,引导幼儿读一读。

(4) 评选"我最喜欢的标志"。

活动延伸:

教师带领幼儿将自己设计的标志张贴在相应的区角,体验成功的喜悦。

(资料来源:江苏省连云港市市辖区东海县幼儿园中四班　付丽.选自唐燕主编.幼儿园教育活动设计与实施.上海:华东师范大学出版社,2013.P260)

小·组实训活动

1. 分组分工

(1) 分组:将学生按 5—6 人一组进行分组,选出组长,设计组名。

(2) 分工:将组员按照活动任务要求分工。

(活动任务:设计方案、制作课件、制作教具、试讲、配班)

2. 自选或自定内容(幼儿园科学领域分类活动)

可选内容:多种多样的根

3. 实训要求(可先在教法实训室试讲,再分析录播视频)

(1) 精心设计活动方案(详案)。

(2) 认真准备课件、教具。

(3) 试讲人要熟练掌握内容,其他人要演好幼儿角色。

第六课　幼儿园数概念活动

一、 幼儿园数概念活动概述

幼儿数概念的发展主要包括计数能力的发展、认识数的系列的发展、掌握数的组成的发展以及加减运算能力的发展等方面。具体包括认识 10 以内的基数、认识 10 以内的序数、认识 10 以内相邻数、认识 10 以内数的组成、学习 10 以内数的加减运算等内容。

二、 认识 10 以内基数的活动

(一) 认识 10 以内基数的目标

根据不同年龄阶段的特点,认识 10 以内的基数的目标要求也不一样。小班一般要求计数 5 以内的数字,中班和大班一般要求计数 10 以内的数字,计数的方式也会随着年龄增长有所变化。

表2-4-3 认识10以内基数的目标

小班	中班	大班
会手口一致地点数5以内的物体并说出总数;能用各种感官感知5以内物体的数量;能按数取物、按物取数。	会正确点数10以内的物体并说出总数;能用各种感官感知10以内物体的数量;知道10以内相邻两个数的等差关系;能不受物体大小、形状和排列形式的干扰,正确判断10以内物体的数量。	会10以内倒着数、顺接数和倒接数,掌握10以内数的顺序;能区分单、双数,会按群计数。

(表格资料来源:庄虹,陈瑶主编.新编幼儿园教育活动设计与指导.北京:北京师范大学出版社,2011.P101.)

(二)幼儿认识10以内基数的主要活动形式

1.按物点数,说出总数

按物点数是让幼儿点数物体的数量并说出物体的总数。按物点数是幼儿计数活动的基本形式,也是幼儿进行数概念学习的基础。小班幼儿刚开始点数时,往往出现手口不一致的现象,不是手点得快口说得慢,就是口说得快手点得慢,经常漏点或漏数。教师在组织活动时,要提醒幼儿点一个数一个,数到几就是几。中班幼儿基本能够熟练掌握按物点数。教师可以引导大班幼儿学会心数,或者按规律点数等。

2.按数取物

按数取物是对数概念的实际运用。按数取物是指教师出示数字或口头说出数字,要求幼儿取出相应数量的物体。小班的幼儿一般只能按数取出5以内的实物,中班和大班的幼儿能够灵活、准确地按照指定的数字取出实物。

3.倒数和接数

倒数是指按照自然数列顺序相反的方向数数。接数是指从10以内的任何一个数字开始接着顺数或者倒数。倒数和接数可以帮助锻炼幼儿的逆向思维能力,帮助幼儿从相反的方向掌握自然数的顺序,帮助幼儿了解自然数的排列顺序及其大小关系。

4.数的守恒

数的守恒主要是帮助幼儿理解物体的数量不会随着物体的外部特征发生变化而变化,如大小、颜色、形状、位置的变化等,并不影响物体的数量。帮助幼儿学习数量的守恒时,可以按照由易到难的顺序进行,如先选择同类物体进行量的比较,再选择不同类物体进行量的比较,最后再到各种不同排列混合在一起的物体进行量的比较。

案例

中班数学活动: 学习9以内数的守恒

活动目标

1.能不受物体大小、颜色、排列形状等因素的影响,正确感知9以内数量的多少。

2.能运用观察、比较的方法判断物体数量的多少。

3.初步养成认真、细致的良好学习习惯。

活动准备

1.幼儿已能正确点数9以内的数量,并有一定的操作能力。

2.教学挂图3幅:《美丽的蝴蝶》《海洋世界》《图形大集合》;汉字"多""少"。

3. 幼儿操作材料《哪一层的苹果最多》,数字卡,汉字"多""少"幼儿人手一份。

活动过程

1. 以猜谜语导入活动,激发幼儿兴趣。

2. 通过视觉干扰,体验数的守恒。

(1) 教师出示画有不同大小、不同颜色的蝴蝶图,引导幼儿比比谁多谁少,启发幼儿运用点数的方法进行比较。

(2) 教师提供画有不同大小、不同排列形式、不同颜色的"热带鱼"和"泡泡"图,引导幼儿比比谁多谁少,进一步学习运用科学的点数方法正确判断数量的多少。

(3) 教师出示挂图《图形大集合》,让幼儿数一数挂图中图形和三角形各有多少个,选择相应的数字卡表示它们的数量,并用汉字"多""少"表示它们谁多谁少。

3. 通过实际操作,体验数的守恒。

(1) 提供操作材料《哪一层的苹果最多》及数字卡,请幼儿数一数每一层各有多少个苹果,选择相应的数字卡表示它的数量,并在最多的那一层做上标记。

(2) 请个别幼儿谈谈自己的操作材料上哪一层的苹果最多。

4. 通过听觉参与,体验数的守恒。

游戏"看谁数得又快又准",比比谁能又准又快地说出所听到的拍手次数。

活动延伸:

1. 区角活动:在数学区中,提供《比比谁多谁少》《看图按标记计数》等操作材料,巩固 9 以内数的守恒。

2. 在自由活动中继续开展游戏:"看谁数得快又准"。

(资料来源:选自汕头市中山幼儿园　庄虹,陈瑶主编. 新编幼儿园教育活动设计与指导. 北京:北京师范大学出版社,2011.P123.)

三、认识 10 以内序数的活动

(一)教学目标

帮助幼儿学习按照不同方向确定物体的排列顺序,并能正确运用序数词表达物体的排列顺序。序数表示集合中元素次序的数,一般用"第几"表示。

(二)教学途径和方法

1. 教师采用直观教具进行讲解,帮助幼儿理解序数的含义。

教师在讲解时要让幼儿掌握从哪里开始数,按什么顺序数数。如:从左到右、从上到下、从前到后、从内到外等。教师在呈现教具时,教具应直观,教具的排列应多样化,便于幼儿理解和掌握排列的多样化。同时,教师在帮助幼儿理解序数时,还可以把序数和基数相结合,便于幼儿区分两者的不同。

2. 利用游戏和区角活动对幼儿进行序数的练习。

利用游戏和区角活动,教师可以提供多种材料,让幼儿把各种材料分开排列,然后说出其中的某一种材料排在第几位。如:区角活动"阅读区"中,可以让幼儿帮助把各种类型的图书分开排列,然后让幼儿找出其中某一本的图书排在书架的第几排第几位。或者利用角色扮演区,让幼儿通过去电影院看电影,发现电影票上的座位号是基数和序数的结合。

3. 利用一日生活的各个环节进行渗透

教师可以利用一日生活的各个环节进行渗透教育,帮助幼儿理解序数在日常生活中的运用。如:排队洗手、上厕所等环节中,可以帮助幼儿遵守排队秩序,让幼儿找出自己站在队列中的第几位等。

四、认识 10 以内数组成的活动

(一)教学目标

1. 理解数的重组的含义。知道除了 0 和 1 以外的任何一个数都可以分为两个数,这两个数合起来还是原来的数,而且有些数可以有多种分法,如 6 可以分为 3 和 3,4 和 2,1 和 5 等。

2. 帮助幼儿了解数的组成中的总数与部分数之间的关系,帮助幼儿理解整体与部分、部分与部分之间的关系。

3. 理解数的组成中的数与数之间的互换和互补的关系。

(二)教学方法和途径

1. 教师讲解、示范,帮助幼儿理解数的组成含义

在教师讲解示范时,重点引导幼儿发现数的组成中的互换和互补关系,互换关系是指一个总数分成两个部分数,两个部分数的位置可以互换,但总数不变;互补关系是指一个总数分成两个部分数,一个数逐一增加,另一个数逐一减少,但总数还是不变。

2. 通过游戏和活动进行巩固练习

在组织幼儿游戏或者活动时,帮助幼儿进行数的组成练习。如:可以通过语言游戏、卡片游戏、排队活动、分组活动等进行练习。

五、认识 10 以内数加减运算的活动

(一)教学目标

1. 帮助幼儿初步理解加法和减法的含义,知道"＋"就是增加,是"多"的意思;"—"就是减少,是"少"的意思;"＝"就是等于,是"一样多,相同"的意思。

2. 掌握 10 以内数的加减运算。

3. 学会解答和自编简单的口头加减法应用题。

(二)教学方法和途径

1. 利用实物学习加减

数学来源于现实生活,最初让幼儿接触加减法的运算时,可以利用幼儿身边的实物、案例进行启发。如:"我有三支画笔,老师又给我一支画笔,现在我一共有了四支画笔","吃饭时我吃了一碗米饭,又吃了一碗米饭,一共吃了两碗米饭","我有三颗糖,吃了一颗,还有两颗糖"等。通过这种现实生活中的案例,让幼儿明白增多和减少的意思,明白增多和减少时数的变化。在幼儿明白实物数量变化的基础上,帮助幼儿学会用数的组成进行运算,认识加号、减号、等号并理解含义。

2. 通过多种形式帮助幼儿练习加减运算

教师可以通过看图列式、操作实践、小组学习、找寻图形规律等多种方式,帮助幼儿练习加减运算。如:通过玩"串串乐"游戏,帮助幼儿理解串串的数量可以增多,也可以减少等。

3. 引导幼儿自编简单的加减法应用题

教师可以通过示范、引导、呈现教具等方式让幼儿学习模仿编题、口述编题、或者看图编题。这种编题要求的学习,主要是让幼儿尝试把日常生活中的数学问题或者数学现象通过数学符号的形式呈现出来,帮助幼儿理解现实生活中的数学和抽象的数学符号之间的关系。

案例(附光盘视频)

大班数学活动：凑钱购物

(执教：湖南大学幼儿园 胡捷)

活动目标

1. 积极主动地参与"凑钱购物"游戏，遵守规则，体验购物成功的快乐。

2. 通过"凑钱"，进行 7 以内数的分解组成及加减运算，并能说出运算过程。

3. 尝试多种方法将多个 1 元和 2 元面值的人民币，凑出 5、6、7 元，感知等量关系。

活动准备

1. 幼儿已知道人民币有 1 元、2 元的面值，可累计使用；有 7 以内加减运算及分解组成的经验。

2. 教学课件及挂图；海绵垫 6 块；商品若干。

活动过程

1. 自主分组，巩固复习 7 的组成。

(1) 进入活动场地，熟悉场地。

(2) 请幼儿自主分组：请分成两组，每组 7 人，每组既要有男孩子、也要有女孩子；分好后分别站在两组地垫后举手示意。

(3) 师幼一起按要求核对人数。

2. 学习"凑钱购物"儿歌，明确规则。

(1) 提问：去商店买东西要花钱吗？钱不够怎么办？学习儿歌：买东西要花钱，钱不够要凑钱，要凑多少钱？

(2) 呈现商品，解决"钱"的问题。师：今天老师带来了几件商品，你们可以来购买！你们带了钱吗？没有钱怎么办？规则：今天由小朋友扮演"钱"，1 个男孩代表 2 元，1 个女孩代表 1 元。

(3) 尝试购买商品，明确规则。师：如果我们要买的这件商品是 4 元，怎么办？规则：念完儿歌，待老师给出价格信息后才能开始凑"钱"，凑好的钱站在垫子上。多余的"钱"坐到座位上，然后全体举手；两组均正确者，用时短的获胜。

3. 游戏：凑钱购物，尝试用多种方法将多个 1 元和 2 元面值的人民币，凑出 5、6、7。

(1) 教师出示商品，幼儿念儿歌，教师给出价格信息，两组幼儿分别开始凑钱，最快凑齐且数目正确的可以买走商品。如：教师给出的价格是"5 元"，幼儿可以呈现的答案有三种(5 个女孩；2 个男孩和 1 个女孩；1 个男孩和 3 个女孩)凑出的方法检验验证后，请该组幼儿将本组的方法图片贴在黑板上，没有将三种凑法呈现的，可以购买下一件商品选择权的形式进一步引导孩子凑出第三种或更多的方法。

(2) 根据实际情况依次报出价格为"6 元""7 元"的商品，请幼儿凑钱。

4. 小结归纳，结束活动。

引导幼儿理解团队合作的重要性

视频分析：

大班幼儿对超市购物有一定的经验认知，而且已经能够理解并掌握一定的数概念，通过引导可以让幼儿尝试用数字符合或者数学算式来描述事物。同时，大班幼儿能够把现实中的数学现象运用一定的数学符合加以呈现。这次"凑钱购物"活动能让孩子在日常生活情境中感知数的概念，而且活动过程中，教师有意识地引导幼儿注意增加、减少、数的组合、互换等内容，整个活动过程，教师比较重视发现幼儿的积极性和主动性，通过教师启发性的提问，引导幼儿尝试用数学解决问题，并鼓励幼儿大胆用语言表述自己的观点。

(资料来源：https://wenku.baidu.com/view/2e22bdd5c0c708a1284ac850ad02de80d4d80616.html)(录像来源：腾讯视频)

小组实训活动

1. 分组分工

（1）分组：将学生按5—6人一组进行分组，选出组长，设计组名。

（2）分工：将组员按照活动任务要求分工。

（活动任务：设计方案、制作课件、制作教具、试讲、配班）

2. 自选或自定内容（幼儿园科学领域数概念类活动）

可选内容：计数类活动；加减运算类活动等

3. 实训要求（可先在教法实训室试讲，再分析录播视频）

（1）精心设计活动方案（详案）。

（2）认真准备课件、教具。

（3）试讲人要熟练掌握内容，其他人要演好幼儿角色。

第七课 幼儿园空间概念活动

一、幼儿园空间概念活动概述

幼儿空间概念的发展是由平面到立体的。幼儿认识空间方位的顺序是先上下再前后、左右；幼儿刚开始是以自身为中心来辨别周围客体的方位，随后辨别以客体为中心的上下和前后，最后辨认以客体为中心的左右；幼儿辨别空间方位的区角由近到远逐渐扩展。

二、认识空间方位的教育目标

小班：1. 能以自身为中心和以客体为中心区分并说出物体的上下方位。2. 能辨别上下运动方向并按指定方向运动。中班：1. 能以自身为中心和以客体为中心区分并说出物体的前后方位。2. 能辨别前、后运动方向并按指定方向运动。3. 理解空间方位的相对性。大班：1. 能以自身为中心和以客体为中心区别并说出物体的左右方位。2. 能辨别左、右运动方向并按指定方向运动。3. 能准确地使用上下、前后、左右等方位词。

三、认识空间方位的方位和途径

（一）以自身为中心认识上下、前后、左右

幼儿对方位空间的认识是从感知自己身体的或以自身为中心辨认方位。幼儿教师可以通过让幼儿了解、认识自己身体的各个部位的位置关系，把表示方位的词与幼儿的身体部位相联系，帮助幼儿理解方位词的含义。然后在此基础上，进一步引导幼儿辨别自己与物体的方位关系，正确判断物体间的方位关系。

（二）以客体为中心认识上下、前后、左右

在认识客体的上下、前后、左右时，教师可以通过讲解示范，告诉幼儿具体的方位，或者直接让幼儿站

到物体的位置上去感知。

(三) 通过活动练习辨认上下、前后、左右

教师可以有意识地提供一些锻炼辨认方位的活动,让幼儿练习。如按照要求把某种物体放在指定的位置;或利用拼图活动,让幼儿利用拼图辨认空间方位。

(四) 在一日生活中引导幼儿辨认空间

教师可以利用一日活动引导幼儿辨认空间。如学穿衣服时,可以让幼儿注意辨认左手、右手、左腿和右腿等;引导幼儿把餐具或者水杯放到指定的架子上面或下面;把脱下的鞋子放在床的前面等。

案例

大班数学活动: 我有一双小小手

活动目标:

1. 能以自身为中心区别并说出左右方位的物体。
2. 能辨别左右运动方向并按指定方向运动。
3. 发展空间方位知觉和判断力。

活动准备:

将活动室内桌椅布置成环形,准备小星星贴纸若干。

活动过程:

1. 猜谜语。

一样东西人人有,一只左来一只右,穿衣吃饭都靠它,它是我的好朋友。(谜底:手)

2. 区分左右手。

(1) 谈话:我们都有一双手,一只左来一只右,哪只是左手? 哪只是右手? 请你举手告诉我。

(2) 讨论:左手和右手都有哪些本领?

引导幼儿从多角度讨论左右手的作用,例如:你吃饭的时候左手拿什么?(碗、筷子或勺子)右手拿什么?(碗、筷子或勺子)你写字用哪只手? 拍球用哪只手?

3. 游戏"听口令"。

举一举:老师指示:"举起你的右(左)手。"幼儿边举起右(左)手边说:"举起我的右(左)手。"

拉一拉:用右手拉右耳朵,用左手拉左耳朵;用右手拉左耳朵,用左手拉右耳朵。

拍一拍:用右手拍右腿,用左手拍左腿;用右手拍左腿,用左手拍右腿。

4. 找一找,说一说,做一做。

(1) 你的左边坐着谁? 你的右边坐着谁?

(2) 小朋友们以自己为中心找找并说说你的左边墙上挂些什么,右边墙上挂些什么?

(3) 请小朋友们根据老师的指示做:向左转,向右转,向左走三步,向右走两步,向左转一圈,向右转三圈……

5. 游戏:找座位。

(1) 音乐开始,小朋友在椅子周围围成一圈,边听音乐向左边移动,边说儿歌:小朋友听仔细,音乐停下找椅子。(下一次游戏可以换成向右边移动)

(2) 音乐停止,小朋友迅速找到椅子坐好。

(3) 请小朋友说一说:我的左边是谁,我的右边是谁?(或者说:谁在我的左边,谁在我的右边?)

(4) 同伴互相说一说:我的左边是谁,我的右边是谁?

活动延伸:

1. 语言活动中,说一说:我的左手和右手能干什么?

2. 幼儿在活动区的方块上跳跃,单足跳或做动作,在辨认方块上几何图形的同时需说明他们是在用左足跳还是右足跳,是向左跳还是向右跳。

3. 可在日常生活中随机进行区分左、右手的活动。

（资料节选自:杨旭,杨白.幼儿园教育活动设计与指导(综合版).上海:复旦大学出版社,2012.P150)

小组实训活动

1. 分组分工

(1) 分组:将学生按5—6人一组进行分组,选出组长,设计组名。

(2) 分工:将组员按照活动任务要求分工。

（活动任务:设计方案、制作课件、制作教具、试讲、配班)

2. 自定内容(幼儿园科学领域空间概念类活动)

3. 实训要求(可先在教法实训室试讲,再分析录播视频)

(1) 精心设计活动方案(详案)。

(2) 认真准备课件、教具。

(3) 试讲人要熟练掌握内容,其他人要演好幼儿角色。

本单元国家幼儿园教师资格证历年真题练习

一、单选题

1. (2016年下半年保教)科学活动中,教师观察到某幼儿能用数字、图表来记录和整理自己观察到现象,该幼儿最可能的年龄是( )。

A. 6岁左右   B. 5岁左右

C. 4岁左右   D. 3岁左右

二、材料分析题:

1. (2017年上半年保教)教师为了帮助大班的幼儿了解春天的季节特征,同时在其中渗透数学教育,专门制作了一套"春天"的拼图(如图1)。拼图底板是若干道10以内计算题,每一小块图形的正面是春天景色的一部分,背面是计算题的得数(如图2),教师希望幼儿根据计算题与得数的匹配找到拼图的相应位置。然而,材料投放后,教师却发现许多幼儿不用做计算题就能轻松完成拼图,也未对图片中的季节特征产生观察与探究的兴趣。

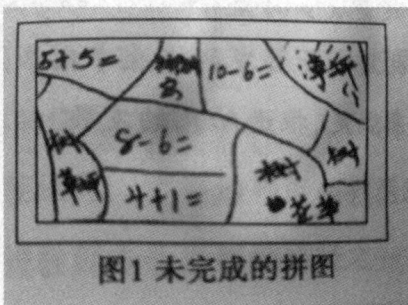

图1 未完成的拼图   图2 其中一小块图形的正面和反面

问题：

请从幼儿获得科学经验的角度,分析这一拼图材料的投放,对达成数学目标是否适宜?（2分）为什么?（4分）

该材料在设计上存在什么问题?（10分）请提出改进建议。（4分）

2.（2015年下半年保教）为了解中班幼儿分类能力的发展,教师选择了"狗、人、船、鸟"四张图片,要求幼儿从中挑出一张不同的。很多幼儿拿出了"船",他们的理由分别是:狗、人、鸟是常常一起出现的,船不是;狗、人、鸟都有头、脚和身体,而船没有;狗、人、鸟是会长大的,而船是不会长大的。

问题：

1. 请结合上述材料分析中班幼儿分类能力的发展特点。（10分）

2. 基于上述材料中幼儿的发展特点,教师应如何实施教育?（10分）

三、活动设计题

1.（2016年上半年保教）请根据下列素材设计一个大班科学活动,要求写出活动名称、活动目标、活动准备、活动过程。

大班的胡老师为幼儿提供了各种吹泡泡的工具,有吹管、铁丝绕成的圈、塑料吹泡泡棒等（见右图）,让幼儿在户外活动时自己吹泡泡玩。幼儿在吹泡泡的时候,有的能吹出很大的泡泡,有的只能吹出小泡泡,有的能一次性吹出好多个泡泡,有的一次只能吹出一个泡泡。结果有的幼儿得意,有的幼儿沮丧。针对上述现象,胡老师打算组织一个科学教育活动,以引发幼儿深入探究的兴趣,并使幼儿了解不同吹泡泡工具与吹出泡泡之间的关系。

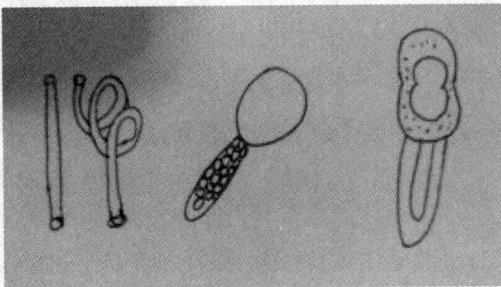

第五单元
幼儿园艺术领域活动的设计和实训

幼儿的图画

国外有位教师组织幼儿园大班儿童倾听中国古典音乐——二胡独奏曲《江河水》，并鼓励幼儿根据乐曲的意境想象作画。结果，幼儿的图画作品深深打动了在场的所有老师：

一排低垂着花冠的花儿，花朵微闭着双眼，长长的睫毛惹人怜爱；

一位游泳者的救生圈被海浪冲走，他伸长手臂拼命想抓住救生圈，无奈风急浪大，救生圈已被海浪越冲越远，泪水从游泳者眼里夺眶而下；

一位彪形大汉正手持斧头砍森林中最后的一棵树，在他身旁是一排排静默的树桩；

几棵褐色的枯树旁凌乱地矗立着几尊坟墓，坟墓上黑色的十字架在风雨中飘摇，那画面真是凄凉至极……

显然，幼儿通过凄婉的画面将音乐作品中的意境与美术作品中的意境完全融合在了一起，而幼儿对音乐思想感情的判断和把握，自然是基于对音乐的旋律形态、节奏特点以及演奏的力度、速度、音色特点的感知，同时也是建立在他们对音乐表情作用的判断基础上的。

幼儿具有与生俱来的巨大的艺术潜能，并能表现出很强的艺术能力。这是我们对幼儿艺术能力的基本认识，也是我们进行幼儿艺术教育的前提。教育首先要做到不抑制和阻碍幼儿天性的自然流露，不成为幼儿艺术潜能发展的障碍，在这一前提下，才谈得上为幼儿这些天性的进一步发展提供适宜的条件，促进和推动其更好的发展。本单元着眼于幼儿艺术学习和发展的规律和特点，介绍幼儿艺术教育的理论和实践，结合案例详细介绍了幼儿艺术教育活动设计的策略和规范，旨在引导幼儿教师对幼儿进行科学合理的艺术教育，依据美的规则对幼儿艺术活动进行适时适宜干预和引导，使幼儿在愉悦的氛围中学会感受美、表现美，发展幼儿审美素养和基本素质，提高幼儿的生活质量。

第一课 幼儿园艺术教育概述

一、幼儿艺术教育活动的概念

艺术是现实生活或内心体验的符号化反应，它以情感和想象为特征，是美的存在形式之一。幼儿艺术教育领域包括音乐、美术、戏剧表演、环境和生活中的美好事物、文学、艺术作品，等等。这一范畴既涵盖了比较成熟的学科，又体现了更多的包容与综合。支持、引导幼儿初步感受并喜爱环境、生活和艺术中的美，喜欢参加艺术活动并能大胆表现自己的情感和体验，能用自己喜欢的方式进行艺术表现，是幼儿艺术教育追求的价值。适宜的艺术活动对于幼儿想象、创造、表达能力的发展及健全人格的形成具有重要作用。艺术教育要尊重幼儿的不同潜能和意愿表达，使他们在艺术方面获得个性化发展。

为加深对幼儿艺术教育的认识，我们可以从以下几个层面来理解：第一，幼儿艺术教育指学龄前儿童；第二，幼儿艺术教育是操作教育；第三，幼儿艺术教育是通过游戏的教育；第四，艺术教育是源于美的情感教育；第五，幼儿艺术教育是基本素养教育。

二、幼儿园艺术教育的目标

我国幼儿教育的目标可参照《纲要》提出的艺术教育领域的总目标和《指南》的各年龄阶段幼儿发展目标。

（一）幼儿园艺术领域教育总目标

《纲要》中明确提出了幼儿园艺术教育的总目标，表明"以幼儿发展为本"的先进理念和科学的艺术教育观。其基本的价值取向是，激发幼儿对艺术活动的兴趣和喜爱，丰富幼儿审美感受和体验，引发幼儿的情感共鸣，追求幼儿的自我表达和表现，培养幼儿表现美、创造美的情趣和能力。具体包括：1. 能初步感受并喜爱环境、生活和艺术的美。2. 喜欢参加艺术活动，能大胆地表现自己的情感和体验。3. 能用自己喜欢的方式进行艺术表现活动。

（二）幼儿艺术领域学习与发展目标

《指南》指出"艺术是人类感受美、表现美和创造美的重要形式，也是表达自己对周围世界的认识和情绪态度的独特方式。每个幼儿心里都有一颗美的种子。幼儿艺术领域学习的关键在于充分创造条件和机会，在大自然和社会文化生活中萌发幼儿对美的感受和体验，丰富其想象力和创造力，引导幼儿学会用心灵去感受和发现美，用自己的方式去表现和创造美"。《指南》中将艺术领域划分为感受与欣赏、表现与创造两个子领域，对于子领域一"感受与欣赏"，主要要求是让每个幼儿学习善于在生活中发现美、感受美；对于子领域二"表现与创造"，主要要求幼儿能够乐于用自己的方式表现美和创造美。两个子领域目标确立的总体思路，基本是按照3—4岁、4—5岁、5—6岁幼儿的身心发展规律来细化目标设立的。

资料链接

表2-5-1　《指南》艺术领域目标

1. 感受与欣赏

目标1　喜欢自然界与生活中美的事物

3—4岁	4—5岁	5—6岁
1. 喜欢观看花草树木、日月星空等大自然中美的事物。 2. 容易被自然界中的鸟鸣、风声、雨声等好听的声音所吸引。	1. 在欣赏自然界和生活环境中美的事物时，关注其色彩、形态等特征。 2. 喜欢倾听各种好听的声音，感知声音的高低、长短、强弱等变化。	1. 乐于收集美的物品或向别人介绍所发现的美的事物。 2. 乐于模仿自然界和生活环境中有特点的声音，并产生相应的联想。

目标 2　喜欢欣赏多种多样的艺术形式和作品

3—4岁	4—5岁	5—6岁
1. 喜欢听音乐或观看舞蹈、戏剧等表演。 2. 乐于观看绘画、泥塑或其他艺术形式的作品。	1. 能够专心地观看自己喜欢的文艺演出或艺术品,有模仿和参与的愿望。 2. 欣赏艺术作品时会产生相应的联想和情绪反应。	1. 艺术欣赏时常常用表情、动作、语言等方式表达自己的理解。 2. 愿意和别人分享、交流自己喜爱的艺术作品和美感体验。

2. 表现与创造

目标 1　喜欢进行艺术活动并大胆表现

3—4岁	4—5岁	5—6岁
1. 经常自哼自唱或模仿有趣的动作、表情和声调。 2. 经常涂涂画画、粘粘贴贴并乐在其中。	1. 经常唱唱跳跳,愿意参加歌唱、律动、舞蹈、表演等活动。 2. 经常用绘画、捏泥、手工制作等多种方式表现自己的所见所想。	1. 积极参与艺术活动,有自己比较喜欢的活动方式。 2. 能用多种工具、材料或不同的表现手法表达自己的感受和想象。 3. 艺术活动中能与他人相互配合,也能独立表现。

目标 2　具有初步的艺术表现与创造能力

3—4岁	4—5岁	5—6岁
1. 能模仿学唱短小歌曲。 2. 能跟随熟悉的音乐做身体动作。 3. 能用声音、动作、姿态模拟自然界的事物和生活情景。 4. 能用简单的线条和色彩大体画出自己想画的人或事物。	1. 能用自然的、音量适中的声音基本准确地唱歌。 2. 能通过即兴哼唱、即兴表演或给熟悉的歌曲编词来表达自己的心情。 3. 能用拍手、踏脚等身体动作或可敲击的物品敲打节拍和基本节奏。 4. 能运用绘画、手工制作等表现自己观察或想象的事物。	1. 能用基本准确的节奏和音调唱歌。 2. 能用律动或简单的舞蹈动作表现自己的情绪或自然界的情景。 3. 能自编自演故事,并为表演选择和搭配简单的服饰、道具或布景。 4. 能用自己制作的美术作品布置环境、美化生活。

三、幼儿园艺术教育的内容

(一)幼儿园艺术教育的内容要求

《纲要》中提出了幼儿艺术教育活动的内容要求:

1. 引导幼儿接触周围环境和生活中美好的人、事、物,丰富他们的感性经验和审美情趣,激发他们表现美、创造美的情趣。2. 在艺术活动中面向全体幼儿,要针对他们的不同特点和需要,让每个幼儿都得到美的熏陶和培养。对有艺术天赋的幼儿要注意发展他们的艺术潜能。3. 提供自由表现的机会,鼓励幼儿用不同艺术形式大胆地表达自己的情感、理解和想象,尊重每个幼儿的想法和创造,肯定和接纳他们独特的审美感受和表现方式,分享他们创造的快乐。4. 在支持、鼓励幼儿积极参加各种艺术活动并大胆表现的同时,帮助他们提高表现的技能和能力。5. 指导幼儿利用身边的物品或废旧材料制作玩具、手工艺品等来美化自己的生活或开展其他活动。6.为幼儿创设展示自己作品的条件,引导幼儿相互交流,相互欣赏、共同提高。

(二) 幼儿园艺术教育的具体内容

在幼儿园教育中,艺术教育主要包括音乐教育和美术教育两大方面。

1. 音乐教育

(1) 歌唱活动:歌唱活动是运用人的嗓音进行的一种艺术活动。它是人类表达、交流思想感情的最自然的方式之一,也是幼儿表达自己思想的一种方法。对幼儿来说,歌唱是他们童年生活不可缺少的一个重要组成部分。歌唱既能给幼儿的生活带来无穷的乐趣,还具有重要的教育价值,它能在潜移默化中陶冶幼儿的情操,启迪幼儿的心智,完善幼儿的品格。因此,歌唱是幼儿音乐教育活动中的一个重要内容。

(2) 韵律活动:韵律活动是指在音乐的伴奏下所进行的以身体运动和身体造型为表达媒介的一种艺术活动。包括音乐游戏、舞蹈、律动。它在幼儿音乐教育工作中占有重要地位。它可以发展幼儿的身体运动能力,以及借助身体动作感受和表现音乐的能力,帮助幼儿更好地感受音乐作品的节奏美。

(3) 节奏活动:节奏活动是以身体大肌肉动作参与为主,运用一定的节奏和音色,通过打击乐器的操作来表现音乐的一种活动。在人类演奏活动的历史上,打击乐器是起源最早的乐器种类之一。节奏乐活动是幼儿音乐活动的一个重要组成部分。在敲敲打打的节奏乐活动中不仅可以培养和增强幼儿的节奏感和对不同乐器音色的敏感性,而且还能提高幼儿对音乐的感受和理解能力,特别是对多声部音乐的感受和理解,从中享受和体验到集体的器乐活动的快乐和满足。

(4) 音乐欣赏活动:音乐欣赏活动是指通过聆听音乐作品进行感受、理解和初步鉴赏的一种审美活动。音乐欣赏不仅可以使幼儿接触更多的优秀的音乐作品,开阔幼儿的音乐眼界,丰富幼儿的音乐经验,发展他们的想象、记忆、思维等,而且在音乐欣赏的过程中还能培养幼儿听觉的敏感性和良好的倾听习惯,培养幼儿对音乐稳定而持久的兴趣以及初步的审美情趣和审美能力。

2. 美术教育

(1) 绘画:绘画是幼儿运用色彩、线条和构图,在一个平面上创造出直接可感的,具有一定形状、体积和空间感的艺术形象的活动。绘画作为一种视觉艺术,具有强烈的直观性,对幼儿有很大的感染力。幼儿在绘画中所创造的艺术形象既是他们对周围生活环境的反映,又是他们对事物主观的审美感受和评价。

(2) 手工:手工是指靠手的技能和使用简单的工具,对材料进行加工成型的一种造型活动。手工活动对于培养幼儿双手的精确性、灵活性和实际操作能力,以及耐心细致的工作态度有重要意义。

(3) 美术欣赏:美术欣赏是幼儿通过对美术作品、自然景物和周围环境中美好事物的认识和欣赏,从中受到艺术感染,并丰富艺术联想,以提高对艺术美的感受力和欣赏力。通过欣赏,可以发展幼儿的美感,使他们获得精神上的愉悦和审美享受。

四、幼儿园艺术教育活动的基本方法

(一) 语言指导类方法

语言指导类方法是指教师通过语言向幼儿传递信息和指导幼儿艺术活动的方法,是艺术教育活动中的常用方法,主要包括讲授法、谈话法和讨论法。

1. 讲授法

讲授法是教师通过语言的描述、说明和解释,向幼儿传递信息,从而使幼儿获得艺术知识和技能的方法。虽然艺术活动中要求"精讲多练",但幼儿在学习技能前或练习技能中,教师应视情况进行讲述讲解,必要时还可重复。如:舞蹈中讲解动作的基本要领,手工活动中讲解什么叫"团圆""压扁"等。

2. 谈话法

谈话法是指根据幼儿已有的知识经验,通过问答或交谈等方式引导幼儿艺术活动的教育方法。如围绕着一幅美术作品展开谈话。谈话的主题可以由教师提出,也可由幼儿提出。

3. 讨论法

讨论法是幼儿以全班或小组为单位在教师的指导下就某个中心问题交换看法、互相启发的一种方法。讨论法可以是两人讨论、小组讨论、全班集体讨论等。

(二) 直接感知类方法

直接感知类方法是教师在艺术教育活动中,借助于实物、教具,设计相关的教育情境,将教育内容直观展示给幼儿的一类方法。这类方法最大的优点是可以使幼儿直接获得感性认识,形成清晰而深刻的表象,便于理解和记忆;同时,还有助于集中幼儿的注意力,激发他们的兴趣,更好地巩固所学的知识技能。它具体包括以下方法。

1. 观察法

观察法是有目的、有计划地引导幼儿运用视觉器官感知客观事物的一种方法。通过观察,可以锻炼幼儿各种感官,发展大脑的机能,提高幼儿注意、想象、思维等能力,激发幼儿的求知欲,使他们逐步形成对周围事物的辩证态度。

2. 演示法

演示法是指教师通过向幼儿展示各种实物、教具或采用多媒体试听手段等使幼儿获得关于某一事物或现象的感性认识的方法。如:折纸活动中,教师向幼儿演示折纸的步骤。

3. 示范法

示范法是指教师把艺术教育过程中的有关难点,通过操作演示直接展示给幼儿,并引导幼儿进行模仿练习,从而掌握各种艺术技能的方法。在幼儿园艺术活动教学中,教师往往运用示范的方法教幼儿学歌唱、跳舞、律动动作,或按一定的方法、步骤程序绘制美术作品。示范法包括完整示范、部分示范、分解示范、不同方向示范等多种形式。

4. 范例法

范例法是指教师将具有典型性的图片或事例展示给幼儿,给幼儿提供一种可模仿的榜样。榜样应是形象的、具体的,包括图片、模型、玩具、画册、实物标本以及教师创作的图画、手工和贴绒样品等。

(三) 实践练习类方法

实践练习类方法是指教师在教育活动中,创设一定的环境,提供充足的实物材料,让幼儿通过自身的实践、练习活动进行学习的方法。这类方法最大的优点在于幼儿是学习的主体。幼儿在活动中反复实践,调动各种感官协调活动,幼儿的大脑始终处于积极状态,在较短时间内幼儿能获得准确、系统、完整的知识,而且记忆深刻,兴趣浓厚。具体包括以下三种方法。

1. 练习法

练习法是指在获得某种技能后,幼儿通过重复的练习从而熟练地掌握知识和技能的一种方法。

2. 操作法

操作法是指幼儿通过亲自动手操作直观教具,在摆弄物体的过程中进行探索,从而获得知识、经验和技能的一种教学方法。

3. 游戏法

游戏法是指幼儿在有规则的音乐游戏或美术游戏中进行学习的一种方法,是深受幼儿欢迎的一种学习方式。

(四) 引导启发类方法

引导启发类方法是指在教师的引导下,由幼儿自己发现问题、探索问题和解决问题的方法。

1. 发现法

发现法(又称探索法)是指在教学过程中,教师不是将知识直接教给幼儿,而是引导幼儿在已有知识经验的基础上,去发现、探索和研究的一种学习方法。

2. 联想法

联想法是指在幼儿充分感知事物的基础上,通过回忆一件事物连带想起相关事物的方法。艺术教育活动中,启发幼儿联想对幼儿的艺术构思、丰富作品内容具有重要作用。

3. 因势利导法

因势利导法是指教师对幼儿在艺术活动中出现的偏离预期活动目标的情况采取积极引导的态度,从而取得特殊教学效果的方法。

幼儿艺术教育活动的方法很多,各种方法之间相互联系、互相渗透。在整个艺术教育过程中,可根据具体操作内容采取不同的教育方法,也可将几种方法结合起来运用,还可以根据具体情况和教学实践,不断总结、创造出新方法,确保幼儿身心获得美的、健康的发展,顺利实现艺术教育的目标和要求。

第二课　幼儿园音乐欣赏活动

幼儿的音乐欣赏是让幼儿通过倾听音乐对作品进行感受、理解和初步鉴赏的一种审美活动。音乐欣赏不仅可使幼儿接触更多的优秀音乐作品,开阔他们的音乐眼界,丰富他们的音乐经验,发展他们的想象、记忆和思维,而且还能在音乐的欣赏过程中培养幼儿听觉的敏感性和良好的倾听习惯,培养幼儿对音乐稳定而持久的兴趣以及初步的审美情趣和审美能力。

一、幼儿园音乐欣赏活动的目标

(一)幼儿园音乐欣赏活动的总目标

根据《纲要》的要求,从认知、情感与态度、操作技能三方面提出音乐欣赏活动的总目标。

(二)幼儿园音乐欣赏活动的年龄阶段目标

1. 小班

能初步感受性质鲜明而单纯、结构短小的歌曲和有标题的乐器曲的形象、内容、情感,并能在感受过程中产生较积极的外部反应。初步了解进行曲、摇篮曲、舞曲和劳动音乐的特征。在有对比的情况下,能分辨差别明显的高低、快慢、强弱,能分辨音乐中的拍子,能听出歌曲、乐曲的前奏、开始和结束。喜欢倾听、观赏周围环境中各种事物的形态、声音和运动状态,也喜欢用自己的体态、嗓音和动作来表现他们。喜欢倾听、观赏他人表演的音乐、舞蹈,并喜欢进行模仿。初步注意音乐、舞蹈、文学、美术怎样反映周围熟悉的事物,初步注意不同艺术形式在反映现实事物时的共同性和差异性。能够在短时间内集中注意倾听或观看自己所喜欢的音乐舞蹈表演,欣赏一定数量的音乐、舞蹈作品。

2. 中班

能够感受性质鲜明而单纯、结构短小的歌曲和器乐曲的形象、内容、情感,并能够在感受过程中产生一定的想象联想、积极的外部反应。在进一步了解进行曲、摇篮曲、舞曲、劳动音乐的基础上,了解其名称,并学会描述其特征。在有对比的情况下能分辨差别较明显的高低快慢强弱,正确区分四二和四三拍的音乐,初步掌握前奏、间奏、尾奏、乐段、乐句的开始和结束,初步知道什么是音乐结构中的重复。喜欢倾听周围环境中事物的声音、观赏周围环境中各种事物的形态和运动状态,也喜欢用音乐舞蹈表演的方式带有创造性地表现音乐。喜欢倾听、观赏他人表演的音乐舞蹈,也喜欢参与,开始注意吸收这些表演方式中自己感兴趣的部分。初步学习用不同的艺术手段来表现欣赏音乐舞蹈作品的感受,初步学习如何从音乐舞蹈欣赏中,获取各种艺术和非艺术的经验。能够在一定时间内比较集中注意力的倾听、观看音乐舞蹈表演。欣赏一定数量的音乐舞蹈作品,并能够在一定程度上再现欣赏过的作品。

3. 大班

能较准确的感受性质鲜明而单纯的结构式中的器乐曲和稍复杂的艺术歌曲的形象、内容、情感，并能在感受过程中产生较丰富的想象、联想和积极而富有个性的外部反应。在扩大接触作品的基础上，进一步丰富和深化对进行曲、摇篮曲、舞曲等音乐的认识。能对歌曲、乐曲的音区、速度、力度、节拍等的性质和变化做出直接判断，进一步掌握音乐的结构，能分辨乐段、乐句中明显的重复与变化关系。喜欢倾听、观赏周围环境中各种事物的形态、声音和运动状态，也喜欢用音乐舞蹈表演的方式带有创造性地表现音乐。喜欢倾听、观赏他人表演的音乐、舞蹈，喜欢参与并注意吸收其中自己感兴趣的部分，也喜欢与他人谈论自己的看法。喜欢并较自信地使用不同艺术手段来表达欣赏音乐舞蹈作品的感受，能比较自觉地从音乐舞蹈欣赏中获取各种艺术和非艺术的经验。初步养成有注意、情感参与的安静倾听、观赏音乐舞蹈表演的习惯。欣赏一定数量的音乐舞蹈作品，并能够在一定程度上再现欣赏过的作品片段。

二、幼儿园音乐欣赏活动内容的选择

心理学家运用生态文化模式去研究皮亚杰的儿童认知发展理论，发现文化背景不同，会影响其认知发展速度、能力发展与操作水平的程度。音乐作为一种文化现象，不了解孕育这种音乐的社会和文化背景，就难以真正掌握其本质的特点；不了解不同文化音乐传统的行为、心理特征，就无法进行该音乐传统的教育活动。因此我们在选材时应考虑到以下几点。

(一) 音乐作品对幼儿的可感性、可接纳性

对于幼儿来说，音乐作品外在的表现方式往往比内在的含义更具有吸引力，因此音乐作品在形式上特点是否鲜明突出、结构是否规整、长度是否适宜、可参与性是否强等都作为重要的条件。

(二) 关注音乐作品内容的丰富性、多元性

音乐作品是文化的体现，也是幼儿感受经典、积累经验的重要手段，因此在进行题材选择时，还要关注世界经典音乐及我国丰富多样的民族民间音乐素材的传统作品的综合选择。

(三) 关注音乐作品本身的艺术性、审美性

艺术源于生活，幼儿的艺术视角一定离不开生活经验的迁移和升华，艺术审美与本体感知的交汇才能真正提升幼儿的审美情趣。

三、幼儿园音乐欣赏活动的设计与指导

(一) 幼儿园音乐欣赏活动的准备

1. 分析教材

教师在组织幼儿进行音乐欣赏活动前，要对幼儿欣赏的音乐作品进行深入的分析，分享音乐所表现的内容、情绪情感及音乐的基本表现手段，如：旋律的进行形态、节奏、节拍特点、曲式结构，力度、速度及乐器音色特点等。了解幼儿现有欣赏水平和音乐欣赏经验，分析出教材的重点和难点，把握好作品中幼儿容易感知理解和难以掌握的内容。

2. 做好活动准备工作

对于一些篇幅较长、结构较复杂的中外著名音乐作品，以及为大龄幼儿创作的音乐童话，进行适当删编，并熟练地背唱所用歌曲或音乐的旋律唱名。准备好活动中要使用的教具和学具、道具及音像等辅助性材料，可根据需要将音乐作品设计成既符合音乐性质的特点，又能帮助幼儿直观理解作品的图谱。

（二）幼儿园音乐欣赏活动的基本模式

1."整体倾听,层层深入"的音乐欣赏活动模式

首先,用幼儿感兴趣的方式引出主题。在组织幼儿初次整体倾听的过程中,采用与其他艺术手段(美术、文学、语言、韵律活动)相结合,帮助幼儿感知和理解音乐。然后,提出问题和要求,组织幼儿讨论,进行再次整体欣赏。接着,运用其他手段相结合的方法组织幼儿反复整体倾听。最后,鼓励幼儿采取不同的方式进行表现与表达。这种设计适合结构比较紧密的音乐作品。

2."一一匹配"的音乐欣赏活动模式

首先,让幼儿通过其他材料感知理解从音乐中感知体验到的形象、内容。然后,让幼儿分别倾听音乐的有关段落,并引导幼儿集体探索、讨论,将音乐和非音乐的材料一一相互匹配。最后,尝试用参与性、表演性感知体验的方法,完整地欣赏音乐作品。这种设计模式适合各段落间对比比较鲜明的音乐作品和比较强调性质辨别的音乐欣赏活动。

3."从局部入手,层层累加"的音乐欣赏活动模式

先从作品中找出最具有特色的某个动机,如一个节奏型、一个旋律动机、一个乐句或者一个乐段等,让幼儿集中进行感知体验。再从这个动机开始,逐步让幼儿感知体验以该动机为核心的某个乐段的形象。采用不同的方式,组织幼儿倾听其他乐段的音乐。然后让幼儿感知、体验整个作品的形象和情趣。最后在完整欣赏音乐的同时,组织幼儿进行创造性表达。这种活动设计模式,适合一些含有独立而鲜明的主题形象的音乐作品。

4."整、分、整"的音乐欣赏活动模式

首先,教师运用引起幼儿学习兴趣的方式引出主题。接着,教师用语言并配合图片等直观教具,向幼儿介绍音乐的主要内容。然后让幼儿完整欣赏音乐作品,组织幼儿谈论倾听的感受。最后让幼儿完整欣赏音乐,并鼓励幼儿创造性地运用语言、动作及图画形式,大胆地表现自己对音乐作品的感受。

案例

小班音乐活动: 迷路的小花鸭①

活动目标:

1. 通过欣赏歌曲《迷路的小花鸭》,理解歌曲内容,听懂歌曲所表达的情绪。
2. 初步学会用表情、动作、色调来表现不同的音乐情绪。
3. 激发同情心,培养助人为乐的好品德。

活动准备:

场景布置;色调差别明显的背景图两幅;表情脸谱两个;小花、小鱼等小图片学具人手一个;木偶、小鸭子人手一个;小鸭子头饰,音乐磁带录音机。

活动过程:

(一)听《进行曲》进入活动室。跟做律动《身体恰恰恰》。

(二)学习欣赏歌曲《迷路的小花鸭》。

1. 教师以讲故事的形式设置悬念,引起兴趣。

小朋友们,看我们郊游到了这里,这些地方都有什么呀?听,远处好像传来了一阵阵的哭声,你们想不想知道是谁在哭?究竟发生了什么事?

2. 分段欣赏。

(1)欣赏歌曲第一段:"池塘边,柳树下有只迷路的小花鸭,嘎嘎嘎,嘎嘎,哭着叫妈妈。"

提问,帮助幼儿理解第一段的内容:池塘边柳树下是谁在哭呀?她为什么哭?你觉得现在小鸭子心情是怎样的?欣赏乐曲第一段,感受"难受"的情绪。

---

① 王翼如.学前儿童音乐教育[M].长春:吉林教育出版社,2016.8.

师：谁能帮助小鸭子找到妈妈呢？（引导幼儿自由讨论，展开联想）大家想的办法真好，让我们听听歌曲的第二段，到底是谁帮助了小花鸭？

（2）欣赏歌曲第二段："小朋友，看见了，抱起迷路的小花鸭，啦啦啦，啦啦啦，把她送回家。"

提问：是谁帮助了小花鸭？怎么帮的？现在大家心情又怎么样了？欣赏乐曲第二段，感受"高兴"的情绪。

（3）完整欣赏歌曲、乐曲各一遍，引导幼儿用表情表现音乐的情绪。

（4）教师边跟随录音机唱边操作小木偶，让幼儿完整地欣赏一遍歌曲。

师："你觉得这首歌有几段？开始第一段说了什么事情？后来第二段呢？"

① 师："第一段唱小花鸭迷路了，她心情是怎么样的？你们呢？这时脸上的表情又是怎么样的？"（出示表情脸谱）大家一起学一学伤心、难受的样子！

② 师："第二段唱小朋友帮助了她，大家心里怎样的？高兴又会是怎样的表情？"

3. 再次放乐曲录音，幼儿聆听并用表情表现情绪。

（1）引导幼儿用色调表现音乐情绪。

请幼儿帮助小花鸭找出"找不到妈妈时"和"小朋友帮她时"的照片，并说出原因。

（2）再次分段欣赏，引导幼儿用手中物品的色调表达情绪。

① 师："小花鸭说，其实那天有许多好朋友，也为她难受过，高兴过呢！她想把他们也分别请到照片上来做个纪念。想想：你手中的好朋友又是什么时候陪在小花鸭身边的？那时的音乐是怎么样的？"

② 放歌曲第一段。师："现在会是哪些颜色的好朋友在小花鸭身边？想想他是生活在哪里的？请你把他送上来！"放歌曲第二段。师："现在会是哪些颜色的好朋友在小花鸭身边？想想他是生活在哪里的？请你把他送上来！"

活动延伸：

鼓励幼儿自愿按歌曲的内容扮演角色、表现情绪、创编与内容相关的动作。请表演得最好的一位幼儿，戴上头饰当小花鸭，其余幼儿当小朋友，分段出场表演。

活动评析：

这次活动，幼儿通过感受音乐，为小花鸭的迷路而同情、着急，为能帮助小花鸭找到自己的家而欢呼雀跃，完全沉浸在音乐的情绪中。通过教师讲故事和唱歌，让幼儿的感知从抽象到形象，激发幼儿同情、关心他人的情感，有的幼儿甚至眼眶里含满了泪水，深深地为歌曲的情景所感染，最后让幼儿参与表演，投入到歌曲的情景中，激发幼儿关心迷路的小花鸭的情感，并帮助小花鸭想办法找妈妈。

附歌谱：

迷路的小花鸭

1=E 2/4

王　森　词
谢白倩　曲

亲切地

小组实训活动

1. 分组分工
(1) 分组：将学生按 5—6 人一组进行分组，选出组长，设计组名。
(2) 分工：将组员按照活动任务要求分工。
(活动任务：设计方案、制作课件、制作教具、试讲、配班)
2. 自选或自定内容(幼儿园音乐领域音乐欣赏活动)
可选内容：大班《水族馆》《森林狂想曲》；中班《小水滴的仲夏夜》；小班《幸福拍手歌》
3. 实训要求(可先在教法实训室试讲，再分析录播视频)
(1) 精心设计活动方案(详案)。
(2) 认真准备课件、教具。
(3) 试讲人要熟练掌握内容，其他人要演好幼儿角色。

第三课　幼儿园歌唱活动

歌唱是人们表达自己喜怒哀乐等情绪和各种愿望的最自然方式之一，也是幼儿表达自己思想的一种方式，是幼儿生活中不可缺少的娱乐项目。此外，歌曲有歌词，易被幼儿理解，在技能上的要求比其他音乐活动简单。在幼儿说话的基础上稍加变化就能唱起歌谣，因此更容易引起幼儿兴趣，为幼儿所接受。

一、幼儿园歌唱活动的目标

(一) 幼儿园歌唱活动的总目标

根据《纲要》的要求，从认知、情感与态度、操作技能三方面提出歌唱活动的总目标。

(二) 幼儿园歌唱活动的年龄阶段目标

1. 小班
学习用自然的声音和正确的姿势唱歌，能够基本做到吐字清楚、唱准旋律和节奏。初步理解和表现歌曲的形象内容和情感，感受到歌唱的速度、力度、音色的不同。在有伴奏的情况下，能够独立、基本完整地唱熟悉的歌曲。能够跟着歌曲的前奏，整齐地开始和结束。喜欢自己唱，也喜欢与同伴一起唱，知道使自己的歌声与琴声或他人相一致。能够即兴编唱无意义的节奏或歌词。在教师的引导帮助下，能为熟悉、短小、工整而多重复的简单歌曲增编新的歌词。

2. 中班
能够用自然的声音和正确的姿势唱歌，能做到吐字清楚，唱准旋律和节奏。在教师的引导下，能用不同的速度、力度和音色变化来表现歌曲的形象内容和情感。在有伴奏的情况下，能独立而完整地演唱，并初步学会接唱和对唱。喜欢自己歌唱，也喜欢在集体中歌唱，并能大胆、独立地在集体面前表演。集体的歌唱活动中，能够注意控制自己的音色，使自己的歌声与集体的声音相协调。能够为熟悉、短小、工整而多重复的简单歌曲增添新的歌词，并能尝试独立地将新编的歌词填入曲调中唱出。

3. 大班
能够用歌唱的嗓音和正确的姿势唱歌，并能正确地表现歌曲的节奏、旋律和歌词。能够用不同的速度、力度和音色变化来表现歌曲的形象内容和情感，能较为恰当地表现不同性质风格歌曲的意境。在没有伴奏的情况下,也能独立而完整地演唱,并初步学会领唱、齐唱、轮唱和简单的两声部合唱。喜欢唱歌。能大胆、独立地在集体面前进行演唱,并能在集体中尝试用不同的合作表演形式进行歌唱活动。自发地即兴唱歌。能够为熟悉而多重复的歌曲增添新的歌词,并能即兴地、独立地将新编的歌词填入曲调中唱出,并乐意为未完成的歌曲或旋律创编答句。

二、幼儿园歌唱活动内容的选择

(一)根据题材选择幼儿歌曲

1. 以游戏、娱乐为题材

游戏是幼儿园活动的主要形式,在幼儿音乐教育中,把游戏融入歌唱教学活动中,或在游戏中学习、体验歌曲,都能使幼儿获得积极愉快的情绪情感体验和享受,培养并形成对歌唱活动的兴趣和积极主动的个性。因此,幼儿歌曲的内容中也经常融入游戏的因素,在游戏题材中发展幼儿歌唱能力。

2. 以生活经验为题材

幼儿的认知体验是离不开生活的,周围日常生活的场景、家庭生活、节日庆祝活动、爱国、同伴交往等题材的音乐作品,能使幼儿认识体验生活,还可以通过歌曲更深入地感受生活。例如:《一分钱》《我爱我的幼儿园》《健康歌》等幼儿歌曲,不仅生动地描述了生活中的品德与习惯,还具有积极的教育意义,更是幼儿生活认知的好范本。

3. 以童话故事为题材

童话故事中隐含着现实的逻辑,它用艺术的手法再现真实的生活。幼儿从童话故事中可以看到自己、自己的父母和同伴,在童话故事中理解他人,并站在别人的角度来看待自己成为可能,在理解故事内容的过程中,多数时间幼儿并非应用理智而是通过喜恶来同情或厌恶某个人物,分出所谓的"好人"与"坏人",音乐中的童话故事也有助于幼儿分辨是非,形成自己特有的人生观。

4. 以自然社会为题材

幼儿歌唱作品的题材,也经常选择大自然的美景和社会劳动等,诸如春天、落叶、风雨雷电等自然现象,都能直接作为歌曲的表现内容,这对帮助幼儿理解自然物质大有帮助。还有一部分歌曲中所塑造的那一幅幅栩栩如生的动物肖像画,也令人拍案叫绝,如小花狗、两只小象、大公鸡、袋鼠妈妈等,都传神地刻画出了动物的独特个性和习性,每段刻画不同动物的音乐都可以用到幼儿歌曲中。

二、幼儿园歌唱活动的设计与指导

(一)幼儿园歌唱活动的准备

1. 分析教材、熟悉教材

(1)分析歌曲的性质及情感特点。

(2)针对幼儿实际水平,准确找出歌曲的重点、难点。

(3)发掘歌曲作品中促进幼儿知识经验及优良素质发展的核心点。

(4)反复练习歌曲,熟练背唱和伴奏,做好歌唱的感情处理,能正确地表达歌曲的性质特点和音乐形象。

2. 做好活动准备工作

(1)物质准备:根据幼儿具体形象性的思维特点,准备好实用、美观的教具或学具。

(2)经验准备:教师根据歌曲作品特点和幼儿的发展水平,在教唱前,帮助幼儿获得一些直观感性的经验,或结合幼儿园其他领域活动或生活环境,让幼儿提前感知和提前掌握部分内容,这样在学唱新歌时可以降低幼儿的认知难度。

(二)幼儿园歌唱活动的基本模式

幼儿音乐活动的过程,一般有两种设计形式:第一种是传统的"三段体结构",即把音乐活动明确分为三个部分——开始部分、基本部分和结束部分。第二种是"单段体结构"，即"一杆子式"结构。它没有明显的三部分界限，围绕着基本部分中新授的活动内容来安排活动结构，以换取与新活动内容有联系的旧有知识经验，作为"导入活动"来激发幼儿的兴趣，然后再分层次递进式地进入到新作品的学习活动，在幼儿歌唱活动的教学中，常用的基本模式如下。

1."教师示范——幼儿模仿——反复练习"的歌唱活动模式

（1）教师以幼儿感兴趣的方法引出主题。

（2）以清晰可感知的方式，让幼儿整体感知歌曲。

（3）用整体感知的方法教幼儿学唱新歌。

（4）采用各种不同的演唱组织形式练习歌曲。

（5）利用学会的歌曲进行表现与表达活动。

对于年龄小的幼儿来说，模仿学习占有主要的地位。运用这种模式时应重点考虑，在模仿学习过程中，怎样降低幼儿的认知难度，提高他们的学习兴趣。

2."教师引导——幼儿探索——创造性表达"歌唱活动模式

（1）教师用幼儿感兴趣的方法引出主题。

（2）让幼儿初步掌握歌曲的一段歌词，能初步跟唱。

（3）启发幼儿在改变歌词中的部分歌词的同时，进一步熟悉旋律。

（4）鼓励幼儿进一步探索新的歌唱方式。

（5）鼓励其他幼儿用自己的方式即兴地表现与表达。

3."教师唱歌——幼儿游戏——逐步熟悉"歌唱活动模式

（1）设计游戏情景，激发幼儿参与歌唱活动的愿望。

（2）教师用自己的歌声，指挥和配合幼儿开展游戏活动。

（3）在游戏过程中，逐步要求或鼓励幼儿唱出歌曲中的个别词句。

（4）停止游戏活动，让幼儿在比较平衡的状态下，跟随教师整体演唱歌曲。

（5）继续开展游戏活动，使幼儿对新歌的掌握逐步达到熟练和完善。

采用这种模式进行歌唱活动时，教师应该注意：当幼儿产生参与歌唱活动的愿望时，要及时鼓励他们主动加入歌唱活动，不能过分强调玩游戏，而忽略幼儿唱歌的要求，另外要掌握好活动中静与动的时间分配，以免幼儿在歌唱活动中产生乏味的感觉，或过于兴奋而出现大喊大叫的情况。

案例

大班歌唱活动：小海军[①]

活动目标：

1. 感受歌曲所表达的情感，学会唱出进行曲风格二四拍强弱感觉。理解和表现附点音符和休止符在音乐中的含义。

2. 根据教师创设的不同情境，会用果断及中强、中弱、较强等不同的力度方式演唱歌曲，以表现不同的意境。

3. 通过歌唱表演，理解和表现小海军的勇敢形象。

活动准备：

1. 将幼儿的座位排列成方阵队形。

2. 有条件的话，准备一顶海军帽。

活动过程：

一、实物引入

1. 教师出示海军帽，提问："这是谁的帽子？"

① 张靖鸣，向松梅，赵静. 学前儿童音乐教育[M]. 镇江：江苏大学出版社，2014.

2. "谁愿意上来戴戴这顶帽子?"

二、理解歌词学唱歌曲

1. 教师带领幼儿随音乐有节奏地念歌词。

2. 教师引导并指挥幼儿用雄壮有力的声音演唱歌曲。教师提问:"我们用什么声音演唱才像个勇敢的小海军?"(果断有力)"我们都来当勇敢的小海军,把每个字唱得像子弹打出去那样干脆有力!"

在教师的指挥下集体练习两遍。

3. 教师再次范唱歌曲,请幼儿注意倾听教师是怎样唱出句首重音的。并学一学将每一句的第一个音唱得稍响些。

4. 教师指挥幼儿用果断有力的声音演唱歌曲,唱出句首重音,以表现小海军的勇敢和自豪。

三、情境演唱

教师创设情境,启发幼儿用不同的力度演唱歌曲。

1. 教师提出情境:"小海军不怕风浪、勇敢地起航,这时应该用什么声音演唱?"(果断、中强)学生回答后集体演唱一遍。

2. 教师第二次提出情境:"小海军的炮艇悄悄地穿过敌人的封锁线,这时我们怎样演唱,才能不被敌人发现?"(果断、中弱)幼儿回答后集体演唱一遍。

3. 教师再次提出情境:"小海军打了胜仗,雄赳赳、气昂昂地返航,这时我们怎样演唱?"(果断、较强)幼儿回答后集体演唱一遍。

四、创编动作表演唱

1. 请一位幼儿担任指挥官,指挥小海军出发、穿越封锁线、返航,要求指挥官能用动作表现力度变化,其余幼儿看指挥用三种不同力度的声音演唱,以此帮助幼儿认识:表现勇敢并不一定非要唱得响亮。

2. 要求幼儿将椅子当炮艇,一边跟着音乐演唱,一边创编动作表演。要求幼儿表演时,要做出参战的各种动作,并表现出小海军的精神风貌。

活动评析:

活动中通过孩子"看、说、唱、跳"等多种活动让孩子全心投入到学习过程中,多样化的教学方式引起了幼儿的兴趣。在活动过程中幼儿的兴趣一直很浓厚,能积极主动地参与到活动中来,并流畅完整地表达自己的意愿和想法,达到了预设的目标。

附歌曲:

小海军

小组实训活动

1．分组分工

(1) 分组：将学生按5—6人一组进行分组,选出组长,设计组名。

(2) 分工：将组员按照活动任务要求分工。

(活动任务：设计方案、制作课件、制作教具、试讲、配班)

2．自选或自定内容(幼儿园音乐领域歌唱活动)

可选内容：大班《五只小青蛙》

　　　　　中班《蚂蚁搬豆》《好朋友》

　　　　　小班《数鸟蛋》《我爱我的小动物》

3．实训要求(可先在教法实训室试讲,再分析录播视频)

(1) 精心设计活动方案(详案)。

(2) 认真准备课件、教具。

(3) 试讲人要熟练掌握内容,其他人要演好幼儿角色。

第四课　幼儿园韵律活动

在幼儿的音乐活动中,音乐与身体动作常常是分不开的。伴随音乐进行的身体活动,不仅是幼儿学习舞蹈、学习音乐的最自然方式,也是幼儿体验和表达情感的最自然的方式之一。人类的情感是音乐的来源,而情感通常是由人的身体动作表现出来的。因此,音乐教育也应当同时从身心两方面着手,让幼儿不仅从心理上感受音乐,也能从生理上感受音乐。

一、幼儿园韵律活动的目标

(一)幼儿园韵律活动的总目标

根据《纲要》的要求,从认知、情感态度、操作技能三方面提出韵律活动的总目标。

(二)幼儿园韵律活动年龄阶段目标

1．小班

基本上能按照音乐的节奏做上肢或下肢的简单基本动作和模仿动作。基本上能随音乐变化改变动作,包括变换曲调或曲调不变的情况下,明显地改变力度、速度等。通过学习,用手脚的简单身体动作(包括韵律动作和指挥动作)表现歌曲或乐曲的前奏、乐段的开始和结束以及有关的形象、内容和情感。学习一些由二分音符、四分音符、八分音符构成的简单节奏型,并学习用自己想出的简单动作带有创造性地表现这些节奏型。积累一些简单的模仿动作和基本动作,学会一些简单的集体舞。初步了解道具在韵律动作表演中的作用,喜欢在动作表演活动中使用简单的道具。在没有队形规定的情况下,能够自己选择便于活动的空间,在空间中移动时,能够不与他人碰撞。愿意参与由教师发起的韵律活动。初步尝试指挥的乐趣,初步体验用表情、动作、姿态与人沟通的方法和乐趣。

2．中班

能够按音乐的节奏,做简单的上下肢联合的基本动作、模仿动作和舞蹈动作。能随音乐变化改变动作,包括变换曲调,或在曲调不变的情况下,改变力度、速度、音区和节拍等。学习用手、脚等简单的身体动作(包括韵律动作和指挥动作)表现歌曲或乐曲的前奏、间奏、尾奏、乐段、乐句的开始和结束,以及有关的形象、内容、情感。学习一些创造性地改变熟悉节奏型的方法,并学会用自己想出的简单的动作创造性地表现这些节奏型(所学节奏型仍主要由二分、四分、八分音符构成)。进一步积累一些稍复杂的模仿动作,学会一些基本的舞蹈动作和集体舞,初步了解一些创编韵律动作组合的规律。进一步了解各种不同道具的特点,能够比较熟练地在动作表演中使用一些简单的道具。在没有合作要求的情况下,能够根据现有空间情况,随时调节自己的活动,在有合作要求的情况下,能够同时兼顾合作伙伴和其他人的状况调节自己的活动。喜欢自发地随歌曲、乐曲自由舞蹈,也喜欢参加由教师发起的各种韵律活动。进一步体验指挥的乐趣,进一步提高从事指挥活动的自信心,进一步增强运用表情、动作、姿态与人沟通的能力。

3. 大班

能够比较准确地按音乐的节奏做各种稍复杂的基本动作、模仿动作和舞蹈动作组合。能随音乐的变化,较迅速地改变动作,包括变换曲调,或在曲调不变的情况下改变其力度、速度、音区、节拍、节奏型等。进一步学习,用各种简单的身体动作组合表现歌曲或乐曲的前奏、间奏、尾奏、乐段、乐句的起止和反复变化,以及有关的形象、内容、情感。学习一些由二分、四分、八分音符为主构成的稍复杂的节奏型,并学会创造性的表现熟悉节奏型的方法。进一步丰富舞蹈动作语汇,进一步了解创编韵律动作组合的规律,学会跳一支含有创造性成分的稍复杂的集体舞。能够了解更多的不同道具在不同动作表演中的作用,喜欢带有创造性的为不同的韵律活动选择不同道具,并能较熟练地使用这些道具。能够使用所掌握的空间支持,带有创造性地进行动作表演,能够在有更多人参加的合作表演中,较好地解决空间分配问题。喜欢自发地随歌曲、乐曲自由舞蹈,积极参加教师或儿童发起的创造性韵律活动。更有自信心、独立性和创造性地从事指挥活动,更积极、熟练地运用表情、动作、姿态与人沟通。

二、幼儿园韵律活动的内容

幼儿园的韵律活动不是为了音乐表演,也不是少数孩子的事情,更不是追求娴熟技巧的活动,而是要创造机会,让所有孩子都能亲自参与感受,充分表达表现,让他们借助音乐作品及韵律活动形式为载体去探索发现,感受生活及艺术中的真善美。因此,教师在韵律活动内容的选择上,应该关注两个要素:首先,韵律活动的音乐节奏与速度等性质,应该是动感的、有画面感的。因此,规整的音乐结构才能有利于幼儿的肢体表现与心理感受的满足。其次,从幼儿的个性化发展、综合化发展和全面化发展的培养方向来讲,我们需要韵律活动的音乐题材应是多元化的,因此不同国家不同民族的特色动作也可以做些选择,引导幼儿进行感知和学习。动作设计的过程中考虑幼儿的兴趣和能力、动作的难易程度、动作与幼儿感兴趣或熟悉的事物的交点、是否能够促进本年龄段幼儿的经验提升等。

三、幼儿园韵律活动的设计与指导

(一) 幼儿园韵律活动的准备

1. 分析教材
(1) 分析活动中音乐材料的性质、情绪、突出的表现手法及乐曲的结构。
(2) 根据动作材料中基本动作组成的因素,以及队形的变化和幼儿掌握这些动作的程度等。
(3) 了解幼儿实际的韵律动作水平和能力。
2. 做好活动准备工作
物质准备:准备好活动中要使用的教具和学具、道具、音像等辅助材料;熟练背唱韵律活动所用的歌曲,或音乐的旋律唱名,并能用动作准确地表现音乐的性质特点和音乐形象。
经验准备:教师根据乐曲特点和幼儿的动作发展水平,在活动前帮助幼儿获得一些直观、感性的经验,以降低幼儿的认知难度。

（二）幼儿园韵律活动的基本模式

在幼儿韵律活动的教学中,常用的基本模式如下:

1."教师示范——幼儿模仿——反复练习"的韵律活动模式

（1）用容易引起幼儿学习兴趣的方法引出主题。

（2）用容易让幼儿清楚感知的方法反复示范新的动作或动作组合。

（3）用让幼儿容易接受的方法分析讲解动作要领或动作组合的结构等。

（4）用较慢的速度带领幼儿做动作或动作组合。

（5）采用各种不同的练习组织形式,不断的调动幼儿的积极性,让幼儿在反复练习的过程中,逐步达到熟练程度掌握。

此设计方式适合舞蹈基本动作的教学。

2."引导——探索——创编"的韵律活动模式

（1）引导幼儿观察有关的真实事物或在回忆与活动有关经验的基础上提出主题。

（2）让幼儿根据自己的观察或回忆,创编有关动作。

（3）组织幼儿倾听、分析、体验音乐,并组织幼儿用讨论的方法,将自己创编的动作与音乐进行合理配置。

（4）让幼儿按讨论的结果随音乐做动作。

（5）根据幼儿表现的情况,组织幼儿相互观摩,并把幼儿创编的动作进行整理和归纳。

（6）找出幼儿创编动作中好的范例,让幼儿根据自己的意愿,随音乐自由借鉴吸收。

3."模仿——创造性发展"的韵律活动模式

（1）直接提出主题,或在引导幼儿回忆有关经验的基础上,提出主题。

（2）通过示范、模仿、练习的方式,教幼儿学习基本动作,或者把幼儿创编的某个动作作为基本动作。

（3）教给幼儿某种变化基本动作的方法,并组织幼儿跟随音乐练习他们在基本动作基础上创造出来的各种新动作。

（4）教给幼儿某种组合动作的方法,并引导幼儿用集体讨论的方法,根据音乐创编动作组合。

（5）带领幼儿跟随音乐,将创编出的组合连贯起来表演。

（6）让幼儿进行独立的连贯表演。

案例

中班韵律活动：春天的韵律①

活动目标:

1. 感受并尝试表现音乐旋律的美。

2. 尝试创造性地、合作地表现各种花的造型。

3. 通过模仿造型,体验同伴合作的乐趣。

活动准备:

1. 绢花两枝,花海道具三块,背景音乐。

2. 提前丰富幼儿对花卉的感性知识,并对音乐《茉莉花》的情绪、乐句的分辨进行学习。

活动过程:

一、律动《蜗牛与黄鹂鸟》

---

① 王翼如.学前儿童音乐教育[M].长春:吉林教育出版社,2016.略有改动。

二、欣赏音乐,通过动作展现对乐句的分辨

1. 创编一枝花的动作。

(1) 复习引入。

教师:现在是什么季节? 春节到了,柳枝发芽了,绿茵茵的草地上,开满了各种各样、色彩斑斓的小花。我们欣赏过一段关于春天的音乐《茉莉花》,下面我们一起再来欣赏一遍,几个小朋友在每一句的句尾,把自己变成一朵漂亮的小花。

(2) 出示一枝绢花,引导幼儿观察它的结构。

师:我们的身体是由哪几部分组成的? 这是什么?(1 枝花)小朋友,来看一看这只花是由哪几部分组成的?(花苞、叶子和花茎)

依次弯曲绢花的头、叶子和茎,逐步过渡到整体,引导幼儿尝试用肢体由最初的模仿到自由创作动作。师:这枝花发生了什么变化? 能不能用你的身体学一学呢? 好,现在我数 123,请小朋友把自己变成一朵你最喜欢的花,你是什么花?(这枝花很美,这枝花开得很特别,一枝很少见的花,这枝花很漂亮……)

(3) 自由创编表演,鼓励孩子用柔美舒展的动作,随音乐自由发挥。

师:现在我们来边听音乐边开花,请小花们注意每句的句尾,一定要把自己变成最漂亮最可爱的小花。小花们的造型真是太美了,有含苞待放的,有枝繁叶茂的,那谁能来学一学小花是怎样一点一点把花开放着呢,他可以怎样开呢? 请你用一种最喜欢的方式,边听音乐边开花。

2. 尝试和同伴用组合身体造型,表现两枝花的造型。

(1) 出示两枝花,让两枝花缠绕在一起,请 2 名幼儿上台表演。

师:刚才一枝花,小朋友们表现得非常好,现在又来了一枝花,看两枝花发生了什么变化,谁能来学一学?

(2) 观察两枝花的高低位置,引导幼儿观察模仿。

师:看,又发生了什么变化? 请你找一个好朋友,一起来学一学。鼓励幼儿两两结伴做动作,随时提醒幼儿花的各种形态,注意提炼孩子的动作。(这两枝花很独特,这两枝花缠的真紧呀,这两枝花比谁美呢……)

(3) 两人自由结伴做的花束听音乐,引导幼儿做出花的高低层次变化。

师:现在请小朋友们每人找一个好朋友,边听音乐边做花开的动作,在每一句的句尾变成 2 枝花的花束不动,要求两枝花定型时,身体要有一个部位黏在一起或者交缠在一起,我们一起来试一试吧。引导幼儿尝试配合。

3. 练习花海抖动,请 6 名幼儿舞动花海,其他幼儿扮演花。

师:花越开越多,开满了山坡,到处是花的海洋,一阵风吹来,花儿随风摆动,我们一起来学一学花儿是怎样与风儿做游戏的? 草地上的花儿开了,高低不平的山坡上,花儿也开了,连山顶上也开满了花。谁愿意做风儿来抖动花海,请其他小朋友扮演美丽的花,可以一枝花开放,也可以两枝花开放,请你找一个位置到花海听音乐表演。

三、游戏巩固

请两名幼儿扮演蝴蝶,其他幼儿扮演花,引导幼儿尝试花和蝴蝶合作表演。

师:花开得实在是太美了,蝴蝶姑娘都飞来了,蝴蝶在这朵花上闻一闻,在那朵花上跳个舞,还高兴地和花儿做游戏。谁愿意来做蝴蝶呢? 其他小朋友来扮演花好吗? 蝴蝶,看哪朵花开得最美就会和你做游戏。交换角色进行表演,引导幼儿进行各种角色之间的配合。

活动评析:

整节活动的流程比较清晰,幼儿也很感兴趣,选材适合中班年龄特点。活动的目标基本都能达到,活动中幼儿尝试扮演花创编动作,寓教于乐,整个活动充满乐趣,最后游戏环节可以根据幼儿的兴趣适当的调整玩法。

小组实训活动

1. 分组分工
(1) 分组：将学生按5—6人一组进行分组,选出组长,设计组名。
(2) 分工：将组员按照活动任务要求分工。
(活动任务：设计方案、制作课件、制作教具、试讲、配班)
2. 自选或自定内容(幼儿园韵律活动)
3. 实训要求(可先在教法实训室试讲,再分析录播视频)
(1) 精心设计活动方案(详案)。
(2) 认真准备课件、教具。
(3) 试讲人要熟练掌握内容,其他人要演好幼儿角色。

第五课　幼儿园绘画活动

幼儿绘画教育活动是幼儿学习运用简单的绘画材料和工具(如蜡笔、水彩笔、油画棒、水粉颜色和各种纸张等),通过线条、形状、色彩、构图等手段,创造可视的形象,以表达自己审美感受的一种美术教育活动。

一、幼儿园绘画活动的目标

(一) 幼儿园绘画活动的总目标

《纲要》明确地把艺术领域的目标定为：能初步感受并喜爱环境、生活和艺术中的美;喜欢参加艺术活动,并能大胆地表现自己的情感和体验;能用自己喜欢的方式进行艺术表现活动。这一目标在绘画活动中的具体要求是：1.引导幼儿初步学习多种绘画的基本技能和方法,帮助他们形成良好的绘画习惯。2.引导幼儿大胆地用线条、形状、色彩、构图初步进行创造性的表现,培养其绘画创造能力和创造意识。3.帮助幼儿体验绘画活动的快乐,培养他们对绘画的兴趣。

(二) 幼儿园美术欣赏活动的年龄目标

幼儿园绘画活动在幼儿园小、中、大三个年龄班的具体目标如下：

1. 小班

(1) 引导幼儿参加绘画活动,体验绘画活动的乐趣,培养他们对绘画的兴趣,养成正确的握笔方法和作画姿态;

(2) 引导幼儿认识手臂和手腕活动为主的绘画工具和材料,掌握其使用方法,养成大胆作画的习惯;

(3) 引导幼儿学习用点、线和简单形状表现日常生活熟悉物体的大概形象和明显特征;

(4) 引导幼儿认识红、黄、蓝、绿、紫、黑、棕等6—8种颜色,培养幼儿对色彩的兴趣,并使他们会自由选用自己喜爱的颜色作画。

2. 中班

(1) 引导幼儿在小班基础上进一步认识以手指活动为主的绘画工具和材料,掌握其使用方法,体验绘画活动的乐趣;

(2) 引导幼儿学习用各种线条表现感受过的物体的基本形象和主要特征;

（3）引导幼儿认识和使用 12 种颜色，辨别同种色的深浅，帮助他们学习用与物体相似的或想象的颜色作画；

（4）引导幼儿初步学习布置画面，使他们能注意物体的上下、左右的关系。

3. 大班

（1）引导幼儿学习利用多种绘画工具和材料，运用不同技法表现自己独特的思想，体验创造的乐趣；

（2）引导幼儿独立地、多样化地表现感受过的或想象中的物体的完整形象和细节部分；

（3）引导幼儿学习根据画面需要，恰当运用各种颜色，并学习色彩的调配，表现画面的深浅、冷暖关系，培养幼儿对色彩的敏感性；

（4）引导幼儿学习均衡对称地安排画面。

二、幼儿园绘画活动的内容

幼儿园绘画活动的内容主要包括以下三方面：

（一）绘画工具和材料的认识和使用

1. 了解绘画工具和材料的性质。例如油画棒的油性、水彩颜料的水性、宣纸的渗透性等。2. 掌握各种绘画工具和材料的正确使用方法。从不同的工具和材料看，幼儿可学习蜡笔画、彩色铅笔画、彩色水笔画、彩色粉笔画、水粉画、棉签画、指点画、印章画、蜡笔水粉画、纸版画等。

（二）学习用线条、形状、色彩、构图来表现自己生活的感受和想象

1. 线条：有线条的形态和线条的变化。2. 形状：幼儿对形状的学习主要包括基本几何形状的组合以及自然形体等。3. 幼儿对色彩的学习主要包括色彩的色相、明度的辨认和色彩的运用。4. 构图：幼儿需要逐步学习如何处理绘画中形象的分布和主次关系。

（三）学习正确的绘画姿态、握笔方法和集中注意力完成作品等良好的绘画习惯

三、幼儿园绘画活动的设计与指导

幼儿园绘画教育活动过程，包括创作引导、作业辅导、作品评价三个主要环节，其设计与指导如下所述。

（一）创作引导

创作引导阶段主要采用全班集体活动的形式，指导主要是用语言启发、讲解，帮助幼儿明确本次活动的要求，使幼儿的绘画活动能围绕主题来开展。创作引导在绘画活动中是最关键的环节。要求教师仔细推敲，在最短的时间内完成并达到相应的效果，留下大量的充足的时间供幼儿进行绘画创作。

这个环节大致分为以下三个步骤。

1. 导入活动

教师要引导幼儿感知或回忆、提取与本次活动相关的经验。在物体画中，主要是引导幼儿用多种感官感知所要描绘事物的特征。在情节画中，主要引导幼儿回忆并提取与本次活动相关的经验。导入活动应注意精练、游戏化，最好能在最短的时间内调动起幼儿的积极思维，激发幼儿创作的愿望。

2. 讲解示范

引导幼儿学习本次活动的重点和难点。讲解的语言要简练，富有启发性，示范动作要清楚，让幼儿能掌握本次活动的基本技能。在讲解示范中，教师应注意为幼儿留下宝贵的思维空间，不局限幼儿的创作。

3. 交代本次活动的具体要求

在幼儿创作前，教师要向幼儿明确地提出一些要求，以便幼儿能够准确明了地去描绘。一般包括交代绘画程序，如：小班活动"草地上的鲜花"，教师要求的作画顺序是在纸上用蜡笔画好草地——用手指蘸水

粉颜料点画鲜花;提醒技能要求,如:色彩搭配、合理布局、均匀涂色等;提醒养成好的习惯,如:正确使用工具、专心作业、爱惜作品等。以上几方面的要求在实际运用时,应根据本次活动的特点,所使用工具材料的不同,以及幼儿实际水平等灵活地有侧重地提出。

(二)作业辅导

作业辅导包括:如何构思、如何造型、如何使用色彩、如何构图等几方面的内容。教师在了解每位幼儿构思、造型、色彩、构图几方面不同发展水平的基础上,针对每位幼儿的特点采用分层指导法,有针对性地进行辅导,让每位幼儿在自己原有的发展水平上再向前一步。

(三)作品评价

教师对幼儿作品评价的态度、标准,直接影响幼儿参与美术活动的兴趣和积极性,也影响幼儿对作品的态度和对美的鉴赏能力。作品评价一般从以下方面来进行,即符合同龄幼儿的一般水平,有童趣,有一定的艺术性(表现为线条有力、连贯,图形、形象清晰完整,画面饱满、均衡,色彩明快,内容丰富、充实)。教师的评价要注意以鼓励为主,结合不同幼儿的发展水平,以发展的眼光来对待幼儿的作品。在组织作品评价时,小班幼儿作品可以教师评价为主,中、大班幼儿作品可采取教师评价与幼儿评价相结合的方法。在评价的过程中,教师应注意把评价的标准慢慢教给幼儿,并帮助他们学习积极地评价同伴的绘画作品。幼儿自身评价与相互评价,不仅有利于其评价能力的提高,还有利于其社会性的发展。

案例

中班绘画教育活动: 吹画梅花

活动目标:
1. 体验吹画的乐趣,激发吹画的兴趣。
2. 能够保持画面整洁,准确体现出梅花的特征。
3. 学会用吹画和手工制作梅花的方法表现梅树和梅花的基本特征。

活动准备:
黑色墨汁、毛笔、吸管、红色超轻黏土、卡纸、纸巾、梅花图片若干、范例。

活动过程:
一、图片导入

1. 师:今天,老师带来了一幅漂亮的图片。小朋友们看,这张图片上是什么花呢?(教师出示梅花图片,引导幼儿观察梅花的结构、形态、颜色。)

2. 师:嗯,这就是梅花。小朋友们仔细观察一下梅花有什么特点呢?

二、引导幼儿欣赏用吹画的方法创作的梅花图,并示范吹画梅花

(一)这幅梅花是怎么画出来的? 猜猜用了什么材料?

1. 师:我们认识了梅花,那今天呀,老师要教小朋友一个新的本领,利用吸管吹画和超轻黏土制作的方法来画梅花。我们需要用到的材料有墨汁、毛笔,还有超轻黏土。

2. 师:首先,看一下这幅漂亮的梅花该怎么制作。先拿起毛笔,蘸上一滴墨汁,轻轻地滴到画纸下方,拿起吸管,深吸一口气,吸管的一端对准墨点往前吹,并稍稍改变吹的方向,可向上、向左或向右吹,慢慢吹出枝干的形态,树干就做完了。我们再取适量的红色超轻黏土制作出若干梅花,粘贴在画面上做出立体的梅花。

(二)幼儿操作,教师巡回指导。

1. 师:在制作之前呢,老师有几点要求,请小朋友注意。一定不要弄太多的墨,不要将墨吹到画纸的外面,要注意画面干净、整洁,点画好后要在纸巾上把手擦干净。那就开始作画吧! 幼儿在画面上练习吹画梅花。幼儿操作时,教师重点帮助幼儿掌握吹枝干的方法。(直放、侧放)要求能力强的幼儿多吹几棵梅树。梅花的制作尽可能的要求幼儿等分黏土,用手轻轻按压,制作立体的梅花

效果,尽量使每个幼儿完成作业,享受成功的快乐。

2. 展示幼儿作品。教师引导幼儿讲述自己作画的过程和感受。

活动延伸:

引导幼儿回家与爸爸妈妈一起制作并欣赏一幅美丽的吹画《梅花》。

活动评析:

本节课采用吹枝干,通过超轻黏土制作立体梅花的方式,带领幼儿认识梅花。课前准备好围兜,并在桌面上铺上了一次性桌布,强调不要弄脏自己和别人的衣服,在卫生方面,提示幼儿养成好习惯。幼儿对课的内容很感兴趣,尤其是教师说到要用"嘴"作画时,他们的情绪更高涨了。对于本活动,教师语言可以富有童趣,高低起伏突出特色,才能随时随地抓住幼儿的情绪。在活动中,首先出示了范画,然后让幼儿猜猜"可能会用到哪些工具"提高幼儿的注意力和对绘画的浓厚兴趣。让幼儿天马行空地想象和回答过后,再出示范画更有吸引力。本活动是综合性较强的美术课程内容,教师强调幼儿把墨水滴在纸上,并提示需要注意的小细节。幼儿在学习中体验吹画创作的乐趣,知道梅花不畏严寒的精神,进一步提高幼儿学习绘画的积极性。

(活动改编自 https://wenku.baidu.com/view/bfb2e40bbed5b9f3f90f1cb6.html)

实训活动

1. 分组分工

(1) 分组:将学生按5—6人一组进行分组,选出组长,设计组名。

(2) 分工:将组员按照活动任务要求分工。

(活动任务:设计方案、制作课件、制作教具、试讲、配班)

2. 自选或自定内容(幼儿园美术领域绘画活动)

3. 实训要求(可先在教法实训室试讲,再分析录播视频)

(1) 精心设计活动方案(详案)。

(2) 认真准备课件、教具。

(3) 试讲人要熟练掌握内容,其他人要演好幼儿角色。

第六课 幼儿园手工制作活动

幼儿手工教育活动是幼儿学习运用不同的工具和材料(如:点状、线状、面状、块状等材料),通过贴、撕、剪、折、塑等手段制作不同形态的物体形象,以表达自己的审美感受和美化生活的一种美术教育活动。

一、幼儿园手工制作活动的目标

(一)幼儿园手工制作活动的总目标

《纲要》明确规定了艺术领域的目标。这一目标在手工活动中的具体要求是:1.引导幼儿初步学习多种手工材料和工具的基本使用方法,培养其良好的手工活动习惯。2.引导幼儿在塑造和制作活动中,发展小肌肉动作和手眼协调的能力。3.帮助幼儿体验手工活动的快乐,培养他们对手工的兴趣。

（二）幼儿园手工制作活动的年龄目标

幼儿园手工活动在幼儿园小、中、大三个年龄班的具体目标如下：

1. 小班

(1)引导幼儿参加各种手工活动,使他们愿意尝试多种材料和工具,培养他们对手工活动的兴趣；(2)引导幼儿学习用胶水、浆糊等胶粘剂粘贴一些简单的点状材料和面状材料；(3)引导幼儿初步学习撕纸的方法和使用剪刀的方法；(4)引导幼儿学习用面状材料按对边折、对角折的方法折出简单的物象；(5)引导幼儿认识泥工的材料和工具,初步学习用搓、团圆、压、黏合等方法塑造简单物象；(6)培养幼儿良好的手工活动习惯；(7)促进幼儿小肌肉的发育和手眼协调动作的发展。

2. 中班

(1)引导幼儿喜爱各种手工活动,帮助他们正确使用各种材料和工具；(2)引导幼儿学习粘贴比小班丰富复杂的点状材料及自己剪成的面状材料；(3)引导幼儿学习用面状材料按中心线折、双正方折、双三角折的方法折出简单物象；(4)引导幼儿在小班基础上学习捏的方法,帮助他们学习用平面泥工表现简单物象；(5)培养幼儿对手的控制能力。

3. 大班

(1)引导幼儿较熟练地使用和选择手工工具材料,创造性地表现自己的认识和感受；(2)引导幼儿学习用点状材料、线状材料拼贴或制作物象,表现一定的情节；(3)引导幼儿学习用目测的方法将面状材料分块剪、折叠剪来表现物体的形象特征；(4)引导幼儿学习用抻拉等多种泥工技法,塑造不同形象的物象；(5)引导幼儿学习用多种技法折出物体的各个部分,组合成整体物象；(6)引导幼儿综合利用各种材料、工具和技法来布置环境,制作教具、玩具、礼品、演出服饰、道具等,并注意装饰。

二、幼儿园手工制作活动的内容

幼儿园手工制作活动主要包括以下四方面内容：

（一）学习多种手工工具的材料的使用方法

例如：点状材料的粘贴,线状材料的粘贴、缠绕,面状材料的粘贴、缠绕、撕、剪、折,块状材料的粘贴、塑造、切割、组合等。

（二）学习塑造和制作不同形态的手工作品来表现自己的意愿,美化生活

（三）在塑造和制作活动中,学习锻炼手工动作的协调和灵巧

（四）学习干净、整洁、有序等良好的手工活动习惯

三、幼儿园手工制作活动的设计与指导

幼儿园手工制作活动主要包括泥工和纸工。每种活动的设计环节大致如下：

（一）泥工教育活动过程的设计与指导

1. 导入活动

明确所要制作的形象,激起幼儿创作表现的愿望。教师引导幼儿直接感知或回忆,提取相关的经验,帮助幼儿分析所要制作的事物的外形特征。

2. 讲解示范

引导幼儿学习本次活动的重点和难点。对不同年龄班的幼儿,教师的指导各有侧重。小班幼儿刚开始接触泥工活动时,要让幼儿玩泥,体验泥的柔软、可塑性,教师要引导幼儿学习用团、搓、压的技能,塑造一些幼儿熟悉的外形简单、容易表现的物体,如："元宵"、"饼干"等。在泥工塑造技能学习方面,教师要边示范、边讲解,让幼儿跟着教师的动作模仿。中、大班幼儿进一步学习分泥、连接、捏边、砌合、抻拉等技能,老师应重点示范所学的技能。

3. 作业辅导

采用巡回指导、分层指导的方法。在泥工制作活动中,教师还应注意培养幼儿养成良好的卫生习惯,操作时卷起长袖,随时将泥块放在泥工板上,以免弄脏桌面等。

4. 评价作品

以积极鼓励为主,教师评价与幼儿评价相结合。重点指导幼儿评价是否按照技能的要求塑造的。

(二)纸工教育活动的设计与指导

纸工包括粘贴、撕贴、折纸、剪纸、染纸等。纸工活动的设计环节包括:导入活动、作业辅导、评价作品,与泥工教育活动的设计与指导相同,但在具体内容的要求上有所差别,特此说明。

1. 粘贴

粘贴是幼儿用教师事先准备好的规则或不规则的纸,粘贴出某种形象(形象轮廓可以是教师画好的),或经过想象粘贴成自己喜欢的作品。前者较为简单,一般在小班进行,重点指导幼儿如何用浆糊涂抹;后者可在中、大班进行,重点启发构思主题,展开丰富的想象。

2. 撕贴

撕纸可以锻炼幼儿手对形状的控制能力。撕纸的材料可以是普通彩纸或报纸等,撕纸的方法大致有自由撕、按折痕撕、按轮廓线撕、折叠撕等。一般来说,要求幼儿所撕的形象,应该是特征明显、外形简略的。让幼儿随意撕纸后,根据所撕的形象想象添画,发展幼儿的想象力。教师重点指导按活动所要求的技能撕及粘贴的方法。

3. 折纸

折纸是幼儿喜欢的活动之一。折纸取材方便,彩色蜡光纸、旧挂历纸、废报纸等都可以。折纸的基本技能,有对边折、对角折、集中一边折、集中一角折、对中心线折、角对中心折、双正方折、双三角折、菱形折等。折纸活动要按照由浅入深的规律,由易到难的顺序安排。对小班最初的折纸练习,教师主要指导幼儿对齐、抹平。由于折纸的过程易忘记,到中班时,教师可以引导幼儿学习看图折纸。教师事先按折纸顺序画好步骤图。图上线条要简明,要教幼儿认识和熟悉折法符号。一开始,教师可以边教幼儿识图边进行演示,帮助幼儿理解图上的符号。演示时,教师用的纸要比幼儿的大,要有正反面,手的动作要明确,语言要简练明确。待幼儿理解图示后,教师可逐步过渡到仅演示重点和难点,其他部分让幼儿自己看图折。大班幼儿增添了组合折叠,即把折好的几部分组成一个整体。教师应重点指导几个部分的插接,引导幼儿思考如何插接才会不松散。

4. 剪纸

剪纸的主要方法,有目测剪、沿轮廓线剪和折叠剪。剪的技能学习应按由易到难的顺序安排。从小班下学期开始,幼儿就可以学用剪刀。在小班和中班初期,以学剪直线和曲线为主。指导沿轮廓线剪时,重点指导幼儿应用左手转动底片,防止边剪边拉,使形象周围不整齐;折叠剪的指导重点是折叠部分,只有折叠好了,才能剪出对称的或有规律的图形。在日常生活中,教师可在美术区(角)投放一些废旧的挂历纸或有形象的旧画书,让幼儿在游戏时间多加练习。这样能提高幼儿剪纸的技能,更好地满足幼儿剪纸的兴趣。

5. 染纸

染纸,是以折纸和染色为主要手段,利用不同性质的纸张、染液和不同的工具进行创作,从而产生千变万化的染纸图案。染纸图案由于创作过程具有一定不可控因素,作品常常能出现令人欣喜的偶然效果,因而这项手工制作活动能激发幼儿的好奇心和创作欲,对幼儿具有深深的吸引力。

案例

大班手工教育活动: 有趣的染纸

活动目标:

1. 尝试用多种折叠、泡染的方法染纸,感受染纸活动的乐趣。

2. 体验不同折法染纸产生的色彩、图案变化,感受对称美。

3. 尝试重叠晕染的效果,感受深色能遮盖浅色的颜色特性。

活动准备:

盘子、稀释的彩笔水颜料、纸巾若干、教师制作的染纸作品若干。

活动过程:

1. 感知欣赏,激发幼儿的兴趣。

(1) 欣赏印染作品。师:你们看到了什么? 这些图案像什么? 每件作品中图案都一样吗? 这些图案的排列有什么规律?

(2) 教师引导幼儿感受色彩、图案的对称美。

(3) 谈话讨论,引导幼儿观察美丽的印染作品。

师:这些美妙的图案是怎样变化出来的?

师:为什么它们是对称的?

师:我们怎样才能染出不同的颜色、图案?

2. 尝试创作,鼓励幼儿大胆用多种折叠、泡染的方法进行染纸活动。

(1) 提醒幼儿制作前先将纸折叠,再选择自己喜欢的颜色进行染色。

(2) 先将纸折叠,把需要染色的部分泡入颜料中,感受纸泡在颜料中的长短与染色面积大小的关系。

(3) 泡染的面积大,泡染在颜料中的时间就要长;反之,泡染的时间要短些。

(4) 染好后慢慢将纸小心地打开,按折的顺序打开就不容易破,平放在旧报纸上晾干。

3. 观看重叠晕染效果,尝试进行重叠晕染。

(1) 尝试重叠泡染,感受同一部分先后泡染在不同颜色中会产生奇妙的色彩变化。

(2) 为了避免后染的颜色完全遮盖先染的色,第二次染色可以不要泡染太深,时间短些。

(3) 请幼儿自由尝试多种泡染方法,并讨论自己的心得体会,感受到深色能遮盖浅色的颜色特性。

4. 展示作品,分享交流。

教师将幼儿作品放置在展览区中。请小朋友互相欣赏并向同伴分享自己的染纸体会,感受染纸的艺术美。

活动延伸:

鼓励幼儿发现染纸的美,这么美丽的染纸到这儿是不是就结束了? 它们还有什么用途吗? 培养幼儿大胆想象的能力、发挥创意挖掘更多的用途。同时剪纸课可以在染纸课的基础进行教学。

活动评析:

这次活动是一节手工制作活动课,是利用吸水性较好的纸巾折叠后再蘸上颜料,然后渗透形成图案。同时以游戏的形式来调动幼儿学习的兴趣,开始教师请幼儿动手操作纸巾的不同折法,然后以变魔术的方式出示范例吸引幼儿的注意力。因为染纸活动是有一定的技能技巧,于是把纸的角或边变成了嘴,像喝饮料一样把有颜色的水吸在纸上,要求每张嘴喝的水的颜色都不一样。这样讲解幼儿比较容易接受、理解,在操作时都能较好地掌握。在实际的操作过程中还是出现了问题,特别是在最后展开时,可能是幼儿有些过于着急导致作品被扯坏。但是在这次活动中幼儿对染纸有了初步的感受,同时也体验到了成功的快乐,树立了信心。教师始终以组织者、引导者、合作者的角色出现,注意培养幼儿动手操作能力和创作能力,同时也对幼儿进行了审美教育。

(活动改编自 http://www.360doc.com/content/17/0522/16/33387974_656188294.shtml)

实训活动

　　1. 分组分工
　　(1) 分组：将学生按5—6人一组进行分组,选出组长,设计组名。
　　(2) 分工：将组员按照活动任务要求分工。
　　(活动任务：设计方案、制作课件、制作教具、试讲、配班)
　　2. 自选或自定内容(幼儿园手工制作活动)
　　3. 实训要求(可先在教法实训室试讲,再分析录播视频)
　　(1) 精心设计活动方案(详案)。
　　(2) 认真准备课件、教具。
　　(3) 试讲人要熟练掌握内容,其他人要演好幼儿角色。

第七课　幼儿园美术欣赏活动

　　幼儿美术欣赏活动是幼儿通过对美术作品、自然景物及周围环境中美好事物的认识和欣赏,了解对称、均衡等形式美的初步概念,感受造型、色彩、构图等的情感表现,体验美术欣赏的快乐,从而丰富其美感经验,培养审美情感和审美评价能力的一种美教育活动。

一、幼儿园美术欣赏活动的目标

(一) 幼儿园美术欣赏活动的总目标

　　《纲要》明确地提出艺术领域的目标。这一目标在美术欣赏活动中的具体要求是：1. 通过周围环境和具体作品的欣赏,初步感受对称、均衡、节奏、和谐的美,喜欢不同风格的美术作品；2. 初步感受周围事物的运动变化和美术作品的造型、色彩和构图等的表现性,并产生一定的情感；3. 初步感受美术作品中的形象、主题内容的意义,了解美术作品是如何表现现实生活和作者的思想情感的；4. 体验美术欣赏活动的乐趣,能积极投入美术欣赏活动；能用自己的语言与别人交流,能评价成人和同伴的美术作品。

(二) 幼儿园美术欣赏活动的年龄目标

　　幼儿园美术欣赏活动在幼儿园小、中、大三个年龄班的具体目标如下：

　　1. 小班

　　认知目标：知道从自然景物、艺术作品中能够享受到视觉艺术的美。情感目标：喜欢观看、欣赏艺术作品；对美术作品、图书中的各种想象感兴趣；初步体验作品中具有不同"性格"的线条；通过欣赏老师及同伴的作品培养对欣赏的兴趣。技能目标：初步学会运用线条表现力度感、节奏感。创造目标：初步运用动作、表情等表达自己欣赏后的感受。

　　2. 中班

　　认知目标：通过欣赏作品,了解作品的主题和基本内容。情感目标：能体验作品中线条、形状、色彩、质地等；通过欣赏产生与作品相一致的感受。技能目标：感受作品的色彩变化及相互关系；感受作品中形象的鲜明性和象征性,并体验其情感；感受作品的构成,体验作品的对称、均衡、节奏。创造目标：通过欣赏,说出自己喜爱或不喜爱作品的理由,并对作品作简单评价。

3. 大班

认知目标：通过欣赏，了解作品的形状、色彩、结构等美术要素；了解作品的表现手法、艺术风格和创作意图。情感目标：喜欢各种不同风格的美术作品。技能目标：能感受作品的色调、色彩之间关系的变化；能感受作品中形象的象征性、寓意性；能感受作品中的形式美。创造目标：在欣赏和评价他人的作品时，能讲述自己独特的观点。

二、幼儿园美术欣赏活动的内容

幼儿园美术欣赏活动主要包括以下五方面内容：

（一）学习欣赏幼儿可理解的各种美术作品、自然景物及周围环境的造型、色彩、构图以及所表现的对称，均衡等形式美

（二）学习欣赏幼儿可理解的各种美术作品（绘画、民间工艺美术品等）、自然景物、节日装饰、周围环境布置等，初步培养幼儿的审美感知能力

（三）学习幼儿的语言、动作、表情等表达自己的审美感受

（四）了解作品的背景知识，如：艺术家的生平、作品的时代背景、创作风格等

（五）逐步养成幼儿集中注意力观察、欣赏的良好习惯

三、幼儿园美术欣赏活动的设计与指导

幼儿园美术欣赏活动的设计要根据幼儿年龄及学习的心理特点而定，教师从初步带领幼儿欣赏美术作品，到逐渐深入感受美术作品，每个环节都要有对作品内容、构图、色彩，线条，材料的认识和理解，教师通过引导使幼儿有目的性去感受理解美术作品，其设计与指导可以参考以下环节进行：

（一）引导幼儿多角度地欣赏美好事物

随着幼儿知识面的扩大，教师要有意识地培养幼儿从多角度欣赏美术作品和自然景物、周围环境中的美好事物的意识和方法。例如从美术作品的角度，侧重于观察与分析作品的色彩、线条、构图，材料等，是怎样围绕着表达作者的思想感情，或者说作品的主题是如何进行组织的；也可从文化的角度，将不同历史时期、不同国家的美术作品中同一类的题材放在一起欣赏。

例如：中外美术作品中母亲形象的不同表现，母亲是绘画作品中永恒的歌颂对象。而这些画作中，母亲与孩子定格于一瞬间的亲昵，也总是轻易地就能打动幼儿的心灵。或许，正是因为这些不同文化背景下表现母亲的美术作品，能够使幼儿多角度地感受艺术的魅力。通过教师的引导讲解使幼儿感受到徜徉于母亲怀抱间的温暖，借美术作品欣赏，唤起幼儿与母亲相处的美好记忆，一同感恩母亲给予的爱与温馨。然后再让幼儿用不同绘画工具和材料来表现自己的母亲，结果，孩子们笔下的母亲呈现出不同的表情和形态，从而传达幼儿对母亲的爱。

（二）增强美术欣赏中的情绪体验

移情是幼儿情感发展中的一个很重要的特点，他们常常把自己的想法和情感赋予到有生命或无生命的物体上去，这为他们欣赏各种景物提供了情感基础，因为美术欣赏本身就是一种感情的投入。如：美丽的春天、秋天的水果、秋天的树叶，漂亮的糖纸、宝宝的艺术照、全家福等，都可以作为幼儿美术欣赏的教学内容。使其在美术欣赏中，强调情绪的体验，可以磨练幼儿敏锐的审美知觉能力，从而培养幼儿的审美情感与表达。

（三）鼓励幼儿大胆地表达自己的感受

幼儿表达的过程就是一个体验的过程，就是一个进一步感受和理解美术作品和美的事物的过程。教师必须给幼儿表达和交流的机会，鼓励幼儿把自己对所欣赏对象的感受用语言、肢体，甚至是创作等

方式表达出来。例如,在水果丰收的季节,我们带领幼儿来观察各种水果:苹果、橘子、香蕉、石榴、葡萄等,幼儿认真地分辨水分充足闪闪发光的果实。然后教师展示法国艺术大师塞尚所画的《苹果和橘子》及其他水果作品,随后幼儿在表现生活中用新鲜水果招待客人的情景时,十分生动形象地表达对生活的真实感受,幼儿将自己对大师作品的感受通过肢体动作和语言表达进行了不同的诠释。在欣赏教学时,教师也要有意识地用一些优美的语言去感染幼儿,如对画面一些出色的描述,儿童读物中对美术作品的描述,让幼儿在一个良好的语言环境中学习,这对培养他们的艺术感觉是非常必要的。

案例

大班欣赏教育活动:布老虎

活动目标:
1. 欣赏布老虎造型、色彩、图案之美,感受中国民间玩具艺术的魅力。
2. 能大胆表达自己的情感和体验,尝试参与创作,感受创作乐趣。

活动准备:
布老虎实物若干,PPT,幼儿操作材料:布小鱼、布蝴蝶、拼贴图形、花片等。

活动过程:
一、出示布老虎,引起幼儿兴趣
1. 教师出示"神秘礼物",让幼儿猜猜,并打开看看,说说。
师提问:你们知道这是什么?是用什么材料?会有什么用处?
2. 小结:布老虎是中国特有的,是古时候小朋友的玩具。在古时候,大人希望也相信布老虎能保护小朋友健康快乐地成长。
二、观看PPT和实物,交流、讨论、欣赏布老虎夸张的造型、色彩与图案
1. 观看PPT从颜色的角度欣赏布老虎
师:老师这里收集了很多布老虎的图片,我们来看看,有什么颜色的布老虎?
(1) 提问:有没有发现颜色的秘密?什么颜色最多?还有哪些颜色?这些颜色你觉得怎样?
(2) 小结:布老虎身上红色、黄色最多,颜色是一块一块的,而且很鲜艳。
2. 观看PPT从造型角度欣赏布老虎
师:小朋友真厉害,发现了布老虎独特的秘密,那布老虎头上会有什么秘密呢?
(1) 布老虎图片和老虎图片对比观察。
(2) 提问:布老虎和老虎的头一样吗?哪里不一样?眼睛怎样?嘴巴怎样?
(3) 小结:布老虎的头上,眼睛特别大,嘴巴特别大,特别的夸张。
(4) 提问:你觉得这样的布老虎怎样?
(5) 一起学学可爱、神气、生气勃勃、威武勇猛的布老虎(播放《两只老虎》的音乐两遍)。
3. 观看PPT从图案角度欣赏布老虎
(1) 提问:布老虎头上两边还有什么特别的地方?
(2) 小结:有图形、花草、动物等,头顶上有一个"王"字(山中之王,林中之王)。
(操作PPT)如果从头上中间分开,"王"字一半在左边,一半在右边,图案这边一个或半个,那边一个或半个,两边是相同的,说明什么?说明布老虎头上两边是对称的。
(3) 师提问:布老虎头上两边是对称的,那身体两边是怎样的?
(4) 请小朋友找找、看看布老虎身体两边有没有相同的图案。
(5) 师小结:身体两边装饰的图案也是对称的。
4. 讨论:你觉得布老虎美吗?美在哪里?你喜欢布老虎吗?

5. 师总结：布老虎是中国民间艺术中的宝贝，夸张可爱的样子、鲜艳的颜色，特别是用两边对称的颜色、图案装饰的布老虎，让大家越看越美。千百年来我们中国人一直很喜欢它，我们要好好保留并传承下去。

三、延伸拓展，体验创作

1. 师提问：你在生活中有没有发现像布老虎一样用对称的颜色、图案装饰的东西？（蝴蝶、风筝、衣服、裤子等）

师：运用对称的颜色、图案装饰的东西端庄、漂亮，让人们看了舒服，让我们生活变得更美。

2. 操作活动：请你设计一个布玩具，用对称的方法，自己喜欢的颜色、图案装饰。

第一小组：用对称的方法剪贴、装饰布小鱼。

第二小组：用对称的方法涂画装饰布蝴蝶。

3. 晒晒我的布玩具宝贝。

幼儿作品点评与欣赏，和孩子一起唱《两只老虎》的歌曲。

活动延伸：

引导幼儿课后和爸爸妈妈一起去了解一些民族特色的图案代表的寓意，进一步挖掘民间艺术的美。

活动评析：

在本次活动中，通过制作的布老虎PPT、收集的布老虎实物帮孩子搭了一架小梯子，让孩子的"眼睛自然而然地越过围墙，看到了古老久远的中国民间艺术。在欣赏布老虎中，通过整体欣赏，帮助幼儿认识了布老虎。分层欣赏：从颜色的角度欣赏布老虎——从造型的角度欣赏布老虎——从图案角度欣赏布老虎，逐渐让幼儿感受到了民间艺术的魅力。其中的自主探索发现、说说唱唱学学，让幼儿用独特的方式表达自己的思想、情绪、情感和个性。在最后的创作体验环节中，让幼儿进行相关的思考、设计与创作，即平面布蝴蝶与立体布小鱼的创意活动，将一个载体（布老虎）转换成另一个载体（布蝴蝶、布小鱼），鼓励幼儿即兴联想和思考，使他们在无形中养成敢于创新、勇于冲破思维定势的良好习惯，获得快乐和成功的经验，有助于培养幼儿对美术活动的兴趣，让孩子在尝试创作中中施展艺术天分，自由挥洒创意想象。

（活动改编自 https://wenku.baidu.com/view/8eb94226aaea998fcc220e6c.html）

小·组实训活动

1. 分组分工

(1) 分组：将学生按5—6人一组进行分组，选出组长，设计组名。

(2) 分工：将组员按照活动任务要求分工。

（活动任务：设计方案、制作课件、制作教具、试讲、配班）

2. 自选或自定内容（幼儿园美术欣赏活动）

3. 实训要求（可先在教法实训室试讲，再分析录播视频）

(1) 精心设计活动方案（详案）。

(2) 认真准备课件、教具。

(3) 试讲人要熟练掌握内容，其他人要演好幼儿角色。

本单元国家幼儿园教师资格证历年真题练习

一、单选题

1. (2016 年上半年保教)在"秋天的树"美术活动中,教师不适宜的做法(　　)。

　A. 让幼儿按照教师的范画绘画　　　　　　B. 组织幼儿观察幼儿园的树

　C. 提供各种树的照片、组织幼儿讨论　　　D. 引导幼儿观察有关树木的名画

2. (2015 年下半年保教)教师根据幼儿的图画来评价幼儿发展的方法(　　)。

　A. 观察法　　　　　　B. 作品分析法　　　　C. 档案袋评价法　　　　D. 实验法

3. (2012 年上半年保教)在歌唱活动中,帮助幼儿清晰准确地表现内容和富于感染力地表达情感的方法,主要是(　　)。

　A. 倾听录音范唱　　　　　　　　　　　　B. 欣赏录像带中的优秀表演

　C. 倾听教师精湛的弹奏　　　　　　　　　D. 教师正确的范唱

模块三

幼儿园区角活动的设计和实训

第一单元
幼儿园区角活动概述

引入案例

智慧变出几何体

今天,一帆拿到了一筐积木玩具。这个充满诗情画意的小姑娘在造完宏伟的宫殿之后,玩出了令人意想不到的几何图形。

首先,她将两个等腰三角形拼成了一个平行四边形,可能由于她并不认识这个图形,然后她又将三角形的两条底边对在了一起,变成了一个正方形。这次一帆高兴地喊:"看,两个三角形变成了一个正方形。"(实际上是两个三棱柱变成了一个正方体)有了这个惊奇的发现之后,一帆一发不可收拾,连着变出了四个同样大小的正方体。她把两个正方体按照一左一右拼在了一起,又说:"两个正方形变成了一个长方形了。"(两个正方体变成了一个长方体)紧接着把另外的两个正方体也变成了一个长方体。左瞧瞧,右看看之后,孩子又有了新的创意,只见她将两个长方体按照一上一下的顺序对在了一起,这次一帆又惊呼:"两个长方形又变成了一个大的正方形。"(两个长方体变成了一个大的正方体)惊喜的发现到此并没有结束。一帆说:"这个大正方形里面有四个小正方形,里面还有一个比较大的正方形。"(除去四个角上的三角形,确实剩下一个大的正方形,当然孩子这里所说的"形"都应该换成"体")

看到孩子玩得不亦乐乎,我的心里也有一点小小的感叹:都说孩子是在"玩中学",看来确实如此。虽然几何形体还不属于小班孩子的学习范围,但是孩子通过对小小的积木的摆弄操作,很显然认识了几种几何形体之间的关系,形象的操作为孩子以后学习几何形体奠定了很好的基础。几块小小的积木会给孩子带来如此深奥的数学发现,不能不令人赞叹。孩子的创造性思维和逻辑思维正是在这小小积木的神奇魅力下一点点地开发出来,逐步走向成熟。

(案例选自学前教育2013—3《玩出来的智慧》,作者:山东省莱阳市实验幼儿园 宋艳玲)

《纲要》在总则中提到:"幼儿园教育应尊重幼儿的人格和权利,尊重幼儿身心发展的规律和学习特点,以游戏为基本活动,保教并重,关注个别差异,促进每个幼儿富有个性地发展。"在现代教育理念下,传统的课堂教学逐步被多种形式的游戏式、探究式、自主式学习所取代。区角活动因为其关注幼儿的个体差异,创造幼儿主动学习的机会而被学前教育界广泛采纳。那么到底什么是区角活动,它又在幼儿园教育中发挥了怎样的教育作用呢?

第一课　区角活动的含义和类型

一、区角活动的含义

区角，是指充分配置和合理利用幼儿园活动室或者公共区角中的若干空间，结合教育需要为幼儿投放各种材料，充分利用各类教育资源，使每个空间角落都成为幼儿活动和游戏的场地。

区角活动：亦称区角活动、活动区活动等，指的是教师根据幼儿身心发展特点和不同阶段的教育活动目标，创设活动环境，有目的、有计划地投放活动材料，组织幼儿主动地进行学习、探索和交往，从而让其在自由自主的环境中获得发展的活动。区角活动在幼儿园教学中承载着非常重要的教育功能，是一种以幼儿自主活动为主，教师为指导、支持为辅的活动。它区别于灌输式的课堂教学，可以在宽松的学习环境中，让幼儿自由选择、自由探索、取其所欲、玩其所欢，能够将健康、语言、科学、艺术、社会各领域教学与幼儿自由的游戏相融合，能够让幼儿在隐性学习的过程中获得各种能力的提升。

二、区角活动的特点

1. 自选活动

区角活动以幼儿自由选择为主，幼儿可以根据自己的兴趣和能力来自由选择活动区角，活动材料进行活动，满足他们的实际需要。

2. 自主活动

区角活动是幼儿的自主活动，他们在没有压力的环境中去操作和探索，生动活泼，主动愉快地去体验和学习，并从中获得知识经验。

3. 游戏活动

区角活动中，游戏是幼儿的基本活动方式和重要的教育途径，教师通过创设环境来指导幼儿进行游戏，幼儿在游戏中探索，在游戏中学习，摈弃传统课堂教学中的说教。

4. 学习活动

区角活动的根本目的是促进幼儿的发展，因此活动始终是围绕教学目标展开的，教师将教学内容逐步渗透至活动过程之中，引导幼儿探索发现。

5. 合作活动

区角活动中，多数需要幼儿合作完成，幼儿在自主交往的过程中，与同伴相互理解相互促进。

三、区角活动的类型

（一）根据各区角的游戏性质分类

根据各区角的游戏性质不同可以将区角活动分为探究性活动区、表现性活动区、运动性活动区、欣赏性活动区。

1. 探究性活动区

探究性活动区是指通过创设问题情境，让幼儿通过动手操作来发现未知世界，从而拓展自身的知识经验的区角。探究是手脑并用的过程；是一个主动学习的过程；是一个帮助幼儿理解并内化于心的过程，是一个开放尊重幼儿个体差异的过程，可以激发幼儿的好奇心和求知欲。

（1）科学区。教师为幼儿提供低结构材料，指导幼儿通过与材料的互动了解物体的属性和关系，主动探索生活中的物理现象和经验的活动。科学区的主题必须来源于幼儿的生活，解决的问题必须是幼儿身边的科学。

（2）益智区。教师根据数字、图形的特点为幼儿提供动手操作的机会,培养幼儿逻辑思维能力的区角。

（3）自然角。为幼儿提供常见的动物、植物,让幼儿通过种植、采摘、喂养、照料等一系列体验活动,发现动物植物的生长特点和规律,培养幼儿亲近自然、热爱自然的品质。

2. 表现性活动区

表现性活动区是指从幼儿已有的经验和知识结构入手,投放各种材料,指导幼儿合理利用工具和材料来表达自己对世界、对社会的体验和情感的区角。表现性活动区是幼儿表现自我、发展自我、挑战自我的平台,对于培养幼儿的审美体验、创新思维有着重要的意义。

（1）表演区。表演区以幼儿感兴趣的歌舞、音乐、故事为出发点,为幼儿提供各表演需要的道具、服装、乐器等材料,激发幼儿对表演游戏的兴趣、愿望和自信心,体验欢快、优美、抒情等不同的情绪,培养幼儿感受美和鉴赏美的能力,提高幼儿的艺术综合素质。

（2）角色区。角色区是指幼儿在活动区自主选择音乐,自由选择道具,塑造角色形象,通过扮演角色,运用想象,创造性地反映社会生活印象的区角。

（3）美工区。幼儿利用各种工具对纸张、自然物、废旧材料等材料进行加工,创造各种艺术品的区角。

（4）建构区。幼儿利用积木,积塑、废旧材料等结构原件进行结构造型搭建自己感兴趣的各种各样的建筑(如剧院、公路、动物园)的场所。

3. 运动性活动区

运动性活动区主要设置在室外,以提高幼儿身体素质,促进幼儿综合能力发展为目的,主要以大肌肉训练为主。户外活动对幼儿生长发育至关重要,在运动性活动区,教师可以根据幼儿的运动能力发展需要投放各种特定的器械,变换多种玩法,带来多种运动体验,发展幼儿的运动思维。

4. 欣赏性活动区

欣赏性活动区,是指教师依据幼儿的年龄特点,将各种知识经验通过幼儿可接受的形式表现出来,供幼儿欣赏、体验从而获得发展的区角。

（1）图书区。幼儿在宽松、舒适的环境中安静阅读,静心听讲区角。

（2）展示区。将幼儿需要了解的事物通过环境布置,以图片实物的形式展示在幼儿面前,幼儿园展示区可以使集中布置,也可以使单独布置。

（二）根据区角活动的开展的开设地点分类

根据区角活动的开展的开设地点不同,主要有两种形式:室内活动区和室外活动区。

室内活动区,如:建构区、美工区、角色区等。室外活动区,如:沙水区、体能区等。一般情况下"区角活动"限定为室内的活动区活动。

第二课 区角活动的意义和价值

一、区角活动开展的意义

区角活动从幼儿身心发展的特点出发,鼓励幼儿积极参与、大胆创作,促进幼儿和谐、自然、健康地成长,实现了"玩中学""做中学"。

（一）拓展幼儿的知识经验

"所有学前儿童的学习活动都必须建立在物体操作的主动性经验的基础上,言语和非言语表征能进一步丰富这种主动性经验。"在区角活动中,幼儿可以通过不断地听、观察、触摸、操作等直接感官刺激来发展幼儿的认识,建构新知识。幼儿在通过主动地操作材料的过程中获得信息积累经验和发展能力,幼儿在区角中可以通过反复尝试和操作来获得新的知识和经验。

案例

毛毛虫的故事

（唐山四幼　李金凤）

　　毛毛虫已经在班上饲养了两周。周一的早上，萌萌小朋友惊奇地叫道："老师，毛毛虫死啦！"果然，一直在盒底活动的毛毛虫不见了，在靠近盒子顶部的地方，有一团透明的薄薄丝网，还能清楚地看到里面黑黑的已经不动的小虫。"毛毛虫是死了吗？""当然没死，它是要变成蝴蝶啦！"凯凯肯定地告诉大家。看来原来的"菜青虫"的故事经验一直支持着凯凯的判断。为了准确判断，我们又一起查阅了资料，知道了此时小黑并没有死而是在经历由幼虫变蛹的过程，并且知道这个过程也许还需要很多天。孩子们小心地送毛毛虫回到自然角，萌萌欣喜地在记录册上画上了自己的发现：

　　5月25日毛毛虫在瓶子壁上织了一个白色透明的网，它在里面悄悄地睡了。——孙瑞萌记录

　　自从塑料盒里的小黑为自己编织一个透明的"小房子"，孩子们就一直在期待着有一天，一只美丽的花蝴蝶从"小房子"里飞出来……

　　"小黑真的能变成美丽的蝴蝶吗？"二十几天来，透明房子里的小黑一直没有动静，对它的观察渐渐淡出了孩子们的记录。突然，有一天，自然角里照顾小植物的亦萱惊奇地喊道："小黑变成蝴蝶啦！"孩子们一下子围了上来，只见：透明的房子里出现一只灰白色的小蛾子。尽管这只"蝴蝶"没有孩子们想象中的蝴蝶美丽，但是幼儿在观察与记录的过程中亲历了毛毛虫从幼虫到蛹到成虫的神奇变化。

（二）为幼儿提供自主发展的空间

　　区角活动在空间上，为每个幼儿提供了自由活动自由选择的区角；在时间上，允许每个幼儿按照自己的学习速度需要进行活动，这正是幼儿自主学习、相互分享的充分体现，它是幼儿主动地寻求解决问题的一种独特方式，其活动动机由内部动机支配而非来自外部的命令，表现为"我要游戏"，而不是"要我玩"，自主性是幼儿游戏活动的内在特征。在区角活动中幼儿是活动的主人，幼儿有了更为广泛、自由的活动空间，可以选择自己感兴趣的活动内容，选择自己的伙伴，独立自主地去观察、操作、发现，从而认识问题和解决问题。可以充分发挥其想象力和创造力。每个幼儿都可以在宽松、自由的环境下，创造性地学习，进而满足其个性化的需要，从而使其学习的原动力和潜能得到最大程度地发挥，让幼儿真正享受由学习过程带来的快乐。

（三）为幼儿提供了相互交往的机会

　　现代"四二一"式的家庭结构，很容易造成幼儿以自我为中心的性格特点，因此对孩子进行协商、合作教育十分重要。《指南》中指出，"愿意和小朋友一起游戏""为幼儿提供自由交往和游戏的机会""鼓励他们自主选择，自由结伴开展活动"。在幼儿园的集体教育中，教师虽然比较注重对孩子这方面的培养，但针对性不强，而区角活动的特殊性恰恰弥补了集体教育的不足。在一个半封闭的屏障中，幼儿是因兴趣相同或相近而组合在一起的，这就为幼儿提供了同伴之间相互协作、相互沟通、相互配合的机会，幼儿在独立思考学习的同时还与身边的同伴相互作用。每个孩子为了能被同伴接受，为了维持和同伴友好交往的关系，必须控制调节自己而做出一定的努力，从而提高孩子处理问题，解决问题的能力，这对幼儿的语言、社会性发展都有着极其重要的意义。

（四）激发幼儿的好奇心和探索欲

　　幼儿对周围的一切都充满了好奇、探索欲望在心中萌芽并发展，促使他们去游戏、去追求、去探索。在

区角活动中会说话的教育环境,丰富的活动材料,教师有目的、有计划的指导对培养幼儿的好奇心求知欲具有非常重要的意义。在区角活动中幼儿可以自由选择,自主发挥,通过实践积累和构建自己的经验与感受,让幼儿的思维产生兴趣和冲动,在兴趣和冲动驱使下创作游戏。教师起到的是协作和启发的作用,而非是命令和指示,可以为幼儿好奇心、求知欲和创造力的发展提供有益的帮助。

案例

树叶下面藏着什么?

(唐山四幼　张慧平)

　　我们在幼儿园里找颜色时,孩子们找到了大树是绿色的,有几个调皮的孩子顺手把叶子揪了下来,艾子迅等几个小朋友发现了树叶上有小蚂蚁在爬,叶子掉了也不能再安上了,我们就顺势让孩子们又捡了一些落叶,回来后我们组织了一次拓印树叶的活动。对于孩子来说,叶子上的美丽简直就是一种秘密,当孩子们用拓印的方式把它呈现在画纸上时,孩子们大喊:"太好看了,太好看了!"通过这个简单快乐的拓印树叶的过程,把叶子用漂亮颜色改变了本来的色彩,通过玩来感受颜色,从活动中发现并体验到了漂亮的颜色,充分感受了颜色的丰富、美丽,也让孩子增加了绘画的信心。

　　在让树叶晾着的过程中,我们让幼儿猜一猜树叶下面会藏着什么小动物?多数幼儿猜了有蚂蚁、蜗牛、瓢虫,我们让小朋友把猜到的小动物画到树叶上。由于小班孩子还达不到画的这种能力,但我们就是让孩子们感受一下这种绘画,我们也为孩子们提供了画好小动物的图片,让小朋友直接粘贴这些小动物。孩子们都特别感兴趣。

(五)提高幼儿的审美情趣

《纲要》要求:"引导幼儿接触周围环境和生活中美好的人、事、物,丰富他们的审美情趣,激发他们表现美、创造美的情趣。"区角设计要为幼儿提供符合发展需要的物质环境,幼儿的发展是其同环境相互作用的结果。活动区的环境设计结合幼儿的年龄特点,通过明快自然的色彩,造型圆浑、墩实、稚拙、简洁的形象调动幼儿的学习兴趣。同时幼儿拥有参与区角创设的权利,符合幼儿审美需要的活动区设计不仅可以激起幼儿的参与热情,而且环境潜移默化的影响对培养和提高儿童审美能力发挥着不可替代的作用。

(六)培养幼儿的规则意识

区角活动为幼儿提供了自我学习、自我探索的空间。"没有规矩不成方圆",区角活动的开展同样需要有相应的规则,规则在区角活动中承载着独有的教育价值。区角活动作为幼儿主动学习的一种形式,同时也是教师开展的一种教育形式。例如:图书区阅读时要保持安静,遇到问题要与同伴轻声商量;美工区材料要学会与同伴分享,产生的垃圾要统一放到同一位置;各个活动区的活动人数不能超过规定数量。良好的规则意识对于幼儿适应社会的发展有着很深远的影响,区角活动规则的制订需要由教师和幼儿来共同完成。创造一个适合幼儿主动发展的环境,与孩子一起探索、操作,促进幼儿发展。针对出现的问题,教师应多给幼儿以鼓励、启发、挑战、暗示,尽量让幼儿自己去发现与探索。

二、区角活动的教育价值

区角活动作为一种有目的、有计划的教育活动,充分考虑了幼儿发展的年龄阶段特征,注重幼儿自主性和主动性的发挥,为每个幼儿提供了发展自我所长,培养活动兴趣的机会。不同的区角在幼儿的培养中发挥了不同的教育价值。

(一) 美工区的教育价值

1. 通过感知自然社会中事物的发展变化,体验世间万物的特点、造型和色彩。
2. 感受色彩、线条、形状不同组合形式,培养幼儿的审美情趣。
3. 体验作品主题的情绪情感,学会用自己的方式表达自己的情感和体验。
4. 指导幼儿能够发现艺术作品一定构思设计的技巧和变化规律,培养构思、构图的能力。
5. 提供不同层次的材料,培养幼儿的动手操作能力和思维想象力。

(二) 建构区的教育价值

1. 通过观察和感受生活中的建筑物,支持他们再现表达生活经验,支持他们再现和发明性地表达生活经验,培养幼儿的对建构活动的兴趣。
2. 通过投放各种色彩鲜明、富于变化的材料,指导幼儿对不同材料进行建构,引导幼儿理解图纸、模型和建筑物之间的空间关系和逻辑关系。
3. 指导幼儿能在观察和感受的基础上搭建或拼插接触体现事物典型特征的作品。让幼儿在玩的过程中,增加想象和动手操作的能力,学会搭建技能,促使不同能力水平的幼儿都能得到发展。

(三) 图书区的教育价值

1. 让幼儿与图书的互动,让幼儿从看、听、读的过程中体验各种情感,获得情绪上的享受,促进幼儿的社会性和独立性。
2. 通过图书区阅读增进幼儿之间的交流,促进幼儿的早期阅读技能和语言发展的能力。
3. 指导幼儿从书中获得正面的教育影响,帮助幼儿掌握正确的阅读方法,培养幼儿良好的阅读习惯。
4. 接受良好的正面教育影响,树立正确的行为观念,开阔幼儿的视野,发展幼儿的想象力和思维力。

(四) 角色区的教育价值

1. 指导幼儿通过扮演不同角色,在游戏中体验着各种情绪情感。
2. 实践和尝试幼儿自己解决问题的方法,发展幼儿的社会性。
3. 为幼儿提供更多认识生活、体验生活的机会。
4. 促进同伴之间的相互沟通,培养幼儿友好相处,共同合作的精神。
5. 促进语言能力的发展,发展表征能力。如:能以物代物,激发想象力及能创造性地反映现实的能力。

(五) 表演区的教育价值

1. 能够加深幼儿对文学作品的理解和记忆,养成对周围事物正确的态度和良好的行为习惯。
2. 幼儿通过表演再现出故事或童话中优美、生动的语言,提高他们的言语表现力。
3. 满足幼儿表演的愿望,培养幼儿艺术学习的主动性和探索性,调动幼儿的思维和想象力。

(六) 益智区的教育价值

1. 能利用多种玩具材料来感知探索、形成知识、发展思维和智力。
2. 通过幼儿积极的思维活动调动起幼儿战胜困难,向自我挑战的勇气,发展他们的运算和推理能力,促进思维和认知水平的发展。
3. 满足幼儿好动手的需求,促进他们感官的灵敏和手指的灵活性,提高生活自理能力,为将来的学习能力打下良好的基础。
4. 通过为幼儿提供分享经验的机会,加强同伴之间的合作与相互学习。

(七) 自然角的教育价值

1. 将周围环境和广泛的自然物有选择地、集中地、分层次地展示于幼儿眼前。

2. 培养幼儿细致观察的能力,使幼儿自由地操作和探索,弥补集体活动时观察探索的不足。

3. 开阔幼儿的眼界,培养幼儿对大自然的积极情感和态度,以及爱护自然、保护环境的意识。

(八)科学区的教育价值

1. 对幼儿进行科学启蒙,让幼儿以感性经验为基础,如:面对材料幼儿如何动手操作、提出问题、大胆尝试、推理验证。

2. 在表象水平上建立初级科学概念,养成初步的探索能力与科学探索精神。

3. 激发幼儿学习科学的兴趣、激发幼儿的好奇心和求知欲,培养幼儿的观察力、想象力和创造力。

小·组实训活动

以小组的形式分别参观当地幼儿园,利用拍照的形式记录幼儿园区角活动情况,并通过讨论的形式,分享交流。

第二单元

幼儿园区角活动设计

"小兵天地"区角的创设与互动

（唐山四幼　李金凤）

在中班后半学期,我们发现一些平时相对活泼的男孩子,在区角活动中对班上的插塑玩具产生了兴趣。每次活动都来到插塑区,结束后他们用插出的简易枪支,煞有架势地瞄准射击,"老师,你瞧我插的大枪!"原来他们对武器内容特别感兴趣。经过尝试我发现这些插塑玩具也真的很适于插出各种形状的武器造型,于是我们为此创设了以拼插武器为内容的"小兵天地"。并利用废旧电器的包装纸壳,挖孔、涂色做成迷彩的小屏风,孩子们自发地就把迷彩的小屏风当做枪战游戏活动中的掩体,环境的创设让幼儿很快融入游戏之中,玩得津津有味。

很快我们发现,在活动中大部分孩子草草插出一个简易武器急于参与到枪战游戏中,在游戏中也是打打杀杀。时常有孩子前来"告状":"老师我已经把他打死了,他还站着。"等等。而硕硕和元元却总能插出非常精致的机关枪和小手枪,"这是瞄准星、这是手搂儿。""瞧,我的机枪的座架,可以自动射击。"他们的造型创意让许多小伙伴都非常羡慕。

于是,我们决定在插塑方法上和游戏规则上对幼儿进行引导。我们在每次活动区结束后将孩子们插出的颇有造型的武器,用相机拍下来,将这些照片整理成册展示在"小兵天地"里。请这些小作者做小老师给小伙伴示范自己的插法,谁喜欢哪幅作品也可以直接向小老师请教。为了丰富幼儿对各种武器造型的感知,我们鼓励孩子们搜集各种武器图片,在区角墙饰上布置了"小小武器展"。

元元的爸爸在部队工作,因此,元元对部队生活非常熟悉,对武器的了解也非常多。于是,孩子们推选他为小兵天地的小军长。我们陆续投放了两组不同的自制小军帽,孩子们在小军长的管理下,分成两组对战的演习部队进行游戏,小兵天地的枪战游戏显得有序多了。

到了大班,小兵天地依然是孩子们喜欢的角落,根据大班幼儿的年龄发展特点,我们将复杂的武器造型,逐步进行拍照,并按步骤将图示张贴在互动墙饰上,孩子们开始学习参照图示提示进行拼插。孩子们搜集来的武器图片也越来越多,于是引导孩子们将图片按"海、陆、空"进行分类,形成了几大本兵器库图册。活动中,孩子们自由地选择喜欢的武器图进行模仿和创造性地拼插,在自然而然中习得了学习的方法,获得了成功的喜悦,游戏的内容也随之丰富。

点评:"小兵天地"的创设完全源于班上男孩子对兵器的喜爱,满足了他们喜欢拼拼搭搭的个性特点。原来这些在班上相对调皮的孩子,因为有了这个环境的提供,使得他们逐步学会了安静下来,专注地完成自己的作品,并在军事游戏中使其情感得以宣泄。

区角活动是幼儿自主选择的具备游戏性质的一种学习活动。它需要教师为幼儿设计适宜的成长环境,渗透教育内容,在教师合理的引导下,由幼儿自己选择学习方式,在区角活动中没有教师事先设定教学程序,幼儿是学习的主人。《纲要》指出,幼儿教育既要顺应儿童的自然发展,又要将儿童的发展纳入有目的、有计划的教育轨道,通过活动促进儿童的发展。那么,作为教师,如何发现幼儿兴趣并及时捕捉到该信息的教育价值,从而设计出具有教育意义的区角活动呢?

第一课 区角活动内容的设计

一、区角活动内容的来源

1. 与生活实际相结合

《纲要》在总则中指出:"幼儿园教育应尊重幼儿身心发展的规律和学习的特点,充分关注幼儿的经验,引导幼儿在生活和活动中生动、活泼、主动地学习。"生活是幼儿获得周围世界丰富知识经验的巨大宝库,作为教师应善于倾听幼儿需要,解读幼儿行为,从而了解幼儿已有的经验。日常生活中教师也应留意幼儿的兴趣点,选择适合区角活动需要的教育内容,如:假期出游后幼儿对某个建筑产生兴趣并试图搭建,教师就应允许幼儿确定自己感兴趣的搭建主题;参观超市或剧院后,结合幼儿的生活经验为幼儿提供所需要的材料。

案例

京沈高速搭建纪实
(唐山四幼 李金凤)

今天的搭建区异常热闹,孩子们三一群俩一组,很快投入到了搭建活动,特别是周末刚刚从北京度假回来的明哲小朋友,在搭建活动中起到了绝对的主导作用。来回北京途中的高速公路和高楼大厦一定给了他很大启发,并积累了相关经验。他指挥着图图、博元等4名小朋友很快占据了活动室里一大片地方,用各种大小不一的长方形条状积木拼接成了三个"十"交叉的公路成"丰"字形。并介绍说"这是我们修建的京沈高速。"看到他们大气的作品,我忍不住想要介入到他们的搭建活动中。

师:"京沈高速沿途还有什么?"

幼:"有加油站、服务区!"

师:"你们这里有吗?"

他想了想:"还没搭呢!"

师:"想在哪建服务区?"

幼:"就在这儿!你们快去拿积木,咱们修服务区了!"

不一会儿,他们用半环形积木运用围拢的方法很快修建了一个所谓的加油站。还没等老师说,接着他又主动发现了还缺少通往服务区的路,于是找来了几个长条形积木依次顺接。

其他几个孩子又在高速公路两旁竖起了若干个长方形、圆柱形的积木,原来是北京的高楼。

点评:教师将幼儿日常生活中的经验在特定的活动中再现和整合,于是有了这次搭建活动,充分调动幼儿的兴趣,幼儿由被动的听变为主动的学,不仅让幼儿对生活中的高速公路更熟悉、更关注,而且培养了幼儿对生活、对周围世界的观察能力。

2. 与主题活动相结合

兴趣是区角活动开展的前提,实践证明,幼儿在主题背景下更容易走入情境,激发学习兴趣。主题活动是一种以丰富和提升幼儿经验为手段,以充分展现幼儿智慧和个性为目的的有意义有价值的学习活动。各个活动区环境的创设在突出其教育功能的同时还要考虑不同班级、不同时期的主题,根据每班主题内容的具体情况而做相应的调整,随着活动区研究的不断深入,增添了许多结合主题内容的区角。

3. 结合地方特色

我们在区角内容的选择时还应结合本地的特色,实践证明本土文化资源贴近幼儿的生活实际,熟悉而亲切、直观而具体的活动内容,是极易引起幼儿兴趣的,将本土文化与活动区教育内容相结合有利于促进孩子加深对家乡文化的理解,激发幼儿的兴趣及探索精神,促进文化的传承。

二、区角活动内容的设计方式

1. 以培养目标作为基本依据

幼儿园教育教学活动时围绕着学前教育的培养目标展开的,我国学前教育的培养目标定位为"体、智、德、美"全面发展,这也是区角内容选择的最直接依据,幼儿园区角活动内容选择也要围绕促进幼儿智能结构、社会性发展以及审美能力发展的基本方面展开。

2. 创设适宜的教育环境

环境对人的发展具有至关重要的作用,合理的环境布置使幼儿对活动区产生信任感。对促进幼儿的智力、情感、社会性语言及动作的技能发展是大有益处的。幼儿熟悉并喜欢学习环境,才能实现自主学习。例如,图书区布置温馨舒适,使幼儿愿意坐下来思考和休息;艺术区的幼儿作品挂在与幼儿视线平行的地方,使幼儿感到他们的作品受到重视,从而更愿意创造;各活动区的玩具摆放整齐,便于幼儿自主寻找,不会使幼儿因为寻找不到所需器械而焦虑。

3. 明确各个活动区的游戏性质

一般而言,幼儿园每个活动区都有其基本的、相对稳定的功能,要突出每个活动区的具体作用,要根据各个区角进行有特色的布置。一般来说,各活动区都有一些基本的、相对稳定的材料。这需要教师清楚了解各活动区的功能,尽量满足儿童健康、科学、社会、语言、艺术多方面的发展需要。

4. 引发幼儿学习兴趣

好奇是孩子们的天性,在创设区角活动时教师要注意抓住幼儿的好奇心,调动孩子们的积极性和创造,从而引发其对学习的兴趣,从而在自主的活动中体会到区角活动独特的乐趣。

5. 突出幼儿的年龄阶段特点

活动区的布置过程中教师需要充分考虑幼儿的年龄特点,小班:区角活动以游戏为主,选择贴近幼儿生活经验,调动幼儿整体感官的教育活动,中班:拓宽幼儿的知识储备,提高区角活动内容的合作性、趣味性、挑战性。大班:增加游戏的教育性,注意在区角活动中增加探究活动、自主学习活动内容。例如:角色区通常在小班设置的都是温馨的娃娃家,以缓解小班幼儿的入园焦虑情况。而随着幼儿年龄的不断增长,到了中、大班,教师可以将角色区的主题延伸至更广阔的社会范畴,例如:小医院、超市、银行、餐馆等。

案例

快乐的剪纸
(唐山四幼　张慧平)

小班下学期的美术目标中要求让幼儿学会使用剪刀,体验剪纸活动的乐趣。怎样才能让幼儿有兴趣地快乐地学习使用小剪刀呢?《纲要》中指出:"在艺术活动中面向全体幼儿……尊重幼儿在发展水平、能力、经验、学习方式等方面的个体差异,因人施教,努力使每一个幼儿都能获得满足和成功。"要让每一个孩子都学会正确地使用小剪刀,也充分考虑幼儿发展层次,难易结合,服务于全体幼儿,让游戏始终贯穿于整个系列的剪纸活动。

首先,利用儿歌让幼儿有兴趣地学会使用小剪刀。儿歌:小剪刀,嘴巴尖。身后长了两个圈,五指兄弟来帮忙,兄弟碰碰头,张嘴咬一口,兄弟碰碰头,张嘴咬一口……("张嘴咬一口"这一句,边练习剪的动作)。并告诉小朋友剪纸时的要点:左手拿纸,把纸放在剪刀的"嘴巴"里,右手拿剪刀剪。提醒幼儿使用剪刀时注意安全,不要剪到手,也不能用剪刀碰到身体。

幼儿基本掌握了使用小剪刀的方法后,我就发给小朋友每人一张白纸,进行"雪房子"游戏,即随意将白纸剪成碎片制作小雪花,并粘贴在"房子"上进行装饰,使其增加对剪刀使用的练习。

接下来开展了孩子们自己制作面条活动。在制作面条活动中,让幼儿练习使用剪刀剪直线,剪出长长的面条,在剪面条的过程中,能力强的幼儿直接就能剪出面条来,能力弱的孩子老师提供带有长条直线的纸来剪。剪好面条后,让小朋友比一比谁剪的面条最直、最细长,并让他说说自己是怎么剪的,最后评出刘昱聪是最佳"小厨师"。我问小朋友我们在吃面条时,碗里除了有长长的面条外,还有什么? 孩子们说有鸡蛋、有白菜、有绿色的菜、有火腿肠等。我们又让小朋友用橡皮泥来制作这些东西,孩子们做好后,我们结合娃娃家,用娃娃家里的煤气灶来煮面条,煮熟之后又让小朋友来品尝面条,孩子们非常高兴,使其巩固用剪刀剪直线技能的掌握,并从玩中学到了不少知识。

我们又尝试了有一定难度的剪纸活动。画有波浪线的蓝色美工纸,进行"美丽大海"游戏,即幼儿将美工纸沿波浪线剪下并装饰在大海背景图上做大海波浪,剪波浪线对于小班来说有一定的难度,所以在投放剪纸材料时,考虑到如果材料提供过易,则不利于能力较强幼儿的进一步提高;提供过难,则会使能力较弱幼儿逐渐丧失参与剪贴游戏兴趣。所以根据幼儿个体差异也做了不同层次的材料调整,让幼儿动手能力方面都得到提高。如比较平缓的波浪线,适合一些能力弱的幼儿,大幅度的波浪适合能力较强的孩子,使其学习波浪线的剪法。

不同层次剪贴材料的提供,适应了不同能力层次的幼儿水平,在有趣的情境辅助下,所有的幼儿都能在适合自己能力的剪贴材料中获得成功和提高。

剪贴活动作为小班幼儿的主要美工活动,从很大程度上决定了幼儿未来对于美术的兴趣、探索态度和尝试方法。因此,除了与主题活动并进开展外、还在美工区投放了大量的不同层次的操作材料,并不断调整,使小班幼儿在快乐中学习剪纸,兴趣更加浓厚,更加符合幼儿美术发展的需要。

6. 建立有效的活动规则

区角活动是一种幼儿自由选择、自主参与的活动,同时也是教师所组织的一种教育活动形式,需要教师的辅助作为支撑,自然状态下的自发的幼儿游戏对幼儿发展难以起到有价值的作用,建立良好的区角活动规则是保障区角活动顺利开展的前提。不仅可以有效地约束、调节幼儿的区角活动行为,还可以有机地将教师的教育意图渗透其中,最大限度地保证幼儿的活动权利。

第二课 区角活动材料的设计

《纲要》要求为每个幼儿提供丰富的玩具、图书和可操作材料,能给幼儿提供多种感官、多种方式与事物不断互动的条件,为他们创造主动探究和学习的机会。区角活动作为一种幼儿的自由探索的学习活动,幼儿是活动区的主人,他们具备选择的权利。南京师范大学虞永平教授提出:"物质材料是幼儿学习的基本条件,对幼儿而言,没有材料就没有真正的学习。"每一种材料都有各自的操作方式,幼儿在与材料互动的过程中会获得不同的知识经验。实践证明,孩子天生好奇,对环境、材料充满热爱,不同人都会各自操作游戏材料、探索发现而进行学习。因此,区角活动材料更是幼儿实现自我价值的一种载体。但在幼儿园教育实践中,很多老师在材料投放上往往重量不重质,材料的投放不是为幼儿发展服务,多数是在应付检查,材料投放缺乏目的性和计划性,在活动区的材料投放中应怎样做呢?

一、区角活动材料种类

各个活动区的材料都非常丰富,种类齐全,全部开放,陈列在低于儿童身高的无门柜子里或透明的无盖塑料盒中。儿童看得见,摸得着,选用起来很是便利。不同的区角材料,特性各异。

(一)高结构材料

高结构材料的使用过程是由教师发起,以教师计划为导向,蕴涵着教师预先建构好的知识体系,系统性较强。

(二)低结构材料

低结构材料由幼儿自主发起的,以幼儿的兴趣和需要为导向,通常需要幼儿具备多种技能和知识,虽然系统性不强但可以充满创造性,发散幼儿的思维。

随着幼儿园活动区开展的深入,低结构材料的教育价值越来越受到重视,但是在幼儿进行区角活动时,高低结构材料都具备自身的优势和局限,教师在选择材料时应注意从实际出发,不能以偏概全,应注意合理挖掘,从而促进材料发挥最大的教育价值,促进幼儿的全面发展。

案例

"警察"的新装备

"警察局"开张了,扮演小警察的宝宝戴上了"警察帽"来回巡逻,可是这似乎并没有引起别人的注意。宝宝问我:"我看到警察身上都带着枪,蔡老师,你这里有没有枪啊?"我摇头,示意让他自己想办法。只见他搜索了一番"百宝箱",对一筐管状积木发生了兴趣。他把几根管状积木接在一起,做了把"手枪",一会儿工夫又把"手枪"别在了裤子上,神气地向大家展示自己的武器,并开始四处巡逻,等待时机用"手枪"对付坏人。管状积木枪立刻引起了一群男孩的跟风,之后几天,孩子们用这样的积木组合出了"对讲机"、"充电器"、"手铐"、"警棍"和"机关枪"等,"警察"们带着自己的新装备开始了工作。

行为解析:"警察局"是最近新开辟的一个游戏活动区,男孩对当警察的热情都很高。大班幼儿不仅有了清晰的角色意识,对警察角色的认知经验逐渐丰富,扮演行为也越发趋于逼真,在游戏中他们不满足戴一顶帽子扮普通民警,而是对警察的装备有更多的要求,而这些装备都需要造型多变的材料来服务。"百宝箱"中的管状积木就是一种形状多变、玩法多样的低结构材料,便于孩子根据自己的要求进行造型。管状积木变出的"手枪"、"手铐"、"对讲机"、"警棍"等装备,使孩子扮演的警察更像"真警察"。有了这些装备之后,警察游戏的情节开展得更丰富和精彩:"抓小偷"、"对讲呼叫"、"值班"等有趣的事情天天都在发生。

(案例选自学前教育《百宝箱变出的游戏》,中福会托儿所　蔡璟烨)

二、区角活动材料的主要来源

(一)废旧用品

《指南》指出:"教师要充分利用各种自然、废旧材料和常见物品。"废旧材料为孩子们的创作提供了可选择、可想象的空间,区角活动每天都在进行,每个幼儿都需要操作各种各样的材料,废旧材料在生活中随处可见,具有经济性和可变性的特点,正好满足了区角活动的需要。在区角活动中,通过收集、组合与再利用废旧物品。可以增强幼儿的环保意识。在废旧材料的再利用过程中教师精心设计、精心构思、创新制作,提高了教师的专业技能。

(二) 自然物

自然给人类带来无数的神秘,这里有深奥的秘密、有神奇的现象、有灵动的变化。大自然的神来之笔吸引着孩子们好奇的眼睛去探索去发现,吸引着孩子们好动的双手去尝试去改变。尤其是对于自然资源丰富的农村来说自然材料(如:木头、沙、石头、泥等)唾手可得,制作出来的作品也很漂亮,也能使幼儿的活动更加丰富。

(三) 自制材料

自制材料,即通过手工设计制作的游戏器材。教师们在进行幼儿教学过程中,可以借助身边的物品以及废旧材料来进行玩具的动手制作,也可以指导幼儿动手制作,从而有效地丰富幼儿们的日常生活,并能够很好地激发幼儿的想象能力与实践动手能力。

案例

七彩瓶盖乐

废旧的瓶盖,取材容易,结实耐用,成本低廉。我们尝试着把收集来的瓶盖制作成各种玩具,创编各种玩法,在丰富多彩的游戏活动中努力体现"一物多玩"的教育价值。

准备材料:

各种各样的废旧瓶盖、魔术贴、KT版、纸盒、各种图案帖子、绳子若干。

1. 串串乐

制作方法:将各色瓶盖打孔,准备一些绳子。

游戏玩法:将各种各样的瓶盖进行分类穿串游戏,也可按色形等规律穿串,可以锻炼幼儿手部肌肉群的发育及手眼协调能力,培养幼儿归类、辨别的能力。

2. 拨拨乐

制作方法:将瓶盖中间打洞,串联在小铁棒上,将小铁棒固定在盒子上。

游戏玩法:幼儿可随意拨动瓶盖,进行数数、数的分合和数的加减等活动,增添幼儿学数学的乐趣。

3. 贴贴乐

制作方法:将各种图案粘贴在瓶盖内,瓶盖的背面贴上魔术贴,将KT板裁成50×50 cm的排序版,同时贴上魔术贴。瓶盖的图案可根据幼儿的兴趣和发展随时更换。

游戏玩法:按瓶盖内的图案和图形,根据自己的意愿进行数学活动,体验学习数学的乐趣,体验合作的乐趣。

4. 分分乐

将KT板裁成50×50 cm的操作板,将1—10的数字贴纸粘贴在瓶盖内,操作板和瓶盖背面分别粘贴魔术贴,可循环使用。

游戏玩法:根据瓶盖上的数字进行数的分合式练习,幼儿自己动手操作,能提高学习数的分解与组合的兴趣和能力。

5. 排排乐

制作方法:将KT板裁成50×50 cm的操作板,将各种图案、形状、颜色的贴纸粘贴在瓶盖内,操作板和瓶盖背面分别粘贴魔术贴,可循环使用。

游戏玩法:根据瓶盖内的图片进行排序,能用语言描述自己的排序,巩固幼儿对形状、颜色、图案的认识。

6. 拧拧乐

制作方法:准备各种尺寸的瓶口和瓶盖,将瓶口固定在操作板上。

游戏玩法：选择不同颜色、大小的盖子，给瓶宝宝戴帽子。发展幼儿的手眼协调能力和拧的动作，加强腕部肌肉的训练，培养幼儿的专注力、独立性和自信心。

7. 走走乐

制作方法：利用彩色卡纸、KT板自制立体迷宫。各色瓶盖贴上贴纸作为障碍物。

游戏玩法：根据瓶盖上的图案及文字提示，进行迷宫类和创编类游戏，可以锻炼幼儿的判断力、记忆力和观察能力。

8. 跳跳乐

制作方法：各色瓶盖拼成跳棋棋盘和将KT板裁成50×50 cm的可移动的棋盘面，准备废旧水彩笔盖和瓶盖作为棋子。

游戏玩法：按提供的水彩笔盖、瓶盖分别进行棋类游戏。

（案例选自《早期教育》2013(2)作者：常州市武进区潘家幼儿园　何建群）

三、区角活动材料的选择

（一）关注活动材料的教育性

皮亚杰提出"儿童智慧源于材料"，区角活动的教育功能主要通过材料来表现，区角活动材料丰富，形式多样，幼儿在操作过程中就会变得更自信、大胆、专注、聪慧。材料是教育意图的物质载体，同时也是幼儿与知识之间的桥梁，幼儿在与材料互动的过程中亲身体验、动手操作、自主探索，丰富多样的材料能够激发幼儿的好奇心和求知欲，带给幼儿无限的创作空间。

（二）关注活动材料的安全性

《纲要》明确指出"幼儿园必须把保护幼儿的生命和促进幼儿的健康放在工作的首位"。在区角材料的制作和投放上，安全性应是第一位的。选择材料时，应选择无毒、无味、对幼儿无伤害的材质，制作前对材料进行彻底的清洁消毒。尤其是针对小班幼儿，必须避免体积较小的物品，以免发生误食现象。此外，活动区的材料每天都与幼儿接触，教师要注意每次活动之前进行维护、擦拭和检查，教师应将具有潜在隐患的尖角、锐器用棉布等辅助材料包裹，避免不必要的伤害。并且所操作的物品要定期暴晒或消毒清洗，用紫外线等杀毒。

（三）关注活动材料的动态性

材料应随着幼儿的操作、探索过程的发展而变化，材料能够适应幼儿不断提出的新的要求、新挑战、具有可发展性。因此活动区的活动内容不是一成不变的，不同时期产生的不同体验和经验，建构不同的知识，获得不同的发展。因此，应根据游戏的发展不断补充材料，以给予幼儿尽可能多的选择机会，从而保障幼儿经验增长的连续性、建构其知识经验。如：幼儿玩娃娃家时，要给娃娃过生日了，需要与过生日相关的各种材料，这时，可发动幼儿与教师共同收集新材料，为下次游戏作准备。

（四）关注活动材料投放的层次性

教师投放之前先具体分析幼儿的年龄段特点，分析其先前经验，分期分批地不断更新，确立其通过操作该材料可能达到的最近发展区，由易到难，保障幼儿能够选择到适宜自己的材料，适宜自己的操作方法，较快地进入探索，不断吸引幼儿的兴趣，从而达到活动目标。

（五）关注活动材料的游戏性

区角活动的目的是让幼儿在游戏中创造性地学习，因此区角中的材料选择应该满足幼儿的游戏心理，俗话说:"兴趣是最好的老师",教师在为幼儿选择活动区材料时一定要从兴趣入手,让幼儿在操作材料的过程中获得快乐,从而专注于区角活动,提高活动材料投放的时效性。

(六) 关注活动材料的目的性

丰富的区角活动材料可以满足幼儿的好奇心,提高其参与活动的积极性,但是一味求活动区材料多并不能让幼儿积极投入到区角活动中去,反而会出现一心多用、注意力分散的现象。教师在投放材料时应注意有的放矢,选择与区角主题密切相关,针对性、目的性明确的材料,并且充分考虑区角的人数需要,从而配备相应的数量。

四、区角活动材料的呈现方式

《指南》中艺术领域的教育建议提出"提供丰富的便于幼儿取放的材料、工具或物品,支持幼儿进行自主绘画、手工、唱歌、表演等艺术活动"。在活动区中,不同的材料呈现方式会收获不同的教育效果。

(一) 目标式呈现

目标式呈现是指依据教育目标和活动主题的要求将所需的主体材料、辅助材料和工具呈现在一处。如:在科学区将实验所需的磁铁、钥匙、纸张、塑料等放在一个盘子里。这种呈现方式整体性强,便于幼儿快速选择,准确取放。主题式呈现材料的方式,可以使幼儿的活动更具有目的性,促进活动区活动实现预定的教育目标,根据自己的兴趣爱好安排活动内容,从而实现活动的计划。但是主题式呈现容易限制幼儿的想象力和创造力的发挥,幼儿的思维容易限制在既定的模式里。

(二) 情境式呈现

结合幼儿思维的具体形象性,以情景式的方式呈现材料可以更好地提高幼儿参与活动的积极性,例如:在感知色彩练习涂鸦的活动中,教师结合幼儿的审美特点和活动主题,设计立体式的房子,将已经做好的半成品呈现给幼儿,教师建议幼儿用自己的方式进行装饰,从而调动幼儿的创作欲望。

(三) 分类式呈现

分类式呈现在区角活动中运用较为普遍,例如:在建构区中活动材料种类繁多,并且各具特点,教师应根据材料的特点选择适宜的呈现工具,以便幼儿收纳取放,培养良好的习惯。例如:对于体积较小的积塑,教师应选择相对较小的篮筐,不仅方便分类,更有利于教师清洗消毒,而对于体积较大的积木教师应选择大型整理箱,可以提高收纳效率。

第三课 区角活动空间的设计

空间是幼儿使用材料和设备的分区与配置,合理的区角空间设置可以促进幼儿进行有意义的学习,这就要求教师具有一种全局眼光,对班级的一切情况了然于心。

一、区角空间设计的基本要素

(一) 安全要素

《纲要》指出,幼儿园必须把保护幼儿的生命和促进幼儿的健康工作放在首位,只有安全性强的区角空间设计才能保障区角活动的时效性,避免给教师工作带来不必要的麻烦。

（二）科学要素

实践证明，布置简单的活动室，难以调动幼儿的学习兴趣，但布置过于复杂的环境、材料投放，会分散幼儿的注意力，因此教师应根据活动内容和幼儿需要随时调整环境设计。

（三）心理要素

了解心理环境对幼儿发展的影响，理解教师的态度、言行在幼儿心理环境形成中的重要作用。

二、区角活动空间布局的方法

（一）追求动态的、具有教育价值的墙面布置

幼儿园活动区作为环境创设的一部分，活动区的墙面布置直接反映了教师的教育观念。例如：在美工区投放供孩子们粘贴、绘画的各种材料，同时设置专门的展示墙，展示幼儿作品。活动区墙饰设计应力求以启发式教学为手段，引导支持幼儿，我们在设置活动区的墙面应围绕幼儿的兴趣与发展需要，力求内容要丰富，满足不同幼儿的需要，提供给幼儿自主选择的机会更多一些。将幼儿园一日生活教育活动与活动区环境有机结合，真正地让墙面布置"说话"。

（二）让幼儿与环境互动

活动区的设计需要有一个明确的位置选择，应利用隔断等作出合理的界限，为幼儿提供必要的明确的规划，让幼儿进入区角后就能明晰自己要做什么，怎样做。作为一种隐性的教育资源，创设互动的环境，首先需要从幼儿的实际经验出发，让幼儿能够看懂、读懂环境，要让环境能与幼儿对话，这样幼儿才能在与环境的互动中不断丰富原有经验。

（三）合理开放地建构活动区布局

首先，在区角活动的设置上，我们结合室内环境做整体布局。然后，再确定区角的位置，并根据各活动区角的内容和性质进行调整。合理的活动区的界限，可以突出各活动区相对独立的性质，避免相互影响，活动区的划分要在保证美观的同时突出教育价值。例如，教师利用一些玩具柜、自制隔断、图书架等作为区角之间的隔墙使用。另外，还可以利用平面隔断进行划分，例如地毯、即时贴等。使每个区角有一种"家"的感觉，温馨、安全、自由。最后，区角活动的格局不是固定不变的，随着主题活动内容的变化，教师设置的区角活动的内容也是各不相同的。所以教师要利用各种玩具柜、书架、地毯等现有设施作为活动区之间的分界线。教师可以在比较热闹的区角中放置有效的隔音设施，例如地毯、纱帘等来降低噪声。

（四）动静分开

教师在划分活动区的时候应该将类型相似的放在一起，比如：益智区、图书区需要相对安静的环境，就应该与建构区、表演区这样比较活跃的区角分开，避免幼儿在活动的时候相互影响。在布置的过程中，教师要保证各个区角活动相对独立而又开放，既保持通畅、方便又不互相干扰。

（五）选择合适的位置

每个活动区都具备相应的教育功能，性质也是相对独立的，教师应认真分析活动室的环境特点，选择相应的位置，例如：图书区应该选择靠近窗户的地方，柔和的光线可以保护幼儿的眼睛，便于幼儿阅读。建构区、表演区人数多活动范围广需要的面积较大，应选择空旷的场地，并且要适当远离图书区、益智区、美工区等需要安静思考的区角。而图书区、益智区、科学区相对使用面积较小。美工区和科学区需要用水的情况较多，应接近盥洗室。

案例

小班主题区角游戏：春天真美丽

区角创设背景：

春天是万物复苏的季节,自然界点点滴滴的变化都成了孩子们关注的焦点,他们渴望走出教室、走进春天,真切感知春天。因此,我们每天利用散步时间和孩子们一起在园内寻找春天的秘密,每周带孩子们到附近的公园去感知、触摸春天。在此基础上,我们和孩子、家长一起收集了纸盒、旧衣服、纽扣、种子等多种材料以及蝌蚪、蜗牛等小动物逐步充实到区角中,鼓励幼儿利用绘画、讲述、操作、记录等多种方式自主表达对春天的感知与体验。

区角活动目标：

1. 初步感受春天的美好和大自然的神奇,能关注身边的美丽春天,喜欢亲近大自然。

2. 能自主选择游戏区角和游戏伙伴,主动进行操作、探索和交往活动,并积极尝试用多种方式表现春天的特征。

3. 乐意参加游戏活动,能大胆表达对春天的理解、喜爱。

区角设置说明：

"春天真美丽"主题区角游戏经历了从室内向室外的延伸过程。开始的一周多时间,孩子们在活动室内开展了以下区角游戏:手工区(做风筝,折郁金香,用油泥捏小鸡、毛毛虫、小蜗牛等)、建构区(用纸盒、树枝建构小山、树林)、益智区(看标记,用手工区制作的小花、小动物布置花坛或给小花、小动物排队)、自然角(观察蚕豆、洋葱、芋头等植物的生长过程;观察蝌蚪、蜗牛等小动物的生长变化,做好观察记录)、娃娃家(和小娃娃一起感受春天的变化)。之后,在园中散步的时候,孩子们发现沙池里的沙子松散、可塑,适合堆建小山和植树,游戏起来也更直观形象。于是,我们就将区角游戏延伸到了户外,在沙池中布置了建构区、手工区、益智区、娃娃家。这样就将玩沙游戏和区角游戏巧妙地结合了起来。

室外游戏区角投放的材料都是不怕雨水的,如:塑料丝带搓成的柳条,布制的桃花,替代花坛的塑料沙盘,插接房子、亭子、小花的塑料积木等。

区角设置内容：

区角游戏一：郁金香开了(益智区)

游戏目标:

1. 尝试按颜色标记、点卡数量、排序标记等插花。

2. 感知春天五颜六色花儿开放的美丽。

材料投放:

1. 各班的美工作品——郁金香(用筷子做花茎)。

2. 分层投放色卡标记、点卡标记、排序标记。

指导要点:

1. 鼓励幼儿自由插花。

2. 提醒幼儿按标记插花。

3. 自己设计花坛的造型。

区角游戏二：小树林美了(手工区)

游戏目标:

1. 结合观察春天,尝试用折叠、搓揉、粘贴、扣纽扣等方法装扮"春天的树",提高手眼协调能力。

2. 知道春天是植树的季节,尝试用铲、挖等方法两人合作栽小树。

材料投放:

1. 成品材料:红色、粉色边角布料剪成的小花。

2. 半成品材料:彩色皱纹纸纸条、扭扭棒、园艺工人修剪大树时废弃的小树枝。

3. 辅助材料、工具：浆糊、剪刀、玩具锹等。

指导要点：

1. 引导幼儿选择自己喜欢的材料装扮小树。

2. 鼓励幼儿尝试合作栽小树。

区角游戏三：小山坡绿了（建构区）

游戏目标：

1. 通过挖沙、运沙、堆沙、拍沙等动作，感知沙子松散、可塑等特点，促进手眼动作的协调发展。

2. 通过与同伴以及大班幼儿合作堆建小山，初步体验合作的快乐。

3. 积极尝试利用操作材料装饰小山。

材料投放：

1. 成品材料：塑料小树、亭子、小桥等。

2. 半成品材料：彩色插塑、小球等。

3. 玩沙工具：铲子、小桶等。

指导要点：

1. 引导幼儿选择合适的工具挖沙、运沙、堆沙、拍沙。

2. 鼓励幼儿在遇到困难时积极寻求帮助。

区角游戏四：小娃娃春游（娃娃家）

游戏目标：

1. 迁移生活经验，通过"带娃娃去春游"创造性地发展游戏内容。

2. 尝试自己准备带娃娃去春游需要的物品。

3. 喜欢与同伴一起玩，能用简单的语言进行交往。

材料投放：

布娃娃、小推车、娃娃家玩具等。

指导要点：

1. 提醒幼儿做好春游前的准备。

2. 观察幼儿在带娃娃春游时的表现。适时给予指导。

区角游戏规则：

1. 学会看标记进行操作。

2. 小心使用铲子，不扬沙，不争抢工具。

3. 能按标记分类整理、收拾材料和用具。

（案例选自《早期教育》2013(12)，作者：江苏省靖江市第一实验幼儿园潘丽君、唐翠萍）

小·组实训活动

根据搜集的幼儿区角活动资料，选择一处具有代表性的幼儿园活动室，以小组为单位设计一份区角图稿。

幼儿园区角活动指导

"小不点儿"的蒲公英

　　每次蔡老师来蹲班带教,孩子们总会争先恐后地围着她,尤其是那些外向活泼的孩子更是拉着蔡老师的手不肯放,那种喜欢真是发自心底。毛毛小朋友,年龄小,话也不多,是我们班的小不点儿。每次看到大家都围着蔡老师,他总会不好意思地站在一边。但是,蔡老师早就关注到了这个小不点儿,都会主动和他打招呼,毛毛会不好意思地笑笑说:"你好。"然后害羞地转过头。

　　有一次,区角活动后蔡老师高兴地告诉我:"毛毛今天认真地在区角里自己做了一朵蒲公英,他拿给我看,做得真不错。孩子有了进步不要忘记表扬他啊!"蒲公英引来了孩子们的惊喜声,毛毛脸上洋溢出了骄傲的笑容。第二天毛毛又去做了更多更好的蒲公英,原来老师小小的表扬对孩子们来说却是天大的好事。终于又等到了蔡老师来的那一天,毛毛居然自己跑过去和蔡老师问好,而且还要蔡老师去看自己做的满满一墙的蒲公英。看着他们一大一小的身影,我感觉特别温馨,甚至羡慕。那一刻,我在心里做了一个"庄严"的决定:我一定要做一个像蔡老师一样的老师——眼里有孩子,心里有孩子。

　　在蔡老师的身上,我读到了四个字:平等、尊重。赢得孩子们的喜爱,老师要懂得欣赏孩子,学会用孩子的眼睛观察事物;要能够理解孩子,及时为孩子的每一个微小进步鼓劲;要学会发现孩子,主动与孩子沟通交流,倾听孩子的心声。这样,才能拉近老师与孩子的距离,成为孩子的朋友。这样的老师才能让班中的每一个孩子获得安全感、归属感,让每一个孩子积极快乐地融入在班级中,健康活泼地投入到活动中。

　　(案例选自学前教育2013(1)《我们的故事》,作者:上海市宝山区金锣号幼儿园　张琳)

　　在区角活动中幼儿按照自己的意愿进行活动和学习,作为幼儿教育的一项重要的教育组织形式,教师对幼儿的指导是否适宜对活动的效果有直接的影响。《纲要》提出了教师作为幼儿学习获得支持者、合作者、引导者的角色,但区角活动实践中,教师常常会为怎样扮演感到迷茫和困惑。作为教师要树立正确的指导思想来指导幼儿的观察和评价行为,盲目的、无指导的活动无法实现促进幼儿发展的目的,过多的干预会限制幼儿的思维想象力,背离自主活动的本质。正确的指导幼儿区角活动需要建立在充分的观察、有效的互动以及客观的评价基础上。

第一课　区角活动的观察

　　区角活动中教师要有一双善于发现的眼睛,及时捕捉幼儿转瞬即逝的变化和收获,同样需要有善于倾听的耳朵,了解活动中幼儿的真实想法,这就需要指导之前要对幼儿进行充分的观察,客观的观察可以帮助我们更好地了解幼儿,改善教育目标,促进每个幼儿全面和谐地发展。

一、区角活动的观察原则

(一)明确观察目的

观察是为了更好地开展区角活动做准备,因此需要明确要观察什么,通过观察将要解决哪些问题。只有明确了解观察目的,才能将观察过程有意地、完整地、具体地记录下来,根据观察记录再采取相应的措施,从而达到解决问题的目的。

(二)客观真实地记录观察过程

有时候教师为了追求写作效果,或者应付检查,经常会将自己的想法强加进去,这就背离了观察的初衷,影响了观察效果。观察的最终目的是为了客观真实地记录幼儿的活动情况,为以后教学提供借鉴,因此对于幼儿在观察过程中的表现,无论好坏,但记无妨。

(三)认真分析观察的效果

对于观察的效果,教师应该认真结合区角活动的发生环境、幼儿的个性特点、家庭环境进行逐一分析,总结和反思自己的教育行为,制定和调整活动计划和内容,从而有针对性地促进幼儿全面发展。

二、区角活动的观察方法

(一)全面观察

这是指教师对全班幼儿活动状态的整体把握,了解其活动状态。

(二)重点观察

教师针对某个区角、某种活动内容,进行有重点的观察,了解活动状态,记录活动效果。

(三)个别观察

教师针对活动区中某一两个幼儿出现的典型行为进行个别观察,及时捕捉幼儿的兴趣热点,分析幼儿的探索需要,从而确立起幼儿感兴趣的主题。

三、区角活动观察的意义

观察可以深入了解幼儿的兴趣能力及交往的具体情况,观察使得在客观性和真实性上更有保证,从而及时发现幼儿在区角活动中存在的问题。也可以发现幼儿行为的一贯性,避免事件的偶发性,提高评价的可信度。为教学反思、研究提供第一手资料。还能使教师及时总结教学策略、教学方法,进行有效的经验总结。反思在区角活动设计中存在的问题,提升自身的专业素质。

四、观察记录的写作方法

所谓观察记录是指利用叙事的方式,记录某些幼儿在活动过程中的具体行为,并加以解读的一种评价幼儿发展的方法。观察记录是现代幼儿园教学中常用的一种写作手段,它运用规范化的语言来总结活动中的实际问题,同时明确教师观察的目的性,记录包含着教师对于其教学行为的反思过程,是进行教学研究、活动设计的重要依据,为教师日后的教学实施指明方向。

(一)观察记录的主要内容

1. 描述:运用叙述的方式对活动过程中的个别现象进行整理,获得第一手的资料,通过客观的、具体的、直接的方式记录事件。

2. 分析:教师联系以往的经验对活动的起因、现象的本质影响因素进行具体剖析,了解教育现象背后的原因,了解其发展的历程,了解某些材料发挥作用的规律、原理。

3. 推论:教师对于某种教育现象、幼儿的某些行为进行客观性的假设思考。

4. 反思:在总结观察过程中,针对活动中出现的问题以及下一步应该采取的教学策略做进一步思考。

(二)观察记录的写作要点

1. 明确观察目的

保证观察目的具体明确,需要观察者明确班级幼儿的具体情况,包括:幼儿的性格特点、动手能力、合作意识等,此外观察者还需要明晰,不同年龄阶段的培养重点,活动的实际意义,深刻分析活动开展的具体情况。

2. 记录语言要简明

教师观察的目的是要客观真实地记录幼儿的实际活动状况,记录中应尽可能避免带有主观色彩的语言,或者带有文学色彩的描述性语言,记录应保证让阅读者能简单明了地了解观察实际情况。

3. 科学深入地分析

幼儿活动中出现的各种现象背后一定会隐藏着各种深层次的原因,教师要结合多角度客观具体的分析,比如:幼儿的家庭背景、性格特点、认知结构,教师的教育策略、材料投放策略,教师在分析时切忌任意、主观地评价幼儿或给幼儿定性。

4. 制定具体有效的措施

在认真分析教学现象之后,教师应该制定具体的措施,这是观察的具体落脚点,教师应根据观察结果调整以及改进教学措施。

(二)观察记录的形式

1. 主题式

针对个别幼儿出现的某种教育现象,从某一视角进行描写分析。主题式记录较为灵活,描述现象更为客观,但是具体层次容易模糊。例如:张祎晨的小汽车。

2. 表格式

根据预先设定好的表格,描述教学现象,进行分析和判断,表格记录客观、真实、全面,便于整理和总结。但是观察时容易受表格局限。

案例

张祎的小汽车

观察教师:唐山四幼　李金凤

观察时间:2017 年 10 月 13 日

观察幼儿:张祎晨

观察内容:祎晨的公交车

观察地点:美工区

活动区即将开始,老师和孩子们介绍了今天材料柜上新投放的各种纸盒,并提示孩子们想一想这些纸盒在活动区里可以帮助做些什么。

活动区开始了,祎晨先是走到了材料柜选择了一个长方体的化妆包装盒放在桌子面上,又取了一盒黄色纸黏土,铺好操作板,开始揉搓。一会团圆,一会压扁,一会又揉在一起,并且拿着泥工刀在纸黏土上戳着小孔。这样反复操作了一会,他开始把黄色纸黏土搓成一个长条形,然后用刀子一块一块将黄色长条分割成大小差不多的四块,然后开始揉搓每一个小块。先是团圆然后压扁,然后将其沾在化妆盒上。在黏合的时候,我看到他只是将圆饼的一半粘在盒体一侧上,另一半悬空。接着又拿起小块重复着团圆然后压扁,在盒体两侧对称的地方黏合上第二个,接着用同样的方法在盒子的另一端黏合另外两块彩泥。看得出很像汽车的四个小车轮。他拿起来在手里摆弄着,然后又轻轻放下,这时四个小轮子被车身压得有点瘪了,于是他翻过车身,右手继续调整着车轮的形状。

然后,祎晨继续从黄色彩泥盒里取出一块,用手一分为二,搓圆压平又是两个小车轮。他黏在了长的一边两个轮子的中间,一下子变成了六个车轮的大巴车。他开心地和旁边的大皓炫耀:快瞧我的公交车! 大皓美慕极了。接着他又想向我展示:"李老师,你看我的公交车漂亮吗?"老师:"嗯嗯真的很了不起,小纸盒变成了公交车!"

继而,老师拿过来又接着说:"哎? 公交车有了六个车轮,怎么没有车灯啊?"

祎晨:"哎呀,真是的。我来给它按上。"

接着祎晨又从盒里拿出了一大块黄色彩泥,一分为二,搓圆压平,贴在长方体盒子的最前端,变成了两个车灯。"老师你看车灯按上了。""哦,还缺什么?"

他想了想:"不缺什么啦。"于是在座位上开心地玩起来。玩着玩着,他似乎又想起了什么,只见他又揪了一块黄色彩泥,团压成一个长片儿,贴在了两个车灯上面。

"李老师,你看这是玻璃!"边说边哈哈大笑起来,很享受很陶醉的样子。活动时间到了,我很郑重地为他的车拍照并将车摆到展架上。

分析:在活动前有了老师对新投放材料的介绍,激发了祎晨动手操作的愿望。祎晨首先选择了盒子,说明祎晨具有一定的任务感,能积极接纳成人的建议。接下来我们看到,祎晨的操作习惯非常好,能够正确使用泥工板和泥工刀等工具。4 岁幼儿往往还处在无目的制作和有目的制作之间。祎晨切割四个车轮,是在思考之后产生的行为,说明祎晨能够有目的地进行制作活动。切割后的四块彩泥大小差不多,说明祎晨具有很好的目测能力和动手操作能力。从他搓压揉等技能的熟练使用,可以看出祎晨的精细动作发展较好。祎晨在刚刚升入中班一个月就表现出了能感知物体的形体结构的基本特征,用长方形纸盒(废旧材料)和纸黏土进行汽车制作活动,并且对汽车的基本特征能够在作品上进行一一对应的呈现,说明祎晨平时具有很好的观察力。特别是将车轮对称黏合,以及车轮的一半进行悬空黏合,说明依晨的空间感受力发展得很好。能够随着自己的思考和他人的提示不断调整自己的作品,同时产生了强烈的成就感和自豪感,成功的体验让他更加自信。

不过,在彩泥的色彩选择上只选用了一种,说明祎晨在色彩搭配上的发展相对滞后,还处于3—4 岁幼儿发展水平。

第二课 区角活动的指导

现代教育理念下区角活动给了幼儿充分的自由,很多教师认为只要在活动中,幼儿是在无压力的情况下参与了、尝试了就足够了,事实上幼儿在区角中的参与、操作、尝试只是表面上的参与,为了避免活动流于形式,成为一种没有目标的日复一日的重复性玩耍,教师观察幼儿不能停留在表面上丰富多彩的形式,要充分研究幼儿学习目标的达成过程,幼儿通过何种方式达成目标,幼儿在区角活动中所处的地位等因素,并结合具体实际分析采用科学的方式进行指导,指导的目的是引导幼儿围绕教学目标继续游戏,促进幼儿游戏向高一级水平发展,从而提高活动质量。那么教师应该如何指导幼儿游戏? 以何种方式、方法指导?

一、指导的主要内容

(一)保障正常的活动秩序

区角活动由于在无压力的环境下进行,幼儿由于年龄限制是非意识不强,很容易会出现各种各样的违反规则的行为,例如:抢夺玩具、追逐打闹、破坏材料。教师通过指导游戏时,除了要认识游戏的规范纪律培养其自律意识之外,还需要进行个别化的有效指导。

(二)指导幼儿选择积极的活动内容

区角活动的本质是指导幼儿"做中学",发挥游戏的教育作用,作为教师必须要为幼儿把握好游戏的方向,指导其选择积极健康的活动内容。

(三)增强区角活动的时效性

保障区角活动的时效性是教师指导的关键。区角活动每天都在进行,如果幼儿只是简单的重复,就难以得到应有的发展。教师指导的应该以幼儿在游戏中身心水平不断得到提高为目的,尽可能减少幼儿重复的、低效的活动。

二、指导原则

(一)关注幼儿个体差异

由于年龄、心理、个性、生活背景的差异,幼儿发展水平存在着各种各样的差异,所具有的社会生活经验的丰富程度也不相同,其"最近发展区"同样存在着差异。在幼儿集体教学活动中,如何有针对性地因材施教是教师不可回避的重要问题。区角活动中幼儿自主活动为主线,一种材料往往能衍生出多种活动内容,满足不同发展水平孩子的不同需要,有效弥补了集体教育中的不足。教师在指导过程中遵循"因材施教"的基本原则,因人而异、区别对待。

(二)具备全局意识

在指导区角活动时,由于是几个活动区同时开展活动,这就给教师提出了很高的要求,教师在活动中不能仅仅专注于某一区角,应该与幼儿一起探索、操作、发现、讨论、解决问题,真正体现幼儿的自主探究的地位,留意观察每个幼儿的兴趣操作情况和交往能力。

(三)建立平等尊重的活动氛围

区角活动充分提供了幼儿自主探索、发现问题和解决问题的机会。区角活动的教育价值是依托于环境创设,材料投放来实现的,这就决定了活动中教师应该避免说教式的直接引导,而是以平等的身份,选择恰当的时机参与到幼儿的活动中去。所以教师切不可操之过急,而应耐心等待,让幼儿获得充分的体验。

(四)教师的指导要适时

区角活动中幼儿可以自由选择、自主确定活动内容、自由活动,但是活动的最终目的是促进幼儿的发展。因此在区角活动中,教师应是环境的创设者、条件提供者、观察指导者。教师主要是通过改变环境,投放不同的材料来影响幼儿的学习。教师的指导不能过于盲目,需要密切观察幼儿的游戏状态,因幼儿的性格不同,表达需要的方式也各有不同。例如:有些幼儿会直接用语言向教师寻求指导,有些幼儿会用眼神求助;甚至有的幼儿不愿说出口,这都需要老师持续地观察、适时指导。当幼儿的行为希望得到成人认可时要指导；当幼儿有求助需求时要指导；当幼儿发生困难时要指导，如：发生纠纷、活动有停顿或有放弃的迹象、面对新材料无所适从时等，教师都应该找准时机予以指导。

案例

适当指导循序渐进(大班)
(唐山四幼　徐聪聪)

区角活动一开始，挂上美工区标志的刘彦博、刘彦硕就选择了利用废旧材料进行制作。两个人各拿了个饮料瓶，先用剪子剪，剪不动就改在饮料瓶上粘贴。他们一个在瓶体上粘瓶盖，一个在瓶体上粘剪过的纸盘和塑料餐盒。两人都是先选材料，然后根据材料的外形、质地进行制作，并没预先想好做什么。如瓶盖不能再次加工，就直接粘在瓶体上；纸杯和餐盒可以剪贴，他们就根据自己的意愿改变其原来的形状。当我询问他们做的是什么的时候，两人并没说得很清楚，只是说还没做完。由于昨天刘彦博用牙膏盒完成一个作品后主动向我展示，我想如果他们今天完成作品一定还会主动告诉我，就没再追问。虽然直到活动结束小哥俩也没完成作品，但我观察他们一直在投入地制作。

反思：虽然幼儿在日常生活中对这些物品司空见惯，可如果不是在这样的活动中，他们不会去想这些物品能组合制作成什么。在运用多种不同质地材料活动的初期，幼儿会对没使用过的材料有个了解和熟悉的过程，如：使用什么工具把这些材料变形，怎样把这些材料组合在一起等等。如果这个时候教师指导过多，不仅会影响幼儿对这些材料的认知，还会让幼儿在制作时感到无所适从。

刘铭潮看到小哥俩选择了饮料瓶，也拿来了一个。他没有剪饮料瓶，而是用纸折了个三角形画上眼睛嘴巴贴在瓶体上，然后很高兴地向老师介绍："老师，我做了个机器人！"还没等我说什么，他旁边的刘彦博就说："机器人怎么没腿？"刘铭潮听后，马上又剪了两条纸贴在了瓶子上。

反思：幼儿间的"相互指导"是促进幼儿发展的有效途径之一。在评价幼儿作品时，教师要多引导幼儿相互分析、评价，并提出建议。这种策略是符合大班幼儿年龄特点的。

王天誉今天选择了美工区(昨天他在别的幼儿的影响下关注了废旧材料)，但没有直接去拿废旧材料，而是先选择了折纸。他折的时候并不专注，边折边看旁边的几个小朋友用废旧材料制作。看了一会儿，他停止了折纸，去材料堆里选了纸杯进行制作。王天誉是个能力很强的幼儿，有自己的想法。从他今天的表现可以看出，他没有盲目选择，先是看别人怎么玩，然后选择了以前用过的材料——纸杯，这样制作起来比较有把握。最后他用纸杯做了个手偶，很有成就感。

反思：幼儿对新活动形式的接受程度与快慢是不一样的，要给幼儿一个熟悉适应的过程。

三、教师指导的方式

(一) 平行式指导

平行指导是指教师以平等的身份参与到活动之中，与幼儿共同使用操作材料共同游戏，启发幼儿智慧，调动幼儿积极性，引导幼儿模仿教师。例如：有时活动区投放材料难以引发幼儿兴趣时，教师动手操作，亲身示范与幼儿交流，从而调动幼儿的活动积极性。这种指导方式有效避免了教师命令式的指导给幼儿活动造成的压力，教师可以更直观地了解幼儿的所思所想，分析其发展水平，采用适宜的教育策略。

(二) 交叉式指导

交叉式指导是指教师以活动角色的身份参与到活动之中，通过角色转换以及教师与幼儿的互动，起到指导幼儿游戏的作用。在区角活动中,教师可以以游戏伙伴的身份参与游戏,支持、鼓励幼儿大胆探索与表达,关注幼儿探索学习的过程,尊重幼儿的不同尝试及创作成果。

(三) 垂直式指导

区角活动中幼儿由于年龄的限制,很容易因为同伴没有满足自己的某种要求而打闹争吵,有些幼儿严重违反规则,捣乱或打扰别人,有些幼儿因为抢夺玩具、工具、材料,与同伴发生攻击性行为,这时就需要教师直接投入到活动之中加以引导。这种引导方式是显性的,但是这种方式会中断幼儿的游戏进程,破坏游戏氛围,一般情况下尽量少用。

案例

"你把我们搭的房子踢倒了!"

今天下午区角游戏时间,我看到高高和果果在积木区争吵得很激烈。

我上前询问她们两个因为什么争吵,一问才知道,原来不是她们两个在吵,而是岚岚不小心把她们两个共同搭建的房子踢坏了,她们两个很生气。我就请岚岚过来,可是岚岚并没有意识到她做错了什么,高高就说:"岚岚你刚刚路过的时候把我和果果一起搭的房子踢倒了,气死我了。"

我对岚岚说:"岚岚,高高说你把她和果果一起搭的房子踢倒了。"

岚岚说:"我没有踢你的房子。"

我对高高说:"岚岚说他没有踢你们的房子。"

高高又说:"刚刚就是你从这儿过去的时候不小心踢的。"

我又对岚岚说:"高高说你刚刚从这儿过去的时候不小心踢的。"

岚岚说:"那我没有看见,我不是故意的,对不起!"

我对高高说:"岚岚说他没有看见,不是故意的,还跟你说对不起了,现在你可以原谅他吗?"高高说:"我不想原谅他。"

我又对岚岚说:"高高说她不想原谅你,怎么办?"

岚岚说:"那我帮你们修好房子好吗?"

我对高高说:"岚岚说他可以帮你们把房子修好。"高高这才说:"那好吧。"于是他们就在一起愉快地修房子。

在这次互动中,三个孩子发生了矛盾,本来是想让他们自己去解决问题的,可是看到高高和果果在生气地扔积木,情绪很激动,所以才上前干预,我的指导使他们情绪渐渐平复,并且很好地找到了解决办法。

点评:在案例中教师发现了幼儿情绪激动,及时指导,有效地避免了矛盾产生,教师避免了直接的说教,而是通过复述幼儿的话,让幼儿去理解对方的想法,从而分析问题、解决问题。

(案例选自《学前教育》2016(2),作者:河南省郑州市贝林斯顿国际幼儿园 张莹莹)

四、教师的指导方法

教师不管用何种方式指导游戏,既然指导了,目的应是对幼儿游戏作积极具体的指导。

(一) 心理指导

教师对幼儿进行心理指导首先要建立宽松民主的活动氛围,教师在组织区角活动时要俯下身来,在与幼儿的交流中,建立宽松、民主的氛围,消除与幼儿的距离感,指导幼儿与同伴的平等互助的讨论、交流,团结友爱,相互谦让,相互协作,共同进步,使幼儿在区角活动中人际关系和谐、融洽。例如:在角色区中教师与幼儿共同建立规则,指导幼儿医院排队、喜欢的玩具要共同分享、在图书区要保持安静等。此外教师在指导游戏时,可以利用动作、表情、眼神等对幼儿游戏行为作出反馈。例如,当幼儿遇到困难时,教师用手摸摸头发、拍拍背等都能带给他们信心。

(二)语言指导

1. 提问

提问的方法在活动区指导中十分常用,在教师与幼儿面对面接触的过程中,提问可以通过设疑的方式引发幼儿思考,并且教师通过提问的方式可以消除幼儿的压力,循序渐进地指导幼儿,避免幼儿活动偏离教育目标,同时教师还能了解幼儿的活动状态和真实想法。"你在做什么?""怎么搭才能让它更漂亮?"教师在向幼儿提问的时候语气一定要自然温和,避免因问题给孩子带来压力。

> **案例**
>
> ### 雪花片搭建
> #### (唐山四幼 熊玮)
>
> 孩子们热火朝天地搭建着,刹那间大楼、城堡平地而起,动物园也呈现于眼前。贝贝、姚岚的大楼高低错落有致;黄圣姿、妞妞的城堡将雪花片点缀其间,五彩缤纷;小亨的男孩组,搭起巨大规模的动物园。此时,大楼、城堡和动物园都规规矩矩地在自己地位置上,互不相干的样子。于是,我提出了第一个问题给孩子们:"贝贝和姚岚想去动物园玩怎么办呢?""建一条公路吧!"孩子们争着说,"再建一条路,就能从动物园去黄圣姿和妞妞的城堡了。""有了公路,可我们怎么去呢?"我又提出了第二个问题。"搭汽车,搭火车。""用什么搭呢?"我的第三个问题紧随其后。孩子们经过讨论,感觉积木太大,不适宜搭车,雪花片很适合,所以,选定用雪花片搭车子。不由分说,孩子们快速地分好组,各司其职:派派和我一组,豆豆和张吉午一组搭公路,袁轩坤、小亨和乐乐一组搭汽车,其他孩子继续完善自己的建筑物。不大的功夫,一条条公路连接起大楼、城堡和动物园,车子也上了轨道,准备出发了……

2. 提示

在区角活动中幼儿参与、尝试、操作的过程中会遇到各种各样的问题,面对幼儿的困惑和不解,教师一两句建议可以让幼儿明确方向,找到解决问题的方式、方法。

3. 提供材料

幼儿在活动中选择活动材料以及自选程度的高低,直接影响着其活动的针对性、积极性。在材料不可选的情况下,幼儿的无所事事率最高,交往频率最低;在材料任选的情况下,无所事事率最低,交往频率最高。由此可见:为幼儿提供丰富的材料,让他们在自由选择的条件下进行游戏,能促进其社会性的发展。

> **案例**
>
> ### 纸杯作树叶
>
> 第四天,我在美工区投放了印有各种树叶形状的拓印纸,供孩子们剪剪贴贴和涂色,孩子们把制作好的各种树叶粘在大树妈妈的墙饰上,并在回顾的时候拉着好朋友分享自己制作的成果。
>
> 本以为我提供的拓印材料是在支持小班孩子们游戏。但是一天区角活动时,泉泉的一个举动让我彻底醒悟了,他从美工区取来一张白纸,又取来一张画有柿子的拓印纸,一边看着拓印纸上的柿子一边画。我问他:"泉泉你在做什么?"泉泉回答:"我在画柿子呢。"

反思：原来在孩子眼中，柿子是老师给他们画好的，那不是孩子自己的，而是老师的。我们总是担心孩子太小，表现物体的信心脆弱，担心他们画不出来，可如果我不让孩子们去观察，自己去发现，那他们的创造力和想象力又如何体现呢？老师应该相信孩子，把属于他们的那份创造力还给他们，而不是让老师的柿子去影响孩子。如果老师没有清楚地认识到这一点，也许有一天孩子画的柿子都是一样的。

于是我将印好的拓印纸撤掉，投放了适合小班孩子们的低结构游戏材料：各种各样的笔、纸、剪刀、胶棒、颜料、线、橡皮泥、纸杯等。又放置了各种真实的水果以及图片，并与家长配合，搜集各种美术作品以及相关主题内容的资料，还有孩子们自己捡来的树叶。我的放手不但给孩子们创造了自由想象和创造的空间，同时孩子们也给了我很大的惊喜。

一天，泉泉来到美工区，取了一个纸杯放在桌子上，又取了一把剪刀，他开始用剪刀沿着杯口竖着剪了一下，又沿着杯口大约每隔3厘米的位置竖着剪下去，很快将杯口剪成了很多瓣。然后用小手将杯口剪开的地方压下去，兴奋地拿着它对我说："张老师，你看我用纸杯做的树叶宝宝。"我兴奋地说："宝贝，你做得真像！"他美美地乐了半天，又皱着小眉头对我说："哎呀，我的小树叶不漂亮，我要让它变漂亮。"于是他撅着小屁股从美工区的地上取了绿色和黄色的颜料，用小毛笔将叶子的部分涂成了绿色，用黄色涂了"叶脉"，然后跑过来问："老师，我做的小树叶漂亮吗？"我拍拍手说："太漂亮了。"于是，泉泉将它粘在了"大树妈妈"的身上。

（案例选自《学前教育》2015(11)，《我和树叶做游戏》作者：北京市朝阳区惠新里幼儿园　张迎杰）

第三课　区角活动的评价

区角活动评价主要是指区角活动的幼儿评价。《纲要》指出：教育评价是幼儿园教育工作的重要组成部分，是了解教育的适宜性、有效性，调整和改进工作，促进每一个幼儿发展，提高教育质量的必要手段。客观有效地区角活动评价，可以让幼儿发现自己的问题，及时调整自己的行为，对提高区角活动的质量，促进幼儿自由、自主的发展，起到重要的反馈、调控作用。

一、区角活动评价的主要内容

教师在实际工作中，有效地把握区角活动评价可以解决当前区角活动中存在的诸多问题，一般情况下，评价的内容主要包括以下方面：

（一）区角活动环境的评价

1. 区角活动种类能否满足幼儿实际需要

不同区角的探索带给幼儿的经验与发展是不同的。区角活动时由幼儿根据自己兴趣选择的，因此设计内容丰富、种类齐全的活动区是十分必要的，并且以活动区为中介展开教育活动可以更好地促进幼儿和谐发展，满足幼儿多方面的需要。

2. 区角活动能否实现资源的优化配置

区角活动的资源是可以互通有无、优化共享的。对区角活动环节的评价，要考察教师能否对资源进行全面综合的把握，能否最大限度地充分利用每一有效资源，使各区角之间成为相互联系的有机整体，使区角的资源达到优化配置，从而达到最佳效能。在活动中，各区角之间不是完全封闭与相隔的，随着幼儿活动的需要是可以拓通与合理适时地分割的，如：幼儿在游戏中会把建构区建造的房子、车子等作品放置到角色游戏区游戏中,两个区就自然地结合拓通互动了。

3. 区角空间结构是否合理

不同区角具有不同的特点,教师应仔细分析不同区角的性质特点,以便合理安排区角活动的空间位置,例如:科学区、植物区最好设在向阳的一面,图书区相对独立、封闭与比较热闹的角色游戏区分开,避免相互干扰。区角活动的教师应仔细分析各活动区的特点与需要,以便合理安排不同活动区角在活动室的空间位置。

(二)区角活动过程的评价

1. 区角活动计划是否合理

区角活动的根本目的在于促进幼儿的发展,为保证活动的时效性,避免幼儿在活动中出现随心所欲或者无所事事的情况,教师制定有效合理的计划是开展活动的开始,让幼儿明确应该选择怎样的活动内容,应该怎样做,并且教师需要指导幼儿依计划完成活动。

2. 教师的指导是否有实效

《纲要》中指出:教师应该成为幼儿学习活动的支持者、合作者、引导者。在区角活动中,教师要当好幼儿的参谋和助手,根据需要提供适度的帮助,要扮演好观察者和指导者的角色。教师要通过观察、指导、记录、谈话与聆听的教学方式,促进幼儿在区角活动中自由探索,发现尝试、增强幼儿学习的主动性、积极性、和创造性。

3. 活动能否激发幼儿的学习兴趣

区角活动作为一种幼儿自由选择的游戏活动,自由选择是每个幼儿必须的权利,在活动过程中兴趣是激发幼儿主动进行探索、学习的原动力。但在区角活动的实践过程中,由于幼儿的有意注意有限,兴趣往往比较短暂,不能长时间地集中于某些活动,以至于活动效果不佳。因此幼儿对区角活动的兴趣,是评价区角活动效果的重要指标,幼儿对区角活动是否感兴趣,主要看幼儿是否喜欢活动,在活动区角中持续时间的长短,因为幼儿只有感兴趣了,注意力才会集中,才会在此过程中积极探索。

(三)区角活动中对幼儿的评价

1. 幼儿活动过程中的行为表现

幼儿在活动过程中会出现各种各样的行为,教师要注意观察,对正面的行为,如:谦让、合作、分享等,进行肯定激励;对幼儿的某些不良行为及时制止,最终寻求解决的办法。

2. 幼儿的社会交往水平

评价区角活动中幼儿的社会性发展水平进行评价时,主要看幼儿参与合作游戏的态度,合作时在团体中处于什么位置;活动材料是否愿意与同伴共享,是否会发生同伴冲突,经常采用什么方式解决冲突等,不同的表现反映着幼儿不同的社会性发展水平。

3. 幼儿的认知发展水平

对幼儿在区角活动中的认知水平的评价,主要通过观察分析幼儿与材料的互动来进行。例如:幼儿操作材料的方式是简单还是复杂,操作方式是单一还是复合。是否思维活跃,是否能够带动激发其他幼儿参与。

二、区角活动评价的主要方法

(一)讨论法

教师通过对区角活动中的观察和发现,及时搜集有价值的教育内容,提出问题从而引发幼儿讨论。让幼儿通过讨论和思考,充分大胆地表达自己的想法和见解,随后有教师进行总结,进而让幼儿掌握相关的知识经验。

(二)展示讲评法

教师通过为幼儿布置任务,由幼儿大胆创新,教师发现幼儿的活动亮点,让幼儿自己介绍互动交流,分享成功的快乐,通过展示交流可以增进幼儿的自信心,鼓励幼儿大胆创新。

(三)角色互动法

教师以平等的身份参加到幼儿的区角活动,可以提高幼儿的活动积极性,活动兴趣大增。如:在"小医院"里,老师以医生的身份问幼儿在照顾病人时应该注意什么,病人是如何排队等待就医的,这样既肯定了游戏中表现好的幼儿,又使幼儿对不同角色的职责有了更明确的认识,同时幼儿也学会了如何讲评别人和自己的游戏。

三、区角评价的原则

(一)创新评价思维

由于受传统教育方式的影响,教师评价幼儿都会习惯性地问幼儿:"你今天都画了什么呀? 玩得高兴吗? 他们的火车搭得好不好? 嗯,美工区的小朋友图画画得很漂亮,作品比较有创意。哦,你们看,东东的鳄鱼做的真像。你去玩了几个地方?"等等。在新《纲要》的指导下,我们应该转变评价方式,我们尝试将教育评价与幼儿的教育、幼儿的发展,协调成为一个和谐统一的过程。教师应该将视角从关注结果转为关注每一个幼儿是怎样发展的,从而真正地挖掘每一个幼儿的潜力,促进其生动、活泼、富有个性地发展。

(二)尊重幼儿的主体地位

3—6 岁的幼儿还不具备适应教师的教学方法来主动调节自己的学习方法的意识和能力。区角活动开展和维持的根本原因在于幼儿的兴趣和爱好。在区角活动中,幼儿是活动的主体,因此教师在评价幼儿活动时,应充分尊重、信任幼儿,避免用条条框框来约束幼儿。例如:"今天哪组的孩子活动时打闹了?""哪一组小朋友玩具收得最快?"在上述评价方式中,教师和幼儿的关系处于不平等的状态,只是教师一个人对幼儿的活动进行评判,忽视了幼儿的主体意识的发挥。在区角活动中教师应该以过程性评价为主,终结性的评价为辅,将统一、定期、标准化的评价变为个人化、发展性的评价。

案例

重视回应幼儿的质量

绘本活动《鸭子骑车记》中引导幼儿自主阅读绘本的问题是:"看看哪些小动物是支持鸭子学骑车的,你怎么知道的?"老师请只会看图不会识字的小班幼儿说一说,并给予个性化的评价理答。

理答一:小眼睛真亮,能发现小老鼠抬头仰望的表情,很值得大家学习哦!

理答二:声音多清亮,让我们每个小朋友都听得清清楚楚呢。

理答三:说得多完整,连小狗眼睛里透出的笑意也被你发现了,看来问题难不倒会观察的小朋友啊。

理答四:一个细节都没有放过,观察得多仔细啊。

理答五:因为你刚才看图时很安静,所以才会发现那么多有趣的细节。

理答六:我知道,你已经同时注意到小动物的动作、表情了。

理答七:慢慢说,能举手就很不错了。

这段鼓励性的理答,每个字每个词都散发着一种力量,一种鼓励鼓舞的力量,一种发自内心的力量,一种能走进人心灵的力量,这种带有评价的理答让我们感觉一切都是那么自然,从幼儿的观察和表达实际出发,适度夸张,又不失表演鼓舞之功效,每一个字,每一个词,每一句话都触动着幼儿的心弦,在幼儿的心中掀起涟漪。

(案例选自《学前教育》2016(6),《重视回应幼儿的质量》)

（三）评价主体的多元性

在传统教育观念影响下教师理所当然地成为了评价的第一主体，对于幼儿园的教育活动幼儿理所应当地接受教师的评价，而家长被限制在大门之外。《纲要》中指出：评价过程是各方共同参与，相互支持与合作的过程。只有将大家的意见、看法综合在一起，才能较客观地反映幼儿的发展。

1. 幼儿参与评价，激发活动潜能

幼儿是活动的主体，要想让幼儿发挥在活动中的主动性、积极性、创造性，就要给幼儿一个管理和评价自己的学习机会。每一个幼儿是一个独立的个体，他们有着巨大的学习潜能。他们有能力评价自己的优与劣，也有能力去分配自己在各项学习活动中的精力。另外，让幼儿大胆地将区角活动中的作品展示出来，自己向同伴介绍这个作品的优点，这也是让幼儿自己评价的过程。幼儿的评价其实也是一个反思的活动。幼儿能对自己的行为作出客观的评价，那么在学习活动中就会有一个正效应。

2. 家长参与评价，共促幼儿发展

区角活动主要在幼儿园进行，但是与区角活动有关的教育活动同样需要借助于家庭教育资源。因此家长同样也是区角活动评价中不容忽视的重要一方。针对家园合作，教师可以通过召开家长会，向家长介绍自身的教育理念，发动家长搜集区角活动相关的材料，增加幼儿与家长之间的有效互动。在日常组织区角活动的过程中，教师要善于观察记录幼儿的成长变化，还可以定期组织体验活动，要求家长来园体验和发现区角活动的目的让家长第一时间了解幼儿的需要，家长在活动结束后有正确评价幼儿的依据。

3. 转变评价理念与幼儿共同成长

区角活动中作为评价主体的教师，同样需要反思自身的设计思路、教学理念、教育行为，如：活动目标是否实现、幼儿有否发展、幼儿有否进一步活动的愿望，从而发现问题、解决问题，提高自身的专业素质。

（四）评价方式的层次性

小班——幼儿以具体形象思维为主，多为单独游戏，并且有意注意时间有限，联合或协作的游戏较少，因此教师对幼儿的评价多在游戏进行过程中进行，多以个体评价为主，面向小组和整体的评价较少，所以教师评价，更多的是针对每个幼儿的情况，在指导幼儿游戏的过程中，进行个体评价。由于幼儿缺乏有效的知识经验，因此讨论法在评价过程中运用较少。

中班——中班幼儿在区角活动中已经具备了一定的知识经验，对游戏中的规则和行为的是非判读具备了初步的认知能力，游戏中同伴协作、交往增多。随着幼儿认知范围的逐步扩大，教师的评价方式和方法更为广泛灵活，教师可以将自评互评有机结合起来。

大班——随着幼儿游戏水平的逐步提高，认知水平的不断提升，幼儿的评价能力也会等到相应的增强。教师可以转变角色，充分发挥幼儿的评价主体作用，例如：采用讨论式的评价；除进行自我评价外，还可以评价他人的游戏情况，在评价的过程中，教师可以引导幼儿相互交流游戏的经验体会，发表各自的见解。

四、区角活动评价的作用

（一）及时有效地衡量区角活动目标实现程度

每次活动后教师都应该进行一个有效的反思和自评。区角活动评价可以更客观地发现自己在区角活动过程中的正反两方面的经验，以便了解幼儿在区角活动中的兴趣爱好、个体差异、年龄特点、发展需要等等，从而指导教师改进区角活动内容、调整活动区材料、改善区角活动指导方式，从而使活动内容更有效地满足幼儿发展的需要。

（二）区角活动有利于培养幼儿的自信心和自尊心

在区角活动中，教师从幼儿的学习习惯、情感、态度、兴趣等方面综合考量幼儿的发展，分析幼儿的内在感受和体验。教师在评价幼儿的时候,不应该只是看到幼儿身上的不足,而是以全面客观的眼光对待每一个幼儿,当幼儿获得进步或成功时,教师应该及时给予回应,让幼儿充分体验在区角活动中的成功感,建立起自信心。幼儿区角活动的种种评价信息,不仅对幼儿活动方式有改进和调节作用,而且还能激起幼儿再次活动的愿望。

(三)评价活动可以促进幼儿社会性发展

有效的区角活动评价为幼儿提供了充分表现、交流、学习的机会,幼儿通过自评和互评,可以使其发现自己的不足,看到别人的闪光点,与此同时幼儿在讲评中充分表现自己的想法,展示自己的成果,加深了彼此之间的交流,产生积极的活动情感,提高合作交往意识。

小·组实训活动

以小组的形式,观摩幼儿园活动,并尝试写一份观察记录。

模块三 国家幼儿园教师资格证历年真题练习

一、单选题

1. (2012 年上半年保教)关于幼儿游戏活动区的布置,正确的说法是( )。

A. 以阅读为主的图书区可与娃娃家放在一起

B. 自选游戏环境的创设是由教师进行的

C. 可在积木区提供一些人偶、小动物、交通工具模型等辅助材料

D. 娃娃家应该是完全敞开式,让每个人都能看到里面有什么

二、材料分析题

1. (2013 年下半年保教)中二班幼儿在娃娃家游戏中,接待"客人"主动热情,与长辈交往很有礼貌,可家长却说,孩子在家不是这样的,有客人来了很少打招呼,还经常对爷爷奶奶发脾气。

请针对上述幼儿行为的反差,设计解决这一问题的方法。

(1) 写出问题的原因分析。

(2) 教学目标。

(3) 教育指导内容,方法。

2. (2012 年上半年保教)小班幼儿在角色游戏区活动,文文在邮局里无所事事,摆弄一个称重器。在此之前,孩子们没有"邮局"这个角色游戏的经验。教师看到这种情况,拿了一个盒子走过去,对文文说:"我想把这个寄到超市去(旁边有超市游戏区),你能帮我称一下吗?"文文马上接过盒子,放在称重器上,看了一下,说:"100 克!"教师问:"多少钱?""10 块钱。"教师假装付了钱,文文立刻把盒子送到了隔壁的超市。接着,有几个小朋友也学着教师的样子将一些东西寄到旁边的医院、美容院、娃娃家,邮局变得热闹起来。

请分析在这个案例中,教师是如何干预幼儿游戏的。

参考文献
CANKAOWENXIAN

[1] 马宏.幼儿教师口语[M].北京：北京师范大学出版社,2011.

[2] 黄人颂.学前教育学[M].北京：人民教育出版社,2009.

[3] 北京市海淀区教师进修学校主编.实践·研究·反思：幼儿园优秀教育活动案例与评析[M].北京：北京师范大学出版社,2010.

[4] 杨旭,杨白.幼儿园教育活动设计与指导(综合版)[M].上海：复旦大学出版社,2012.

[5] 朱家雄.幼儿园教育活动设计与实施[M].北京：高等教育出版社,2008.

[6] 唐燕.幼儿园教育活动设计与实施[M].上海：华东师范大学出版社,2013.

[7] 朱家雄,汪乃铭,葛柔.学前儿童卫生学(第3版)[M].上海：华东师范大学出版社,2006.

[8] 张晖.幼儿健康教育与活动指导[M].南京：江苏凤凰教育出版社,2013.

[9] 苟增强.学前儿童健康教育[M].武汉：华中师范大学出版社,2014.

[10] 俞春晓.幼儿园集体教学活动设计方法与实例[M].北京：中国轻工业出版社,2012.

[11] 教育部.幼儿园教育指导纲要(试行)解读[M].南京：江苏教育出版社,2003.

[12] 周兢,余珍有.幼儿园语言教育[M].北京：人民教育出版社,2004.

[13] 姜晓燕,郭咏梅.学前儿童语言教育[M].北京：高等教育出版社,2014.

[14] 张明红.学前儿童语言教育与活动指导[M].上海：华东师范大学出版社,2014.

[15] 梁旭东.学前儿童语言教育[M].北京：中央广播电视大学出版社,2015.

[16] 张天军.学前儿童语言教育[M].上海：复旦大学出版社,2016.

[17] 顾明远.教育大辞典(增订合编本上、下)[M].上海：上海教育出版社,1998.

[18] 张加蓉,卢伟.学前儿童语言教育活动指导[M].上海：复旦大学出版社,2009.

[19] 凯瑟琳·斯诺等主编.预防阅读困难：早期阅读教育策略[M].胡美华等译.南京：南京师范大学出版社,2005.

[20] 张明红.学前儿童社会学教育与活动指导[M].上海：华东师范大学出版社,2014.

[21] 周世华,耿志涛.学前儿童社会教育与活动指导[M].北京：高等教育出版社,2011.

[22] 刘晓东.儿童教育新论[M].南京：江苏教育出版社,1998.

[23] 王坚红.学前儿童发展与教育科学方法[M].北京：人民教育出版社,1992.

[24] 张燕.学前教育管理学[M].北京：北京师范大学出版社,2003.

[25] 陈向明.质的研究方法与社会科学研究[M].北京：教育科学出版社,2000.

[26] 李幼穗.儿童社会性发展及其培养[M].上海：华东师范大学出版社,2004.

[27] 周宗奎.儿童社会化[M].武汉：湖北少年儿童出版社,1995.

[28] 教育部.幼儿园教育指导纲要.2001.

[29] 陈帼眉.学前心理学[M].北京：人民教育出版社,2003.

[30] 杜威.民主主义与教育[M].王乘绪译,北京：人民教育出版社,1990.

[31] 许卓娅.学前儿童音乐教育[M].北京：人民教育出版社,1996.

[32] 王秀萍.学前儿童音乐教育[M].北京：中央广播电视大学出版社,2014.

[33] 吕小玲.幼儿艺术教育与活动指导[M].长春：吉林大学出版社,2015.

[34] 张靖鸣,向松梅,赵静.学前儿童音乐教育[M].镇江：江苏大学出版社,2016.

[35] 黄瑾.学前儿童音乐教育[M].上海：华东师范大学出版社,2014.

[36] 许卓娅.学前儿童艺术教育[M].上海：华东师范大学出版社,2012.

[37] 杨枫.幼儿园教育环境创设与玩教具制作[M].北京：高等教育出版社,2006.

[38] 王莉娟.主题背景下音乐活动的有效实施[J].上海托幼,2010(10).

[39] 许卓娅.在音乐活动中培养幼儿的学习品质[J].学前教育：幼教版,2011(4).

[40] 许卓娅.怎样提高歌唱活动的学习效率[J].山东教育,2006(30).

[41] 颜瑶卿.幼儿园有效开展韵律活动的策略[J].学前教育研究,2017(12).

[42] 周宁娜.大班幼儿韵律活动游戏化策略[J].幼儿教育研究,2017(3).

[43] 刘宝根.当前早期阅读教育中的若干偏向[J].幼教金刊,2010(9).

[44] 周兢.论早期阅读教育的几个基本理论问题——兼谈当前国际早期阅读教育的走向[J].学前教育研究,2005(1).

[45] 周兢,刘宝根.汉语儿童从图像到文字的早期阅读与读写发展过程[J].中国特殊教育,2010.

[46] 刘宝根,李林慧.早期阅读概念与图画书阅读教学[J].学前教育研究,2013.

[47] 袁茂琼.学前教育专业学生语言教育活动的设计与组织能力培养[J].当代职业教育,2013(10).

[48] 周兢.知识类图画书的概念、价值及其阅读指导策略[J].学前教育研究,2013(5).

[49] 郑天竺,周克武.体验式教学在学前教育专业教学中的运用——以《幼儿园语言教育活动设计与指导》课程教学为例[J].时代教育,2017(3).

[50] 刘召波.民国以来学前儿童语言教育理念发展的研究[D].上海：上海师范大学,2014.

[51] 蒋盈.幼儿园语言教育活动有效性的课堂观察研究[D].福州：福建师范大学,2011.

[52] 邢少颖.幼儿纠纷现象的调查与分析[J].学前教育研究,1997(2).

[53] 孙华平,张文新.儿童之间的冲突行为及其心理价值[J].聊城师范学院学报(哲学社会科学版),1995(4).

[54] 黄蕙兰.正确处理幼儿之间的冲突[J].黑龙江教育,1994(1).

[55] 姜萍.幼儿园区角活动中教师的指导策略[J].科教导刊(上旬刊),2015(2).

[56] 方贞梅,王东华.幼儿园区角活动实施的现状、问题及对策研究——以安徽省某城市公办幼儿园为例[J].陕西学前师范学院学报,2015(1).

图书在版编目(CIP)数据

幼儿园教育活动设计与实训/戎计双主编. —上海:复旦大学出版社,2018.6 (2021.4 重印)
全国学前教育专业(新课程标准)"十三五"规划教材
ISBN 978-7-309-13651-7

Ⅰ. 幼…   Ⅱ. 戎…   Ⅲ. 幼儿园-教学活动-教学设计-教材   Ⅳ. G612

中国版本图书馆 CIP 数据核字(2018)第 093483 号

幼儿园教育活动设计与实训
戎计双   主编
责任编辑/查   莉

复旦大学出版社有限公司出版发行
上海市国权路 579 号   邮编:200433
网址:fupnet@ fudanpress.com   http://www.fudanpress.com
门市零售:86-21-65102580   团体订购:86-21-65104505
出版部电话:86-21-65642845
大丰市科星印刷有限责任公司

开本 890×1240   1/16   印张 13.5   字数 415 千
2021 年 4 月第 1 版第 3 次印刷

ISBN 978-7-309-13651-7/G·1837
定价:39.00 元